21世纪会计专业主干课程教材

"十二五"职业教育国家规划教材
经全国职业教育教材审定委员会审定

EXERCISES AND TRAININGS
FOR FINANCIAL ACCOUNTING

财务会计
习题与实训

第十一版

陈德萍　高慧云　主编
王　艳　副主编

东北财经大学出版社
Dongbei University of Finance & Economics Press
大连

图书在版编目（CIP）数据

财务会计习题与实训 / 陈德萍，高慧云主编．—11版．—大连：东北财经大学出版社，2024.3（2024.8重印）
（21世纪会计专业主干课程教材）
ISBN 978-7-5654-5109-6

Ⅰ．财…　Ⅱ．①陈…②高…　Ⅲ．财务会计-高等职业教育-教材　Ⅳ.F234.4

中国国家版本馆CIP数据核字（2024）第018047号

东北财经大学出版社出版
（大连市黑石礁尖山街217号　邮政编码　116025）
网　　址：http://www.dufep.cn
读者信箱：dufep@dufe.edu.cn

大连雪莲彩印有限公司印刷　　东北财经大学出版社发行

幅面尺寸：185mm×260mm　字数：330千字　印张：15　插页：1

2024年3月第11版　　2024年8月第2次印刷

责任编辑：包利华　　责任校对：刘贤恩

封面设计：原　皓　　版式设计：原　皓

定价：37.00元

教学支持　售后服务　联系电话：（0411）84710309

如有印装质量问题，请联系营销部：（0411）84710711

第十一版前言

百年大计、教育为本。习近平总书记在党的二十大报告中明确指出："教育是国之大计、党之大计。培养什么人、怎样培养人、为谁培养人是教育的根本问题。育人的根本在于立德。全面贯彻党的教育方针，落实立德树人根本任务，培养德智体美劳全面发展的社会主义建设者和接班人。坚持以人民为中心发展教育，加快建设高质量教育体系，发展素质教育，促进教育公平。"这为广大的教育工作者指明了前行的方向，我们将此精神贯穿在教材编写过程中。

《财务会计习题与实训》经全国职业教育教材审定委员会审定，被评为"十二五"职业教育国家规划教材。本教材是《财务会计》（第十一版）（普通高等教育"十一五"国家级规划教材、"十二五"职业教育国家规划教材、"十三五"职业教育国家规划教材、"十四五"职业教育国家规划教材）的配套教材。本教材除了反映最新企业会计准则体系和最新税法规定外，还具有以下特点：

（1）指出各章的重点与难点，便于学生全面把握学习重点。

（2）各章练习题部分与主教材章节对应，紧扣教材内容，便于学生有针对性地巩固在教材中所学的知识。

（3）设有实务训练，供学生模拟实际工作进行训练。

（4）习题类型多、习题量大，便于反复练习，举一反三，从不同侧面加深对教材内容的理解和掌握。

（5）提供习题参考答案，便于学生自学和测试自己掌握知识的程度。

（6）提供主教材中"典型案例"部分的参考答案。

本配套教材在教学一线得到了广泛应用。本配套教材对应的主教材《财务会计》（第十一版）是在第十版的基础上，考虑到当前高等教育的差异化和动态性特征比较明显，以及高等教育教学体系尚不成熟、不稳定的情况，坚持立足会计学科体系的基本编写原则，紧密结合会计职称考试的要求，并针对当前高等教育财经类专业学生的学习特点进行修订。本配套教材也紧密结合会计职称考试大纲，相应地更新了相关习题与实训的内容。

本教材（第十一版）由北京永拓会计师事务所（特殊普通合伙）陈德萍教授、山西省财政税务专科学校高慧云教授（兼任太原理工大学硕士生导师）担任主编，负责制定提纲并对全书进行总纂；由山西省财政税务专科学校会计学院副院长王艳担任副主编。具体分工如下：陈德萍修订第1章；高慧云修订第2、3、4、5、6、7、8、9、12、13、15、16、17、18、19章；王艳修订第10、11、14章。尽管修订工作十分认真仔细，但由于时间仓促，本教材仍难免存在疏漏和不足，望广大读者不吝批评指正。

欢迎大家通过东北财经大学出版社反映本教材的不足和缺陷，提出使用中遇到的问题，具体联系方式如下：

电话：0411-84711800

电子邮箱：184510119@qq.com

或用QQ扫描下方的二维码：

老师您好！　　同学您好！

编　者

2024年3月

目　录

第1章

总　论

重点与难点

一、重点

1. 财务会计的基本概念

（1）财务会计的含义

财务会计是现代会计的一个分支，它同管理会计相配合共同服务于市场经济条件下的现代企业。财务会计主要为企业外部利益关系人提供各种定期财务会计报告。目前在我国，财务会计的含义可以表述为以《中华人民共和国会计法》（以下简称《会计法》）为准绳，依据企业会计准则和企业会计制度，按照规定的会计程序，采用一系列专门方法，对企业经济活动进行核算和监督，并向有关方面提供企业财务信息，旨在管好、用好企业资金的一种管理活动。

（2）财务会计的对象

财务会计的对象是指财务会计所要核算和监督的内容。

（3）财务会计的职能

财务会计的职能是指会计工作应该具有的作用。财务会计的基本职能是核算和监督。

（4）财务会计的目的

财务会计的目的是使财务会计信息满足社会各方面的需要，它应与我国社会主义市场经济体制相适应，现阶段主要是为企业外部有关方面了解企业经营业绩和企业内部经营管理提供信息。

2. 企业会计准则和企业会计制度

（1）企业会计准则的概念

企业会计准则是在《会计法》和会计理论的指导下，通过一定的组织机构所制定的会计标准，是企业会计工作的规范，是处理会计实务、评价企业会计工作质量的准绳。

我国自2007年开始实施新的会计准则体系，其基本框架是：以基本准则为指导原则，以存货、固定资产等一般业务的具体准则为主线，兼顾金融、石油、天然气等特殊行业的特定业务准则，按照现金流量表、合并财务报表等报告准则进行列报，涵盖企业绝大部分经济业务的会计处理和相关信息的披露，体现了我国国情并与国际会计标准基本趋同。

（2）企业会计基本准则和企业会计具体准则

我国的企业会计准则包括企业会计基本准则和企业会计具体准则两部分内容。

① 企业会计基本准则。企业会计基本准则是为进行会计核算工作而作出的原则性规定。我国现行的企业会计基本准则是在1993年7月1日实施的会计准则的基础上修订，于2007年1月起正式实施、2014年修订的《企业会计准则——基本准则》。我国不同所有制、不同行业的企业必须共同遵守企业会计基本准则的规定。

② 企业会计具体准则。企业会计具体准则是根据企业会计基本准则的要求，就会计核算的基本业务和特殊行业的会计核算工作作出的规定。企业会计具体准则按照其内容可以分为共性业务会计准则、财务报表准则和特殊业务会计准则三类。共性业务会计准则主要是对各行各业会计核算中共同的基本业务的会计处理作出规定，具体包括固定资产、存货、收入、无形资产、或有事项、租赁、外币折算等。财务报表准则主要是对各种财务报表反映的内容、列示方法和报表的格式等作出规定，包括财务报表列报、现金流量表、中期财务报告、合并财务报表等。特殊业务会计准则主要是对一些特殊行业的基本会计业务核算作出规定，包括金融工具的确认和计量、石油天然气开采、生物资产等。

（3）企业会计制度

企业会计制度是指部门或行业根据会计准则而制定的适用其本身进行会计工作遵循的规则、方法和程序的总称。会计制度的核心是账户设置、会计核算、具体流程及会计核算的具体方法等。

在我国会计领域，出现了企业会计准则和企业会计制度并存的现象。目前，财政部已颁布实施的会计制度主要有《企业会计制度》《政府会计制度——行政事业单位会计科目和报表》等。各部门和单位也可根据企业会计准则的要求，制定部门或单位的会计制度。

3. 会计基本假设和基本要求

（1）会计基本假设

会计基本假设是企业会计确认、计量和报告的前提，是对会计核算所处时间、空间环境等作出的合理设定。会计基本假设包括会计主体、持续经营、会计分期和货币计量四项。

（2）会计信息质量要求

企业在会计核算时，对会计信息质量的要求包括可靠性、相关性、可理解性、可比性、实质重于形式、重要性、谨慎性和及时性。

（3）会计计量属性要求

会计计量属性主要包括历史成本、重置成本、可变现净值、现值和公允价值。

4. 会计要素和会计等式

（1）会计要素

会计要素是根据交易或者事项的经济特征所确定的财务会计对象的基本分类。它是为实现会计目标，以会计基本前提为基础对会计对象的基本分类，是会计核算对象的具体化，是用于反映会计主体财务状况、确定经营成果的基本单位。按照我国的企业会计准则，会计要素分为资产、负债、所有者权益、收入、费用和利润六项。这六项会计要素又可划分为两大类，即反映财务状况的会计要素和反映经营成果的会计要素。

（2）会计等式

会计等式也称会计平衡公式，是表明各会计要素之间基本关系的恒等式。其公式如下：

资产=负债+所有者权益

收入-费用=利润

5. 企业会计科目

会计科目是对会计内容具体分类的项目名称。企业会计科目依据企业会计准则中确认和计量的规定制定。企业在不违反有关规定的前提下，可以根据本单位的实际情况自行增设、分拆、合并会计科目。

二、难点

1. 企业会计基本准则的内容

2. 会计科目的具体内容

练习题

一、名词解释

1. 会计主体　2. 持续经营　3. 资产　4. 负债　5. 可靠性　6. 相关性

二、单项选择题

1. 同一会计主体在不同会计期间尽可能采用相同的会计处理方法和程序，这一信息质量要求在会计上称为（　　）。

A. 可比性　　B. 连续性　　C. 相关性　　D. 配比性

2. 下列项目中，能引起负债和所有者权益同时发生变动的是（　　）。

A. 摊销无形资产价值　　B. 计提坏账准备

C. 董事会通过现金股利分配方案　　D. 盈余公积转增资本

3. 导致权责发生制的产生，以及预提、待摊等会计处理方法的运用的基本前提是（　　）。

A. 持续经营　　B. 会计主体　　C. 会计分期　　D. 货币计量

4. 在企业会计核算的基本假设中，（　　）是企业选择会计处理方法和程序保持稳定的条件。

A.货币计量　　B.持续经营　　C.会计分期　　D.会计主体

5.下列项目中，不属于我国会计核算信息质量要求的是（　　）。

A.实质重于形式　　B.持续经营　　C.可理解性　　D.相关性

6.在会计核算中，要求企业提供的会计信息应当清晰明了，便于投资者等财务报告使用者理解和利用的信息质量要求是（　　）。

A.重要性　　B.谨慎性　　C.权责发生制　　D.可理解性

7.下列各项中，体现谨慎性信息质量要求的是（　　）。

A.存货采用历史成本计价　　B.应收账款计提坏账准备

C.当期销售收入与费用配比　　D.无形资产摊销

三、多项选择题

1.下列各项中，属于会计核算基本假设的有（　　）。

A.历史成本　　B.持续经营　　C.会计主体　　D.会计分期

2.下列组织中，可以作为一个会计主体进行会计核算的有（　　）。

A.企业生产车间　　B.母公司及子公司组成的企业集团

C.分公司　　D.子公司

3.根据企业会计准则，企业的会计分期划分为（　　）。

A.年度　　B.季度　　C.月份　　D.旬

4.下列各项中，属于企业资产范围的有（　　）。

A. 承租人进行简化处理的短期租赁租入固定资产

B. 出租人融资租赁租出的固定资产

C. 经营租出的固定资产

D. 委托加工商品

5.下列各项中，属于企业收入的会计要素有（　　）。

A.运输劳务收入　　B.银行存款利息收入

C.接受捐赠收入　　D.出售材料收入

四、判断题

1. 明确会计主体可以确定会计核算的范围。（　　）

2. 会计主体和法律主体是统一的，因此，会计主体只能是独立的法人，不能是非法人。（　　）

3. 会计要素中的费用应当包括营业外支出。（　　）

4. 根据企业会计准则的规定，我国境内企业必须以人民币作为记账本位币进行核算。（　　）

5. 我国企业会计准则规定，所有单位都应以权责发生制为基础进行核算。（　　）

6. 某一会计事项是否具有重要性，在很大程度上取决于会计人员的职业判断。对于同一会计事项，在某一企业具有重要性，在另一企业则不一定具有重要性。（　　）

7. 当改变会计政策后能够更恰当地反映其财务状况和经营成果时，企业可以对其采用的会计政策作出变更，这不违背会计核算的相关性原则。 （ ）

8. 会计核算的可比性信息质量要求，是指同一会计主体在不同的会计期间尽可能地采用相同的会计处理方法和程序，以便不同会计期间的会计信息的纵向比较。

（ ）

9. 某一财产物资要成为企业的资产，其所有权必须属于本企业。 （ ）

10. 会计核算的谨慎性信息质量要求，一般是指对于可能发生的损失和费用应当合理预计，对可能发生的收益则不需预计。 （ ）

第2章

货币资金

重点与难点

一、重点

1. 库存现金

我国会计上所说的狭义的现金仅指企业库存现金，包括库存的人民币与外币。企业应当分别人民币、外币现金设置日记账，按照业务发生顺序逐笔登记，每日结出发生额和余额，并与现金库存数核对相符。如果发现现金账实不符，应立即查明原因，及时更正。对有待查明原因的现金短缺或溢余，应通过“待处理财产损溢”账户核算，待查明原因后，再根据不同的情况进行不同的处理。

2. 银行存款

银行存款是企业存放在银行或其他金融机构的货币资金。企业应按银行和其他金融机构的名称和存款种类设置银行存款日记账，进行明细核算。企业在银行开立的账户可分为基本存款账户、一般存款账户、临时存款账户和专用存款账户四种。企业对不属于现金开支范围的业务一律要通过银行办理转账结算。银行支付结算方式包括银行汇票、银行本票、商业汇票、支票、信用卡、汇兑、托收承付、委托收款等，每种结算方式的处理手续各不相同。为了确保银行存款的正确性，准确掌握银行存款的实际余额，企业应将银行存款日记账定期与银行对账单进行核对。在进行核对时，首先要确定未达账项。未达账项有以下四种情况：①企业已收款入账，银行尚未入账；②企业已付款入账，银行尚未入账；③银行已收款入账，企业尚未入账；④银行已付款入账，企业尚未入账。为了排除未达账项的影响，企业应通过编制“银行存款余额调节表”对未达账项进行调节。该表的编制方法是：在银行与企业的存款账面余额的基础上，加上各自的未收款，减去各自的未付款，然后计算出各自的余额。经调节后，双方余额如果相等，一般说明双方记账没有错误，该余额就是企业银行存款的实有数；双方余额如果不相等，表明记账有差错，应立即查明错误原因。

3. 其他货币资金

其他货币资金是企业除库存现金、银行存款以外的其他各种货币资金，包括外埠存款、银行汇票存款、银行本票存款、信用证保证金存款、信用卡存款和存出投资款等。这些存款由于存放地点和用途与企业的库存现金和银行存款不同，所以应设置“其他货币资金”账户进行核算，并按其他货币资金的种类设置明细科目，进行明细核算。

4. 外币业务

外币业务是指以记账本位币以外的货币进行的款项收付、往来结算等业务。这里所讲的外币不是一般意义上的外币、外汇概念，而是企业选定的记账本位币以外的货币。企业对外币业务应同时设置相应的记账本位币与外币账户，分别进行核算。

企业发生外币业务，其会计处理主要有两项内容：一是在交易日对外币交易进行初始确认，将外币金额折算为记账本位币金额；二是在资产负债表日对相关项目进行折算，因汇率变动产生的差额计入当期损益。在发生外币业务时，应采用外币业务发生时的即期汇率，将外币金额折合为记账本位币金额记账。资产负债表日，企业应当分别外币货币性项目和外币非货币性项目进行处理。因汇率变动而产生的汇兑差额作为财务费用处理，同时调增或调减外币货币性项目的记账本位币金额。汇兑差额是指对同样数量的外币金额采用不同的汇率折算为记账本位币金额所产生的差额。

二、难点

1. “银行存款余额调节表”的编制

2. 外币业务中汇兑差额的计算及账务处理

练习题

一、名词解释

1.银行存款　2.其他货币资金　3.支付结算　4.商业汇票　5.未达账项　6.外埠存款　7.外币业务　8.汇兑损益

二、单项选择题

1.我国会计上所说的狭义的现金是指企业的（　　）。

A. 库存现金

B. 库存现金和银行存款

C. 库存现金、银行存款和有价证券

D. 库存现金、银行存款、有价证券和其他货币资金

2.企业一般不得从现金收入中直接支付现金，因特殊情况需要坐支现金的，应当事先报经（　　）审查批准。

A.上级部门　B.市场监管部门　C.税务部门　D.开户银行

3.按照国家《人民币银行结算账户管理办法》的规定，企业的工资、奖金等现金的支取，只能通过（　　）办理。

A.基本存款账户　B.一般存款账户
C.临时存款账户　D.专用存款账户

4.银行汇票的提示付款期限为自出票日起（　　）。
A.1个月　B.2个月　C.3个月　D.6个月

5.银行承兑汇票的承兑人是（　　）。
A.购货单位　B.购货单位的开户银行
C.销货单位　D.销货单位的开户银行

6.下列支付结算方式中，需签订购销合同才能使用的是（　　）。
A.银行汇票　B.银行本票　C.托收承付　D.支票

7.商业汇票按（　　）不同，分为商业承兑汇票和银行承兑汇票。
A.收款人　B.付款人　C.承兑人　D.被背书人

8.下列项目中，不通过“其他货币资金”账户核算的是（　　）。
A.银行汇票存款　B.银行本票存款
C.备用金　D.存出投资款

9.下列结算方式中，只能用于同城结算的是（　　）。
A.银行汇票　B.银行本票　C.委托收款　D.托收承付

10.单位信用卡的资金一律从其（　　）转账存入。
A.基本存款账户　B.一般存款账户
C.临时存款账户　D.专用存款账户

11.企业对无法查明原因的现金溢余，经批准后应转入（　　）科目。
A.“主营业务收入”　B.“其他业务收入”
C.“其他应付款”　D.“营业外收入”

12.对于银行已入账而企业尚未入账的未达账项，企业应当（　　）。
A.根据“银行对账单”入账
B.根据“银行存款余额调节表”入账
C.根据对账单和调节表自制凭证入账
D.待有关结算凭证到达后入账

13.外币业务是指企业以（　　）以外的货币进行的款项收付、往来结算等业务。
A.人民币　B.记账本位币　C.港币　D.外国货币

14.企业将外币卖给银行，兑换成人民币，兑换时发生的汇兑差额是指（　　）。
A.账面汇率与当日市场汇率之差所引起的折算差额
B.银行卖出价与当日市场汇率之差所引起的折算差额
C.银行买入价与当日市场汇率之差所引起的折算差额
D.银行买入价与银行卖出价之差所引起的折算差额

15.企业在生产经营期间发生的汇兑损益（与购建固定资产无关），应当记入（　　）科目。
A.“管理费用”　B.“财务费用”
C.“长期待摊费用”　D.“资本公积”

三、多项选择题

1.下列存款中，应在“其他货币资金”账户核算的有（　　）。

A.外埠存款　　B.银行汇票存款

C.信用卡存款　　D.存出投资款

E.一般存款账户存款

2.下列结算方式中，同时适用于同城和异地结算的有（　　）。

A.银行汇票　　B.银行本票　　C.商业汇票

D.委托收款　　E.支票

3.下列结算方式中，可用于异地结算的有（　　）。

A.银行汇票　　B.银行本票　　C.商业汇票

D.委托收款　　E.支票

4.下列结算方式中，可用于同城结算的有（　　）。

A.支票　　B.汇兑　　C.银行本票

D.委托收款　　E.托收承付

5.《支付结算办法》中的结算规定为（　　）。

A. 不准签发没有资金保证的票据或远期支票，套取银行信用

B. 不准签发、取得和转让没有真实交易和债权债务的票据，套取银行和他人资金

C. 不准无理由拒绝付款，任意占用他人资金

D. 不准违反规定开立和使用银行账户

E. 不属于现金开支范围的业务一律通过银行办理转账结算

6.下列行为中，不符合结算有关规定的有（　　）。

A.用现金支付出差人员的差旅费

B.用现金支付向供销社采购农副产品的价款

C.用信用卡结算10万元以上的商品交易款项

D.签发的支票金额超过企业的银行存款余额

E.从基本存款账户支取现金发放职工薪酬

7.商业汇票的签发人可以为（　　）。

A.购货单位　　B.销货单位

C.购货单位开户银行　　D.销货单位开户银行

E.被背书人

8.下列项目中，通过“其他货币资金”账户核算的有（　　）。

A.取得由本企业开户银行签发的银行本票

B.本企业签发并由开户银行承兑的商业汇票

C.取得由本企业开户银行签发的银行汇票

D.取得由购货单位签发并承兑的商业汇票

E.开出转账支票

9.下列项目中，通过“银行存款”账户核算的有（　　）。

A.外币现金　　B.外币存款　　C.外埠存款
D.信用卡存款　　E.基本存款账户存款

10.下列票据中，可以背书转让的有（　　）。
A.现金支票　　B.转账支票　　C.银行汇票
D.银行本票　　E.商业汇票

11.下列票据中，银行见票即付的有（　　）。
A.未超过1个月的银行汇票　　B.未超过1个月的银行定额本票
C.未超过2个月的银行不定额本票　　D.到期的商业承兑汇票
E.到期的银行承兑汇票

12.企业银行存款日记账与银行对账单不符的主要原因有（　　）。
A.存在企业已付、银行未付的账项　　B.存在企业已收、银行未收的账项
C.存在银行已付、企业未付的账项　　D.存在银行已收、企业未收的账项
E.企业或银行记账错误

13.某企业采用美元作为记账本位币。下列业务中，属于该企业外币业务的有（　　）。
A.与外国企业发生的以人民币计价结算的购销业务
B.与外国企业发生的以美元计价结算的购销业务
C.与本国企业发生的以人民币计价结算的购销业务
D.与本国企业发生的以美元计价结算的购销业务
E.向中国银行借入港币业务

14.企业发生外币业务，将外币折合为记账本位币记账时，可采用（　　）。
A.交易发生日的即期汇率　　B.交易发生日即期汇率的近似汇率
C.当期期末的汇率　　D.当期期初的汇率
E.上期期末的汇率

15.下列外币业务中，借贷方不是采用同一汇率折算的有（　　）。
A.向银行买入外汇　　B.收回外币应收账款
C.向银行卖出外汇　　D.向银行借入外币短期借款
E.归还外币应付账款

四、判断题

1.我国会计上所说的现金仅指企业库存的人民币现金，不包括外币现金。（　　）

2.不论在任何情况下，企业一律不准坐支现金。（　　）

3.每日终了，企业必须将库存现金日记账的余额与库存现金总账的余额及现金的实际库存数进行核对，做到账账相符、账实相符。（　　）

4.每个企业只能在银行开立一个基本存款账户，企业的工资、奖金等现金的支取只能通过该账户办理。（　　）

5.银行汇票可以用于转账，也可以用于提取现金。（　　）

6.同城或异地的商品交易、劳务供应，均可采用银行本票结算方式进行结算。（　　）

7.商业承兑汇票的承兑人是购货企业的开户银行。（　　）

8.银行承兑汇票的付款人是购货企业的开户银行。（　　）

9.普通支票左上角划两条平行线的，只能用于转账，不得支取现金。（　　）

10.收款单位收到付款单位交来的银行汇票可以不送交银行办理转账结算，而是背书转让给另一单位用以购买材料。（　　）

11.委托收款和托收承付结算方式，都受结算金额起点的限制。（　　）

12.商业承兑汇票到期日付款人账户余额不足支付的，其开户银行应代为付款。（　　）

13.采用托收承付结算方式办理结算的款项必须是商品交易以及因商品交易而产生的劳务供应的款项，包括代销、寄销、赊销商品的款项。（　　）

14.单位和个人的各种款项的结算，均可采用汇兑结算方式。（　　）

15.在企业的外币业务中，人民币也可能属于“外币”的范畴。（　　）

16.外币业务是指以外国货币计价和结算的业务。（　　）

17.我国企业记账采用的记账本位币可以是人民币或某种外币，所以必须采用相应的记账本位币编制财务报表。（　　）

18.账面汇率是过去的记账汇率，属于历史汇率。（　　）

19.企业在本期没有发生外币业务的情况下，也可能会发生外币汇兑差额。（　　）

20.对于生产经营期间发生的汇兑差额，应作为待摊费用，分期摊销计入各期损益。（　　）

五、技能题

1.南方工厂发生如下经济业务：

（1）开出现金支票一张，向银行提取现金1 000元。

（2）职工王芳出差，借支差旅费1 500元，以现金支付。

（3）收到甲单位交来的转账支票一张，金额50 000元，用以归还上月所欠货款，支票已送交银行。

（4）向乙企业采购A材料，收到的增值税专用发票上列明价款100 000元，增值税税额13 000元。企业采用汇兑结算方式将款项113 000元付给乙企业。A材料已验收入库。

（5）开出转账支票一张，归还前欠丙单位货款20 000元。

（6）职工王芳出差回来报销差旅费，原借支1 500元，实报销1 650元，差额150元即用现金补付。

（7）将现金1 800元送存银行。

（8）在现金清查中，发现现金短缺200元，原因待查。

（9）上述短款原因已查明，是由出纳员陈红工作失职造成的，陈红当即交回现金200元以作赔偿。

要求：根据以上经济业务，编制会计分录。

2. 南方工厂2024年3月31日“银行存款日记账”账面余额为226 600元，“银行对账单”余额为269 700元。经核对，存在未达账项如下：

（1）3月30日，工厂开出转账支票一张，支付购买材料款35 500元，持票单位尚未向银行办理手续。

（2）3月31日，银行代工厂收到销货款24 600元，工厂尚未收到收款通知。

（3）3月31日，银行代工厂付出电费17 000元，工厂尚未收到付款通知。

要求：根据上述资料，编制“银行存款余额调节表”。

3. 南方工厂发生如下经济业务：

（1）委托银行开出银行汇票50 000元，有关手续已办妥，采购员李强持汇票到外地A市采购材料。

（2）派采购员张山到外地B市采购材料，委托银行汇款100 000元到B市开立采购专户。

（3）李强在A市的采购结束，增值税专用发票上列明的材料价款为45 000元，增值税税额为5 850元，货款共50 850元。已用银行汇票支付50 000元，差额850元采用汇兑结算方式补付，材料已验收入库。

（4）张山在B市的采购结束，增值税专用发票上列明的材料价款为80 000元，增值税税额为10 400元，款项共90 400元，材料已验收入库。同时接到银行多余款收账通知，退回余款9 600元。

（5）委托银行开出银行本票20 000元，有关手续已办妥。

（6）购买办公用品2 300元，用信用卡付款。收到银行转来的信用卡存款的付款凭证及所附账单，经审核，无误。

要求：根据以上经济业务，编制会计分录。

4. 南方工厂以人民币为记账本位币，外币业务采用经济业务发生日的市场汇率作为折合汇率，月末按月末的市场汇率对外币账户的外币期末余额进行调整。该工厂6月份发生的外币业务如下：

（1）6月5日，销售一批商品，售价为20 000美元，货款尚未收到（暂不考虑有关税费）。当日的市场汇率为1美元=6.30元人民币。

（2）6月10日，向中国银行借入100 000美元，期限为半年。当日的市场汇率为1美元=6.30元人民币。

（3）6月18日，用美元银行存款偿还上月的应付账款50 000美元。当日的市场汇率为1美元=6.35元人民币。

（4）6月18日，向银行买入150 000美元，当日的银行美元卖出价为1美元=6.40元人民币，市场汇率为1美元=6.35元人民币，企业实付人民币960 000元。

（5）6月20日，收回上月销售商品的应收货款40 000美元。当日的市场汇率为1美元=6.35元人民币。

（6）6月26日，购进原材料一批，价款共80 000美元，材料已收到，款项尚未支付（暂不考虑有关税费）。当日的市场汇率为1美元=6.35元人民币。

（7）6月30日，工厂有关外币账户的期末余额资料见表2-1，对外币期末余额进行调整。当日的市场汇率为1美元=6.40元人民币。

表2-1　账户期末余额表

会计账户	外币账户金额（美元）	记账本位币金额（元人民币）
银行存款	250 000	1 582 000
应收账款	20 000	126 000
应付账款	80 000	508 000
短期借款	100 000	630 000

要求：根据以上经济业务，编制会计分录。

实务训练

一、实训目的

掌握货币资金业务的账务处理及货币资金总账、日记账、明细账的登记方法；掌握“银行存款余额调节表”的编制方法。

二、实训要求

1. 开设原材料、包装物、低值易耗品、在途物资、存货跌价准备、委托加工物资总账，以及原材料、包装物、低值易耗品、在途物资明细账。

2. 根据发生的经济业务填制记账凭证，并按顺序逐笔登记有关的总账和明细账，月终结账。

3. 分别上、中、下旬编制科目汇总表，汇总登记库存现金、银行存款、其他货币资金总账，月终结账。

4. 编制“银行存款余额调节表”。

三、实训资料

南方工厂为增值税一般纳税人，会计核算采用科目汇总表核算形式，有关资料如下：

1.基本存款账户开户银行及账号：工商银行东城区支行，170-1234567。

2.2024年4月有关账户的期初余额：“库存现金”账户1 800元；“银行存款”账户135 000元；“其他货币资金”账户288 700元［其中明细账余额为“银行汇票（甲单位）”180 000元，“信用卡存款（工商银行东城区支行）”8 700元，“外埠存款（青山市工商银行××支行）”100 000元］。

3.2024年4月发生有关业务如下：

（1）1日，收到前进厂交来的转账支票（83764275#）一张，金额250 000元，用以归还上月所欠货款，企业在当日填制进账单，连同支票送交银行，收到银行盖章退回的进账单第一联。

（2）1日，职工黄坪出差，借支差旅费1 500元，已用现金给付，并填妥借支单。

（3）2日，收到银行转来的信用卡存款的付款凭证及所附发票账单，上月支付接待费等费用共6 540元，已核对无误。

（4）3日，采用汇兑结算方式委托银行将款项160 000元汇往外地。在中州市开立采购专户，已向银行办妥汇款手续，并收到银行退回的电汇凭证回单（01587#）。

（5）3日，采购员到青山市采购甲材料完毕，根据供应单位开具的增值税专用发票，报销用外埠存款支付的材料采购款项共79 100元，其中，材料采购成本为70 000元，增值税进项税额为9 100元。材料已验收入库，仓库已填制收料单。

（6）4日，收到银行的信汇凭证收账通知（03196#），在青山市开立采购专户的余额20 900元已转回当地银行。

（7）4日，上月末现金清查中短缺现金300元的原因已查明，是出纳员陈梅工作失职造成的，陈梅当即交回现金300元以作赔偿。

（8）6日，开出现金支票（37622345#）一张，金额1 300元，向银行提取现金以补足库存现金限额（要求填制现金支票）。

（9）8日，开出转账支票（56783412#）一张，金额50 000元，向信用卡账户续存资金（要求填制转账支票）。

（10）9日，采购员上月持银行汇票到甲单位采购乙材料结束，现收到甲单位开具的增值税专用发票，其中，列明材料价款150 000元，增值税进项税额19 500元。款项共169 500元，已用银行汇票存款支付，材料已验收入库，仓库已填制收料单。

（11）9日，收到银行转来的银行汇票第四联（多余款收账通知），企业向甲单位采购的银行汇票多余款10 500元已退回。

（12）12日，企业向东百公司购买办公用品1 800元，开出转账支票（56783413#）一张支付款项，并收到东百公司开具的普通发票一张（要求填制转账支票）。

（13）14日，企业上月采用托收承付结算方式向乙公司销售产品一批，已向银行办妥托收手续，托收金额为140 400元，现接到银行转来的托收承付收账通知（33112#）及有关的发票单据，托收款项已如数收存银行。

（14）15日，企业拟在本市A厂采购材料，向银行提交“银行本票申请书”并将款项50 000元从银行账户中转出交存银行，收到银行签发的银行本票和银行盖章退回的申请书存根联。

（15）17日，开出现金支票（37622346#）一张，金额101 500元，向银行提取现金备发工资（要求填制现金支票）。

（16）17日，用现金101 500元向职工发放工资（借记“应付职工薪酬”账户）。

（17）18日，黄坪出差回来报销差旅费，有关的费用单据共计支出1 375元，余款125元交回现金。

（18）18日，企业向本市丙公司销售产品一批，开出的增值税专用发票标明产品价款为200 000元，增值税销项税额为26 000元，已收到丙公司交来的转账支票（79634000#）一张，金额226 000元。企业在当日填制进账单连同支票一起送交银行，收到银行盖章退回的进账单收账通知联（要求填制转账支票）。

（19）20日，企业拟到外地丁企业采购材料，向银行提交"银行汇票申请书"并将款项100 000元从银行账户中转出交存银行，收到银行签发的银行汇票和银行盖章退回的申请书存根联。

（20）24日，从本市A厂采购丙材料，取得的增值税专用发票标明材料价款为25 000元，增值税进项税额为3 250元，款项共28 250元用银行本票支付。

（21）26日，收到银行转来的委托收款凭证的付款通知（77543#）和电话收费单据，支付电话费2 260元。

（22）30日，开出转账支票（56783414#）一张，金额87 400元，偿付前欠B厂的购货款。

（23）30日，进行现金清查，发现现金溢余150元，原因待查。

4.2024年5月4日，收到银行送来的企业4月份银行存款的对账单（见表2-2）。

表2-2

中国工商银行对账单

户名：南方工厂　　账号：170-1234567　　单位：元

2024年		摘　要	收　入	付　出	余　额
月	日				
4	1	上月结存			135 000
	2	转账支票83764275#	250 000		385 000
	3	电汇01587#		160 000	225 000
	4	信汇03196#	20 900		245 900
	8	现金支票37622345#		1 300	244 600
	8	转账支票56783412#		50 000	194 600
	9	银行汇票（多余款收账通知）	10 500		205 100
	13	转账支票56783413#		1 800	203 300
	14	托收承付33112#	140 400		343 7000
	15	银行本票		50 000	293 700
	17	现金支票37622346#		101 500	192 200
	19	转账支票79634000#	226 000		418 200
	20	银行汇票		100 000	318 200
	26	委托收款77543#		2 260	315 940
	30	委托收款96427#（电费）		98 600	217 340
	30	托收承付113#（收货款）	57 830		275 170
		月末余额			275 170

四、实训用纸

现金支票2张，转账支票2张；记账凭证23张；三栏式总账账页3张；日记账账页2张；三栏式明细账账页4张；科目汇总表1张；银行存款余额调节表1张。

五、实训要填制的原始凭证

银行存款余额调节表见表2-3。

表2-3　银行存款余额调节表

年　月　日　　单位：元

项　目	金　额	项　目	金　额
企业银行存款账户余额		银行对账单余额	
调节后的存款余额		调节后的存款余额	

科目汇总表见表2-4。

表2-4　科目汇总表

年　月　　单位：元

会计科目	1—10日		11—20日		21—31日		合　计	
	借方	贷方	借方	贷方	借方	贷方	借方	贷方
合　计								

实务训练提示

“库存现金”账户期末余额为2 175元；“银行存款”账户期末余额为228 540元；“其他货币资金”账户期末余额为333 910元；“银行存款余额调节表”调节后的存款余额为187 770元。

第 3 章

金融资产

重点与难点

一、重点

1. 应收账款

应收账款是指企业因销售商品、产品或提供劳务等，应向购货单位或接受劳务单位收取的款项。应收账款应于收入实现时按实际发生额计价入账。企业无法收回或收回的可能性极小的应收账款称为坏账，由于发生坏账而产生的损失称为坏账损失。企业应采用备抵法核算坏账损失，并设置“坏账准备”账户，按期计提坏账准备。企业对有确凿证据表明确实无法收回的应收账款，经批准作为坏账损失的，应冲销提取的坏账准备。如果已确认并转销的坏账以后又收回，应恢复企业债权并冲回已转销的坏账准备金额。在资产负债表上，“应收账款”项目按照减去已提取的坏账准备后的净额反映。

2. 应收票据

应收票据是指企业因销售商品、产品或提供劳务等而收到的商业汇票。商业汇票按承兑人不同分为商业承兑汇票和银行承兑汇票；按是否计息分为不带息商业汇票和带息商业汇票。企业收到商业汇票，无论是否带息，均按应收票据的票面价值入账。带息应收票据应于期末按票据的票面价值和确定的利率计提利息，增加应收票据的账面余额，并同时计入当期损益。票据到期收回时，不带息应收票据的到期价值等于应收票据的票面价值，带息应收票据的到期价值等于应收票据的票面价值加上票据利息。应收票据到期不能收回的，应转入“应收账款”账户核算。应收票据可以背书转让，可以向银行贴现。商业承兑汇票在汇票到期时有可能出现承兑人银行存款不足支付的情况，这时，贴现银行就会将已贴现的应收票据退回申请贴现的企业，同时从贴现企业的账户中将票据本息划回，若贴现企业的银行存款账户余额不足，银行将作为逾期贷款处理。

3. 其他应收款

其他应收款是指企业除应收账款、应收票据、预付账款等以外的其他各种应收、暂付款项。其他应收款应按实际发生的金额入账，并采用备抵法计提坏账损失。

4. 预付账款

预付账款是指企业按照购货合同规定预付给供应单位的款项。预付账款应按实际发生的金额入账。

5. 以公允价值计量且其变动计入当期损益的金融资产

以公允价值计量且其变动计入当期损益的金融资产是指以摊余成本计量的金融资产和以公允价值计量且其变动计入其他综合收益的金融资产之外的金融资产，如以赚取价差为目的从二级市场购入的股票、债券和基金等。其通过“交易性金融资产”账户核算。

6. 以摊余成本计量的金融资产

企业金融资产同时符合下列条件的，应当分类为以摊余成本计量的金融资产：①企业管理该金融资产的业务模式是以收取合同现金流量为目标；②该金融资产的合同条款规定，在特定日期产生的现金流量，仅为对本金和以未偿付本金金额为基础的利息的支付。其包括应收账款、应收票据、其他应收款以及购入的准备持有至到期的普通债券等。

二、难点

1. 应收款项坏账准备的计提及账务处理
2. 应收票据贴现的计算及账务处理
3. 债权投资和其他债权投资的核算

练习题

一、名词解释

1. 金融资产　2. 应收账款　3. 应收票据　4. 预付账款　5. 备抵法　6. 带息商业汇票　7. 票据贴现　8. 公允价值　9. 以公允价值计量且其变动计入当期损益的金融资产　10. 以摊余成本计量的金融资产　11. 以公允价值计量且其变动计入其他综合收益的金融资产

二、单项选择题

1. 企业对有确凿证据表明已不符合预付账款性质的预付账款，应将其金额转入（　　）账户，并计提坏账准备。

A. “应收账款”　　B. “应收票据”

C. “其他应收款”　　D. “应付账款”

2. 下列项目中，属于应收账款范围的是（　　）。

A. 应向接受劳务单位收取的款项　　B. 应收外单位的赔偿款

C.应收的存出保证金　　D.应向职工收取的各种垫付款项

3.如果企业预收款项情况不多，可以将预收款项直接记入（　　）账户。

A.“应付账款”　　B.“应收账款”

C.“应付票据”　　D.“应收票据”

4.“坏账准备”账户在期末结账前如为借方余额，反映的内容是（　　）。

A.提取的坏账准备

B.实际发生的坏账损失

C.收回以前已经确认并转销的坏账准备

D.已确认的坏账损失超出坏账准备的余额

5.对于直接转销法，下列表述不正确的是（　　）。

A.账务处理简单　　B.反映前期潜在的坏账损失

C.虚增了前期的利润　　D.高估了前期的资产

6.未贴现的商业承兑汇票到期，如果付款人无力支付票款，银行将应收票据退回时，收款企业应将其转入（　　）账户。

A.“应收账款”　　B.“其他应收款”　　C.“预收账款”　　D.“预付账款”

7.企业年末应收账款余额为400 000元，坏账准备为借方余额1 500元，按年末应收账款余额的5%提取坏账准备，则应提的坏账准备数额为（　　）元。

A.20 000　　B.1 500　　C.21 500　　D.18 500

8.一张应收票据，其面值为100 000元，票面年利率为8%，期限为3个月，该票据的到期值为（　　）元。

A.100 000　　B.108 000　　C.102 000　　D.124 000

9.企业7月10日将一张面值为20 000元、出票日为6月20日、期限为30天的不带息商业汇票向银行贴现，贴现率为9%（假设该企业与票据付款人在同一票据交换区），该票据的贴现净额为（　　）元。

A.20 000　　B.19 950　　C.19 850　　D.18 200

10.企业内部各部门、单位周转使用的备用金，应在（　　）账户或单独设置“备用金”账户核算。

A.“库存现金”　　B.“其他应收款”

C.“其他货币资金”　　D.“其他应付款”

11.下列各项中，不构成以公允价值计量且其变动计入其他综合收益的金融资产成本的是（　　）。

A.购买债券的价款中包含的已到付息期但尚未领取的债券利息

B.购买债券支付的价款

C.购买股票支付的手续费

D.购买债券支付的手续费

12.企业以摊余成本计量的金融资产按摊余成本和实际利率计算确定的利息收入应当（　　）。

A.冲减应收利息　　B.冲减该金融资产的账面价值

C.确认为投资收益　　D.计入当期财务费用

13.“债权投资”账户核算以摊余成本计量的债权投资的（　　）。

A.摊余成本　　B.原始价值　　C.历史成本　　D.完全成本

14.按照企业会计准则的规定，如果以公允价值计量且其变动计入其他综合收益的金融资产公允价值发生变动，其会计处理是（　　）。

A.计入投资成本　　B.直接计入当期损益

C.计入长期待摊费用　　D.计入其他综合收益

三、多项选择题

1.坏账损失的核算方法有（　　）。

A.总价法　　B.净价法　　C.直接转销法

D.备抵法　　E.账龄分析法

2.下列项目中，应计提坏账准备的有（　　）。

A.应收账款　　B.应收票据　　C.其他应收款

D.其他应付款　　E.到期不能收回转入应收账款的票据

3.计算带息商业汇票的到期值，应考虑的因素有（　　）。

A.票面价值　　B.票据期限　　C.票面利率

D.贴现利率　　E.贴现天数

4.应通过“应收票据”或“应付票据”账户核算的票据有（　　）。

A.银行本票　　B.银行汇票　　C.支票

D.商业承兑汇票　　E.银行承兑汇票

5.下列事项中，可以确认为坏账的有（　　）。

A.债务人死亡，以其遗产清偿后仍然无法收回的应收款项

B.债务人破产，以其破产财产清偿后仍然无法收回的应收款项

C.应收款项已逾期3年以上，并有足够的证据表明无法收回

D.已逾期但无确凿证据证明不能收回的应收款项

E.已到期但付款人无款支付的应收票据

6.下列事项中，应记入“坏账准备”账户贷方的有（　　）。

A.转销已确认无法收回的应收账款

B.转销确实无法支付的应付账款

C.收回过去已经确认并转销的坏账

D.从“应收票据”账户中转出到期仍未收回的应收票据

E.按规定提取坏账准备

7.企业2024年6月30日收到带息商业汇票一张，票面价值为10 000元，票面利率为9%，期限为1个月。该票据在7月20日贴现，贴现率为10%。假设该企业与票据付款人在同一票据交换区，则下列表述正确的有（　　）。

A.票据的入账价值为10 000元　　B.票据到期日是2024年7月31日

C.票据到期值为10 075元　　D.票据贴现天数为11天

E. 票据贴现息为30.56元

8.对于带息商业汇票，下列表述正确的有（　　）。

A. 收到票据时，按票面价值入账

B. 票据到期值=票面价值+到期利息

C. 对应收票据不计提坏账准备

D. 对到期不能收回的应收票据转入应收账款后仍计算利息

E. 对到期不能收回的应收票据转入应收账款后应计提坏账准备

9.企业采用备抵法核算坏账，收回过去已确认并转销的坏账时，应编制的会计分录有（　　）。

A.借记“应收账款”账户，贷记“管理费用”账户

B.借记“应收账款”账户，贷记“坏账准备”账户

C.借记“银行存款”账户，贷记“应收账款”账户

D.借记“管理费用”账户，贷记“坏账准备”账户

E.借记“坏账准备”账户，贷记“应收账款”账户

10.下列事项中，应在“其他应收款”账户核算的有（　　）。

A.应收保险公司的各种赔款　　B.应向职工收取的各种垫付款

C.应收出租包装物的租金　　D.向外单位借用包装物支付的押金

11.企业将商业承兑汇票向银行贴现，票据到期时贴现银行收不到款项，贴现银行应（　　）。

A.将贴现票据退回给票据承兑人　　B.向票据承兑人加收罚息

C.将贴现票据退回给贴现企业　　D.从贴现企业的账户中将票据本息划回

E.向贴现企业加收罚息

12.企业应当根据其管理金融资产的（　　），将金融资产划分为三类。

A.业务模式　　B.金融资产的合同现金流量特征

C.意图　　D.以上都是

13.以公允价值计量且其变动计入当期损益的金融资产主要是指企业以赚取差价为目的从二级市场购入的（　　）等。

A.股票　　B.债券　　C.应收账款　　D.基金

14.下列项目中，构成金融资产交易费用的有（　　）。

A.已宣告发放但尚未领取的现金股利　　B.买价

C.印花税　　D.佣金

15.按照企业会计准则的规定，企业收到以公允价值计量且其变动计入当期损益的金融资产的现金股利时，可能的会计处理有（　　）。

A.冲减投资成本　　B.增加投资成本

C.确认投资收益　　D.冲减已入账的应收股利

四、判断题

1.在资产负债表上，“应收账款”“应收票据”“其他应收款”项目均按减去已计

提坏账准备后的净额列示。（　）

2.企业预付款项形成的债权，应在“预付账款”或“应付账款”账户核算。（　）

3.带息应收票据到期时，若付款人无力支付票款，企业应按票据的账面余额转入“应收账款”科目核算，期末不再计提利息。（　）

4.企业收到商业汇票，无论是否带息，均按票据的票面价值入账。（　）

5.票据贴现实质上是企业融通资金的一种方式。（　）

6.企业将应收的商业承兑汇票向银行贴现，会形成或有负债，因此应将其列为资产负债表的“流动负债”项目。（　）

7.已确认为坏账的应收账款，意味着企业放弃了其追索权。（　）

8.按现行企业会计准则规定，应收款项均应计提坏账准备。（　）

9.企业无息票据的贴现所得一定小于票据票面价值，而带息票据的贴现所得则不一定小于票据票面价值。（　）

10.采用直接转销法核算坏账损失，当坏账实际发生时，直接将坏账损失计入当期损益。（　）

11.会计期末，当企业用一定方法计算出的应提坏账准备大于坏账准备账面余额的，应按其差额冲减多提的坏账准备。（　）

12.“交易性金融资产”账户用来核算企业分类为以公允价值计量且其变动计入当期损益的金融资产的公允价值。（　）

13.交易性金融资产应于实际收到现金股利或利息时，冲减投资成本。（　）

五、技能题

1.南方工厂8月份发生如下经济业务：

（1）向甲公司销售产品一批，价款50 000元，增值税税额6 500元，采用托收承付结算方式结算。在产品发运时，以支票支付代垫运杂费400元，已向银行办妥托收手续。

（2）上月应收乙单位货款65 000元，经协商改用商业汇票结算。工厂已收到乙单位交来的一张期限为3个月的商业承兑汇票，票面价值为65 000元。

（3）向丙单位销售产品一批，价款100 000元，增值税税额13 000元，款项尚未收回。

（4）接到银行通知，应收甲公司的货款56 900元已收妥入账。

（5）收到上述丙单位交来金额为113 000元的转账支票一张用于支付货款。

要求：根据以上经济业务，编制会计分录。

2.南方工厂采用备抵法核算坏账损失，有关资料如下：

（1）2022年年初，“坏账准备”科目为贷方余额8 450元（按应收账款计提的部分，下同）。

（2）2022年和2023年年末，估计的坏账损失分别为11 065元和6 125元，这两年均没有发生坏账损失。

（3）2024年7月，经有关部门批准确认一笔坏账损失，金额为36 000元。

（4）2024年11月，上述已核销的坏账又收回18 000元。

（5）2024年年末，估计的坏账损失为4 335元。

要求：根据上述资料，编制有关会计分录。

3.南方公司发生如下经济业务：

（1）向A公司销售产品一批，价款200 000元，增值税税额26 000元。收到A公司交来一张由银行承兑的、期限为2个月的不带息商业汇票，票面价值为226 000元。

（2）经协商将应收B单位的货款100 000元改用商业汇票方式结算。已收到B单位交来一张期限为6个月的带息商业承兑汇票，票面价值为100 000元，票面利率为8%。

（3）上月收到C公司一张期限为1个月的带息商业承兑汇票已到期，委托银行收款。现接到银行通知，因C公司银行账户存款不足，到期票款没有收回。该票据的账面余额为90 000元，票面利率为8%。

（4）应收D单位一张期限为3个月的银行承兑汇票已到期，该票据票面价值为150 000元，票面利率为8%，款项已收存银行。

（5）将上述收到的A公司的商业汇票向银行贴现，贴现天数为45天，贴现率为9%，贴现款已收存银行。

（6）上月向银行贴现的商业承兑汇票到期，因承兑人E单位无力支付，银行退回贴现票据，并在本企业银行账户中将票据本息划回。该票据的票面价值为180 000元，票面利率为8%，半年期。

（7）年末，对上述尚未到期的应收B单位的带息票据计提利息。公司已持有该票据3个月。

要求：根据以上经济业务，编制会计分录。

4.南方公司采用预付款项的方式采购材料：

（1）6月3日，向甲企业采购材料，开出转账支票一张，预付材料款100 000元。

（2）6月25日，收到甲企业的材料及有关结算单据，材料价款为100 000元，增值税税额为13 000元，材料已验收入库。同时开出转账支票一张，补付材料款13 000元。

要求：根据以上经济业务，编制会计分录。

5.甲公司2024年4月5日销售一批商品给乙公司，开出的增值税专用发票上注明销售价款为150 000元，增值税税额为19 500元，款项尚未收到。双方约定，乙公司应于2024年11月30日付款。6月1日，甲公司因急需流动资金，经与中国银行协商，以应收乙公司货款为质押取得期限为5个月的短期借款135 000元，年利率为6%，每月月末偿付利息。

要求：根据以上经济业务，编制与短期借款相关的会计分录。

6.甲公司2024年4月15日销售一批商品给乙公司，开出的增值税专用发票上注明销售价款为900 000元，增值税税额为117 000元，款项尚未收到。双方约定，乙公司应于2024年11月30日付款。6月4日，经与中国银行协商后约定：甲公司将应收乙公司的货款出售给中国银行，价款为789 750元；在应收乙公司货款到期无法收回时，中国银行不能向甲公司追偿。甲公司根据以往经验，预计该批商品将发生的销售退回金额为70 173元，其中增值税税额为8 073元，成本为39 000元，实际发生的销售退回由甲公司承担。8月3日，甲公司收到乙公司退回的商品，价款为70 173元。

要求：根据以上经济业务，编制会计分录。

7. 某企业2024年1月1日购入B公司同日发行的5年期一次还本、分期付息债券。该债券票面利率为8%，债券面值为900 000元，实际支付价款975 000元，不考虑其他相关税费，于年末支付本年度债券利息，假定发行时的市场利率为6%。该企业根据其管理该债券的业务模式和该债券的合同现金流量特征，将该债券分类为以摊余成本计量的金融资产。

要求：用实际利率摊销法计算债券溢价摊销额，并编制相关会计分录。

8. 某公司2024年1月1日购入股票2 250股，当时每股市价为4.80元，交易费用为1 125元。根据本公司管理该股票的业务模式和股票的合同现金流量特征，将该股票分类为以公允价值计量且其变动计入当期损益的金融资产。1月31日，该股票每股市价为5元；3月31日，该股票每股市价为4.70元；4月21日，出售此股票，每股售价为4.90元。

要求：对金融资产的期末计量、处置进行相应账务处理。

实务训练一

一、实训目的

掌握应收和预付等业务的账务处理及有关总账、明细账的登记方法。

二、实训要求

1. 开设应收账款、应收票据、其他应收款、预付账款、坏账准备总账，以及应收账款、应收票据、其他应收款、预付账款明细账。

2. 根据发生的经济业务填制记账凭证，并按顺序逐笔登记有关总账和明细账，月终结账。

三、实训资料

南方公司为增值税一般纳税人，会计核算采用记账凭证核算形式，有关资料如下：

1. 2024年12月有关账户的期初余额：

“应收账款”账户184 320元，其中，“应收账款——A单位”30 000元，“应收账款——B单位”114 320元，“应收账款——C单位”40 000元。

“应收票据”账户753 000元，其中，“应收票据——甲公司”260 327.50元，“应收票据——乙公司”242 672.50元，“应收票据——D单位”250 000元。

“其他应收款”账户63 800元，其中，“其他应收款——应收保险赔款”62 000元，“其他应收款——存出保证金”1 800元。

“预付账款”账户60 000元，其中“预付账款——E单位”60 000元。

“坏账准备”账户18 760元（贷方），其中，应收账款提取坏账准备17 130元，其他应收款提取坏账准备1 630元。

2. 2024年12月发生的有关业务：

（1）1日，向A单位销售产品一批，价款为120 000元，增值税税额为15 600元，已开出增值税专用发票，同时收到A单位交来的一张期限为3个月的不带息商业承兑汇票，票面金额为135 600元。

（2）1日，收到B单位交来的银行汇票，金额80 000元，偿付上月所欠货款，企业将银行汇票和填制的进账单送交银行，收到银行盖章退回的进账单收账通知联，款项已收存银行。

（3）5日，上月收到甲公司一张期限为1个月的已到期不带息银行承兑汇票，票面价值115 000元，企业已于几天前将银行承兑汇票连同填制的电划委托收款凭证一并送交银行办理收款，现接到银行转来的收账通知，款项115 000元已收到。

（4）6日，向B单位销售产品一批，开出的增值税专用发票标明价款为200 000元，增值税税额为26 000元，产品已交铁路运输部门运输，开出一张金额为1 890元的转账支票支付代垫运杂费，并收到运输部门开具给B单位的增值税专用发票。采用托收承付结算方式收款，填制托收承付凭证，连同有关的发票账单委托银行收款，已收到银行盖章退回的托收承付凭证回单。

（5）9日，向丙公司购买材料，需借用包装物，开出转账支票支付包装物押金3 000元。

（6）10日，采用汇兑结算方式向丁公司预付购货款项50 000元，向银行办理汇款后，收到银行退回的信汇凭证回单。

（7）11日，向A单位销售产品一批，开出的增值税专用发票标明产品价款为135 000元，增值税税额为17 550元，产品已交某运输单位运输，开出一张金额为2 450元的转账支票支付代垫运杂费，并收到运输单位开具给A单位的增值税专用发票。采用托收承付结算方式收款，填制托收承付凭证，连同有关的发票账单委托银行收款，已收到银行盖章退回的托收承付凭证回单。

（8）13日，将在10月28日收到的乙公司开出并承兑的不带息商业汇票向银行贴现，该票据的到期日为12月28日，票面价值为100 000元，银行年贴现率为9%。填制贴现凭证，连同商业汇票一并送交银行，收到银行盖章退回的贴现凭证第四联收账通知，贴现金额99 625元已收存银行。

（9）14日，接到银行转来的收账通知，企业以前已确认并转销的F企业的坏账收回20 000元，已收存银行。

（10）14日，应收D单位的一张期限为50天的不带息商业承兑汇票到期，票面价值为140 000元，已于几天前委托银行收款。现由于D单位无力支付票款，南方公司收到银行退回的商业承兑汇票、委托收款凭证、未付票款通知书等，把应收票据转为应收账款。

（11）15日，经协商，在6日销售给B单位的产品货款227 890元改由商业汇票结算。企业已收到B单位交来的一张期限为45天、票面金额为227 890元、票面年利率为8%的银行承兑汇票。

（12）16日，应收乙公司的一张期限为4个月、票面金额为139 875元、票面年利率为8%的银行承兑汇票到期，已于几天前委托银行收款，现接到银行转来的收账通知，款项143 605元已收存银行（前3个月已计提票据利息2 797.50元）。

（13）20日，向E单位采购材料，取得的增值税专用发票标明材料价款为70 000元，增值税税额为9 100元，材料已验收入库。企业上月已按合同规定预付款项60 000元，现开出转账支票一张，补付材料款项19 100元。

（14）25日，因C单位破产，经董事会批准，应收C单位账款40 000元作为坏账核销。

（15）28日，在13日向银行贴现的商业承兑汇票到期，因乙公司的银行账户余额不足支付，企业收到银行退回的应收票据、支款通知和付款人未付票款通知书，银行已从企业账户中划走款项100 000元。

（16）31日，对15日收到B单位的带息商业汇票计提利息。

（17）31日，对应收账款和其他应收款分别计提坏账准备25 836元和1 710元。

四、实训用纸

记账凭证19张；三栏式总账账页5张；三栏式明细账账页16张（其中，应收账款明细账6张，应收票据明细账5张，其他应收款明细账3张，预付账款明细账2张）；坏账准备计算单1张。

实务训练一提示

“应收账款”账户期末余额为459 320元；“应收票据”账户期末余额为619 678.22元；“其他应收款”账户期末余额为66 800元；“预付账款”账户期末余额为50 000元；“坏账准备”账户期末余额为26 306元。

实务训练二

一、实训目的

了解债权投资、交易性金融资产等金融资产核算的程序；掌握金融资产的计价方法及账务处理。

二、实训要求

根据实训资料，编制有关记账凭证。

三、实训资料

A公司2024年度发生金融资产的业务如下：

1. 3月15日，购买F股票10 000股，每股价格12元，相关税费按成交金额的0.75%计算，全部款项从本企业在证券公司营业部存款中支出（见表3-1）。

表3-1

××证券公司营业部
上海证券交易成交报告单［股票买入］

打印日期　　　　成交日期　　　　席位打印柜员

成交编号		申请编号	
证券账号		证券名称	
资金账号		成交数量	
证券初额*		成交价格	
申报时间		成交金额	
成交时间		佣金	
上次余额		印花税	
实际收付		过户费	
资金余额		委托费	
最新余额		备注	
股票余额		其他费用	

注：*初额即为初始入账金额，下同。

2. 3月16日，从银行提取现金30 000元，存入××证券公司营业部（见表3-2、表3-3）。

表3-2

中国工商银行

现金支票存根

支票号码No.

科　　目________________

对方科目________________

出票日期　　　　年　月　日

收款人：
金　额：
用　途：
备　注：

单位主管：　　会计：

复核：　　记账：

表3-3

××证券公司营业部
资金流水凭条［现金存］

年　　月　　日

资金账号		客户名称		银行	
发生日期		流水号		币种	
上次余额			本次金额		
发生金额			备注		
发生金额（大写）					

操作柜员：　　　　审核：　　　　客户签章：

3. 6月30日，确认债权投资利息收入，该债券票面利息为10 000元，实际利息为8 000元（见表3-4）。

表3-4

债权投资利息收益计算表

金额单位：元

债券名称	票面要素						购买日期	购买份数	购买成本	溢（折）价	本期摊销溢（折）价	投资收益	其他
	发行日期	到期日期	票面价值	利率	偿还方式	其他							

主管： 审核： 制单： 年 月 日

4. 8月2日，将F股票10 000股以每股13.5元的价格卖出，有关手续费按成交金额的0.35%计算，印花税按0.3%计算（见表3-5）。

表3-5

××证券公司营业部

上海证券交易成交报告单［股票卖出］

打印日期 成交日期 席位打印柜员

成交编号		申请编号	
证券账号		证券名称	
资金账号		成交数量	
证券初额		成交价格	
申报时间		成交金额	
成交时间		佣金	
上次余额		印花税	
实际收付		过户费	
资金余额		委托费	
最新余额		备注	
股票余额		其他费用	

5. 9月30日，从××证券公司营业部将所存资金通过转账支票转入100 000元至本公司开户行（见表3-6）。

表 3-6

××证券公司营业部

资金流水凭条［转账支票］

年　　月　　日

资金账号		客户名称		银行	
发生日期		流水号		币种	
上次余额			本次金额		
发生金额			备注		
发生金额（大写）					

操作柜员：　　　　审核：　　　　客户签章：

四、实训用纸

记账凭证6张。

五、实训涉及及部分要填制的原始凭证

实训涉及要填制的部分原始凭证见表3-1至表3-6。

实务训练二提示

“交易性金融资产”账户的借方发生额为120 000元，贷方发生额为120 000元；“银行存款”账户的借方发生额为100 000元，贷方发生额为30 000元；“投资收益”账户的借方发生额为900元，贷方发生额为92 122.50元。

第4章

存　货

重点与难点

1. 存货的概念

存货是指企业在日常活动过程中持有以备出售的产成品或商品、处在生产过程中的在产品、在生产过程中或提供劳务过程中耗用的材料和物料等。存货属于企业的流动资产，其内容包括：原材料、在产品、半成品、产成品、库存商品、周转材料、委托代销商品。

2. 材料入账价值的确定

材料属于企业的流动资产，是存货的重要组成部分。确认企业存货的标准是看企业对其是否具有法定财产权。材料的计价是指对收入、发出及结存材料价值的计量，它是材料核算的关键。材料的初始计量是指材料在取得时应当按照实际成本入账。材料的实际成本是指材料达到可以使用或可供出售状态以前发生的有关直接或间接支出，即历史成本。企业材料取得的途径不同，其实际成本的构成也有所不同。

3. 材料发出的计价方法

材料发出可采用不同的计价方法，计价方法的不同直接影响到发出材料和期末结存材料价值的确定，并影响到企业损益的计算。

4. 材料的期末计价

企业可采用成本与可变现净值孰低法对期末材料进行计量。当成本低于可变现净值时，材料按成本计价；若相反，则按可变现净值计价，并按其差额计提存货跌价准备。存货跌价准备应按单个材料项目计提，并通过“存货跌价准备”账户核算。企业在每一会计期末计提存货跌价准备时，首先要比较期末材料的成本与可变现净值，计算出应计提的跌价准备数额，然后与“存货跌价准备”账户的余额进行比较。若应计提数大于已计提数，应予补提；若相反，表明以前已计提跌价准备的材料的价值以后得以部分恢复，应按恢复部分的数额冲销已计提数；若已计提跌价准备的材料的价值以后全部恢复，其冲减的跌价准备金额应以“存货跌价准备”账户的余额冲减至零为限。

5.材料按实际成本和按计划成本计价核算

材料是制造业企业最重要的存货项目，对材料日常收发的核算可以按实际成本计价或按计划成本计价。

材料按实际成本计价核算的特点是：材料收发的凭证及材料明细账、总账的登记均按实际成本反映。购入材料时，根据付款（或开出、承兑商业汇票）及材料验收入库与否进行不同的账务处理；月终，根据发料凭证汇总表，按材料的用途结转发出材料的实际成本。

材料按计划成本计价核算的特点是：材料收发的凭证及材料明细账、总账的登记均按计划成本反映，并设置“材料采购”和“材料成本差异”账户进行核算。购入材料时，根据付款（或开出、承兑商业汇票）及材料验收入库与否进行不同的账务处理，同时将已付款（或开出、承兑商业汇票）并已验收入库的材料的成本差异结转到“材料成本差异”账户中；月终，根据发料凭证汇总表，按材料的用途结转发出材料的计划成本，并同时结转发出材料应负担的成本差异。

6.材料清查

企业应定期或不定期地对材料进行清查。对清查中发现的盘盈、盘亏或毁损的材料，应通过“待处理财产损溢”账户核算，并调整材料的账面价值，待查明原因并报经有关方面批准后，分别不同情况进行处理。

二、难点

1.材料的期末计价

2.原材料按计划成本核算的账务处理

练习题

一、名词解释

1.存货　2.材料　3.先进先出法　4.加权平均法　5.成本与可变现净值孰低法　6.原材料　7.周转材料

二、单项选择题

1.下列各项中，不属于存货范围的是（　　）。

A.委托外单位加工的材料　　B.货款已付的正在运输途中的外购材料

C.委托外单位代销的商品　　D.已销售但购货方尚未运走的商品

2.材料入账价值的基础应采用（　　）。

A.历史成本　　B.重置成本

C.可变现净值　　D.计划成本或定额成本

3.存货的归属以（　　）为划分标准。

A.法定产权　　B.经济用途　　C.存放地点　　D.交货时间

4. 在物价变动的情况下，采用（　　）计价可使期末库存材料的价值最接近市场价格。

A. 先进先出法　　B. 个别计价法　　C. 加权平均法　　D. 移动平均法

5. 采用（　　）计价，能及时并比较客观地反映发出及结存材料的成本。

A. 先进先出法　　B. 个别计价法　　C. 加权平均法　　D. 移动平均法

6. 在物价上涨的情况下，采用（　　）计价会使当期净利润最大。

A. 先进先出法　　B. 个别计价法　　C. 加权平均法　　D. 移动平均法

7. 采用（　　）计价，在市场价格上涨或下跌时使所计算出来的单位成本平均化，对材料成本的分摊较为折中。

A. 先进先出法　　B. 后进先出法　　C. 加权平均法　　D. 移动平均法

8. 企业外购材料验收入库时发现的短缺和毁损，如属途中合理损耗，应进行的处理是（　　）。

A. 若未付款，应拒付货款

B. 若已付款，应向供应单位索赔

C. 列入营业外支出

D. 相应提高入库材料的实际单位成本，不再另作账务处理

9. 某企业（一般纳税人）从外地购进一批材料，取得的增值税专用发票上注明材料价格为10 000元，增值税税额为1 300元；取得的增值税专用发票中注明运费为800元，增值税税额为72元，装卸费为200元，增值税税额为12元。该批材料的采购成本为（　　）元。

A. 12 700　　B. 11 000　　C. 10 944　　D. 10 930

10. 企业购入存货，在有购货折扣的情况下，计入存货历史成本的购货价格是指（　　）。

A. 扣除商业折扣但包括现金折扣的金额　B. 扣除现金折扣但包括商业折扣的金额

C. 扣除商业折扣和现金折扣的金额　　D. 不扣除商业折扣和现金折扣的金额

11. 某企业赊购材料，商品价目单中的报价为1 000元，商业折扣为10%，付款条件为“2/10，N/30”，企业在折扣期内付款，则该批材料的买价为（　　）元。

A. 1 000　　B. 980　　C. 900　　D. 882

12. 随同商品出售、单独计价的包装物的收入，应记入（　　）账户。

A. “主营业务收入”　　B. “其他业务收入”

C. “营业外收入”　　D. “其他业务成本”

13. 对于报废出租包装物的残料价值，应借记“原材料”账户，贷记（　　）账户。

A. “主营业务收入”　　B. “其他业务收入”

C. “其他业务成本”　　D. “销售费用”

14. 材料按“成本与可变现净值孰低法”计价，是（　　）信息质量要求的运用。

A. 客观性　　B. 权责发生制　　C. 历史成本　　D. 谨慎性

15. 在采用计划成本计价核算的情况下，凡是已支付货款的，不论材料到达与否，

都应记入（　　）账户的借方。

A.“在途物资”　B.“材料采购”　C.“预付账款”　D.“应付账款”

16.通过盘点先确定期末结存材料的数量，然后推算出本期发出材料的数量，这种方法称为（　　）。

A.永续盘存制　B.实地盘存制　C.权责发生制　D.收付实现制

17.“成本与可变现净值孰低法”中的成本是指（　　）。

A.计划成本　B.历史成本　C.重置成本　D.定额成本

三、多项选择题

1.下列项目中，属于本单位存货的有（　　）。

A.委托外单位代销的货物

B.接受其他单位委托代销的货物

C.购货单位已交款并已开出提货单而尚未提走的货物

D.为建造固定资产等工程而储备的材料

E.企业正在加工中的产品

2.材料发出的计价方法有（　　）。

A.先进先出法　B.加权平均法

C.个别计价法　D.一次摊销法

E.成本与可变现净值孰低法

3.工业企业（一般纳税人）的下列支出中，构成材料采购成本的有（　　）。

A.购货价格　B.支付给运输部门的运费（已扣除增值税）

C.支付的增值税　D.支付的消费税

E.入库前的挑选整理费用

4.下列费用中，不应计入外购材料采购成本的有（　　）。

A.运输机构造成的超定额损耗　B.运输途中的合理损耗

C.采购人员的差旅费　D.进口关税

E.未能取得增值税专用发票或完税证明所支付的增值税

5.下列项目中，应计入材料成本的税费有（　　）。

A. 支付的进口材料的关税

B. 支付的购进材料的消费税

C. 一般纳税人购入材料支付的增值税

D. 材料委托加工后直接出售的由受托方代收代缴的消费税

E. 小规模纳税人购入材料支付的增值税

6.企业的原材料采用计划成本核算，应设置的账户有（　　）。

A.“原材料”　B.“在途物资”　C.“材料采购”

D.“材料成本差异”　E.“商品进销差价”

7.“材料成本差异”账户的贷方登记（　　）。

A.收入材料转入的节约差异　B.收入材料转入的超支差异

C.发出商品分摊的进销差价　　D.发出材料负担的超支差异

8.企业购进材料一批，已验收入库，但到月终时结算凭证仍未到，货款尚未支付。对该项业务，企业应进行的处理包括（　　）。

A.材料验收入库时即暂估入账　　B.材料验收入库时只登记原材料明细账

C.月末按暂估价入账　　D.下月月初用红字冲回

E.待下月收到结算凭证时入账

9.关于“成本与可变现净值孰低法”，以下表述正确的有（　　）。

A.其“成本”是指材料的历史成本

B.其“可变现净值”是指材料的现行售价

C.当成本低于可变现净值时，材料按成本计价

D.当可变现净值低于成本时，材料按可变现净值计价

E.当可变现净值高于成本时，材料按可变现净值计价

10.将期末材料的成本与可变现净值进行比较的方法有（　　）。

A.单项比较法　　B.分类比较法　　C.总额比较法

D.直接转销法　　E.备抵法

11.下列各项中，应作为原材料进行核算和管理的有（　　）。

A.原料及主要材料　　B.修理用备件　　C.在建工程物资

D.包装材料　　E.出租、出借的包装物

12.下列各项中，应作为包装物进行核算和管理的有（　　）。

A.生产过程中用于包装产品作为产品组成部分的包装物

B.随同商品出售、不单独计价的包装物

C.随同商品出售、单独计价的包装物

D.出租或出借给购货单位使用的包装物

E.用于储存和保管商品、材料而不对外出售的包装物

13.低值易耗品的摊销方法有（　　）。

A.直接转销法　　B.备抵法　　C.一次摊销法

D.分次摊销法　　E.五五摊销法

14.出租、出借包装物的收入包括（　　）。

A.出租包装物的租金收入　　B.出租包装物收到的押金

C.出借包装物收到的押金　　D.没收逾期未还出租包装物的押金

E.没收逾期未还出借包装物的押金

15.下列业务中，制造业企业通过“其他业务收入”账户核算的有（　　）。

A.销售产品或提供劳务取得的收入

B.销售材料取得的收入

C.随同产品出售、单独计价的包装物取得的收入

D.出租包装物取得的租金收入

E.出借包装物收到的押金

16.下列项目中，应作为销售费用处理的有（　　）。

A. 随同商品出售、不单独计价的包装物的成本
B. 随同商品出售、单独计价的包装物的成本
C. 出租包装物的摊销价值
D. 出借包装物的摊销价值
E. 为采购材料而发生的差旅费

四、判断题

1. 凡是在盘存日期，法定产权属于企业的一切为销售或耗用而储存的资产，不管其存放地点如何，都是企业的存货。（　）

2. 材料计价方法的选择直接影响着资产负债表中资产总额的多少，而与利润表中净利润的大小无关。（　）

3. 在物价波动的情况下，采用先进先出法确定的期末存货成本比较接近当前的成本水平。（　）

4. 采用加权平均法对材料计价，当物价上升时，加权平均成本将会小于现行成本；当物价下降时，加权平均成本将大于现行成本。（　）

5. 材料计划成本的构成应与实际成本的构成一致。（　）

6. 企业购入材料应负担的价内税均构成材料的实际成本，而负担的价外税均不构成材料的实际成本。（　）

7. 企业采购材料，在折扣期内取得的现金折扣，应冲减材料的采购成本。（　）

8. 企业采用计划成本进行材料日常核算，月末分摊材料成本差异时，无论是超支差还是节约差，均在“材料成本差异”账户的贷方登记。（　）

9. 采购材料在运输途中发生的一切损耗，均应计入购进材料的采购成本。（　）

10. 企业采用成本与可变现净值孰低法确定存货的期末价值，当存货的成本低于可变现净值时，期末存货应按其成本计价。（　）

11. 成本与可变现净值孰低法中，“成本”是指存货的历史成本，“可变现净值”是指存货的现行售价。（　）

12. 如果期末存货的可变现净值低于成本，则“存货跌价准备”账户表现为贷方余额；反之，则表现为借方余额。（　）

13. 企业外购材料按合同规定向供应单位预付一部分货款时，应按预付金额借记“材料采购”账户，贷记“银行存款”账户。（　）

14. 出租和出借包装物的摊销价值应作为销售费用处理。（　）

15. 企业的低值易耗品可以参加多次生产周转而不改变其原有的实物形态，所以应列为固定资产进行管理和核算。（　）

16. 随同产品出售、不单独计价的包装物的成本，直接计入产品生产成本。（　）

17. 在实地盘存制下，存货的短缺损失隐含在发出存货的成本中。（　）

18. 在永续盘存制下，期末存货的账面数量应根据盘点的实物数量确定。（ ）

19. 企业清查的各种材料损溢，在年末结账前尚未经批准处理的，表现为“待处理财产损溢”账户的年末余额。（ ）

五、技能题

1. 前进公司采用备抵法核算资产减值损失。某材料的有关资料如下：

（1）2022年年初，“存货跌价准备”账户为贷方余额为4 210元；2022年年末，材料成本为863 000元，可变现净值为857 220元。

（2）2023年年末，材料成本为629 000元，可变现净值为624 040元。

（3）2024年7月，处理该批生产中已不再需要，并且已无使用价值和转让价值的材料，其账面余额为12 000元。

要求：计算各年应提取的存货跌价准备，并编制相应的会计分录。

2. 前进公司为增值税一般纳税人，材料按实际成本核算。该企业2024年3月份发生经济业务如下：

（1）1日，将上月月末已收但尚未付款的暂估入账材料用红字冲回，金额为75 000元。

（2）5日，上月已付款的在途A材料已验收入库，A材料成本为50 000元。

（3）8日，向甲企业购入A材料，买价为100 000元，增值税税额为13 000元，同时甲企业已代垫运费1 500元，增值税税额135元。公司签发并承兑一张票面金额为114 635元、期限为2个月的商业汇票，用于结算材料款项，材料已验收入库。

（4）9日，按照合同规定，向乙企业预付购料款80 000元，已开出转账支票支付。

（5）11日，向丙企业采购B材料，买价为30 000元，增值税税额为3 900元，款项33 900元用银行本票存款支付，材料已验收入库。

（6）12日，向丁企业采购A材料1 000千克，买价为120 000元，增值税税额为15 600元。丁企业已代垫运费1 000元及增值税税额90元，装卸费和保险费共计1 000元，增值税税额60元。款项共137 750元，已通过托收承付结算方式支付，材料尚未收到。

（7）20日，向丁企业购买的A材料运达，验收入库950千克，短缺50千克，原因待查。

（8）25日，用预付货款方式向乙企业采购的B材料已验收入库，有关的发票单据列明材料价款70 000元，增值税税额9 100元，同时收到一张转账支票，收回多付的货款900元。

（9）28日，A材料短缺50千克的原因已查明，是丁企业少发货所致，丁企业已同意退款，但款项尚未收到。

（10）30日，向甲企业购买A材料，材料已验收入库，结算单据等仍未到达，按暂估价60 000元入账。

（11）31日，根据发料凭证汇总表，本月基本生产车间领用原材料423 000元，车间一般性消耗领用80 500元，厂部管理部门领用78 600元。

要求：根据以上经济业务，编制会计分录。

3.红旗公司为增值税一般纳税人。7月1日结存A材料1 000千克，单位成本为50元/千克。7月份A材料的收发业务如下：

（1）5日，从外地购入A材料5 000千克，价款235 600元，增值税税额30 628元，运杂费2 100元，其中可予以抵扣的进项税额为100元。A材料验收入库时实收4 950千克，短缺50千克属定额内合理损耗。

（2）8日，生产领用A材料2 800千克。

（3）12日，在本市购入A材料3 000千克，价款145 500元，增值税税额18 915元，材料已验收入库。

（4）15日，生产领用A材料3 600千克。

（5）20日，从外地某公司购入A、B两种材料，其中，A材料2 500千克，单价45.7元/千克，价款114 250元；B材料2 500千克，单价100元/千克，价款250 000元。两种材料的增值税共为47 352.50元。另外，两种材料的运杂费共为1 560元，其中可予以抵扣的进项税额为60元。两种材料已验收入库，运杂费按材料的重量分配。

（6）24日，生产领用A材料4 000千克。

要求：

（1）计算各批购入A材料的实际总成本和单位成本；

（2）分别按先进先出法、加权平均法列式计算7月份A材料发出的实际成本和月末结存成本。

4.北方公司为增值税一般纳税人，材料按计划成本核算。该企业2024年7月初“原材料”账户为借方余额135 000元，“材料成本差异”账户为借方余额11 961.40元。7月份发生如下经济业务：

（1）4日，上月甲企业发来的在途A材料已到达并验收入库，该批材料实际成本为75 400元，计划成本为77 700元。

（2）10日，向乙企业采购A材料，价款为110 000元，增值税税额为14 300元，运杂费为1 600元（其中准予扣除的进项税额为70元），货款125 900元已用银行存款支付。材料已验收入库，计划成本为110 000元。

（3）12日，向甲企业购入A材料，价款150 000元，增值税税额19 500元，该企业已代垫运杂费2 000元（其中准予扣除的进项税额为91元）。企业签发并承兑一张票面价值为171 500元、1个月到期的商业汇票结算材料款项。该批材料已验收入库，计划成本为160 000元。

（4）15日，向丙企业采购B材料4 000千克，价款150 000元，增值税税额19 500元，丙企业已代垫运杂费2 400元（其中准予扣除的进项税额为98元）。货款共171 900元已用银行存款支付，材料尚未收到。

（5）25日，向丙企业购买的B材料已运达，实际验收入库3 930千克，短缺的70千克属定额内合理损耗。B材料计划单位成本为38元/千克。

（6）26日，按照合同规定，向丁企业预付购料款50 000元，已开出转账支票支付。

（7）28日，向丙企业购买B材料，价款100 000元，增值税税额13 000元。丙企业已代垫运杂费1 800元（其中准予扣除的进项税额为70元）。货款共114 800元已用银行汇票存款支付，材料尚未收到。

（8）31日，向乙企业采购A材料，发票账单等已收到，材料价款为60 000元，增值税税额为7 800元，运杂费为900元（其中准予抵扣的进项税额为42元）。材料已验收入库，计划成本为60 000元，货款尚未支付。

（9）31日，根据发料凭证汇总表，本月领用材料的计划成本为538 000元，其中，生产领用396 000元，车间管理部门领用45 000元，厂部管理部门领用67 000元，在建工程领用30 000元。

要求：

（1）根据以上经济业务，编制会计分录；

（2）计算7月份的材料成本差异率并分摊差异。

5.东方公司为增值税小规模纳税人，低值易耗品按计划成本计价核算，并按上月的成本差异率计算分摊发出材料差异。该企业6月份低值易耗品的成本差异率为−2%，7月份发生如下经济业务：

（1）6日，从外地某企业购进低值易耗品一批，取得的增值税专用发票上注明买价为30 000元，增值税税额为3 900元，对方代垫运费800元，增值税税额为72元，货款共34 772元，已用银行存款支付。该批低值易耗品已验收入库，计划成本为36 500元。

（2）12日，上月已付款的在途低值易耗品已运达并验收入库，其实际成本为60 000元，计划成本为58 300元。

（3）15日，基本生产车间领用低值易耗品一批，计划成本为3 800元，一次摊销其价值。

（4）16日，厂部管理部门领用低值易耗品一批，计划成本为54 000元，预计按18次摊销其价值。

（5）26日，基本生产车间报废低值易耗品一批，残料作价100元入账。

要求：根据以上经济业务，编制会计分录。

6.光明公司为增值税一般纳税人，生产和销售的产品均为非消费税应税消费品，包装物按实际成本核算。该企业2024年7月份发生如下经济业务：

（1）向甲企业购入包装物一批，买价40 000元，增值税税额5 200元，款项45 200元已用银行存款支付，包装物已验收入库。

（2）向乙企业购入包装物一批，买价50 000元，增值税税额6 500元，款项56 500元已用银行存款支付，包装物尚未到达企业。

（3）基本生产车间在生产过程中领用包装物一批，实际成本为8 500元。

（4）销售部门为销售产品领用包装物一批，实际成本为2 300元，该批包装物随同产品出售，而不单独计价。

（5）销售部门为销售产品领用包装物一批，实际成本为4 000元，该批包装物随同产品出售，单独计算售价为5 000元，增值税销项税额为650元，款项5 650元已收存银行。

（6）租给丁企业某包装物（新的）100个，每个实际成本为30元，出租期限为1个月，租金为每个10元，押金3 500元已收存银行。该包装物采用一次摊销法摊销。

（7）以前借给丙企业的某包装物到期收回，原出借10个，现收回8个。没收押金850元，其中增值税税额97.79元。退回押金余额3 400元（原押金4 250元）。

（8）以前租给丁企业的某包装物到期收回，原出租80个，现收回75个。原收取押金2 800元，现抵扣租金800元和按规定应交增值税104元，同时没收押金175元，其中增值税税额20.13元。退回押金1 721元。

（9）丁企业退回的包装物中有10个报废，收回残料作价50元。

要求：根据以上经济业务，编制会计分录。

7.某企业对存货进行清查，清查结果及批准处理情况如下：

（1）盘盈A低值易耗品5件，实际单位成本为300元/件。

（2）盘亏B原材料400千克，单位计划成本为100元/千克，材料成本差异率为2%，其购进时的增值税税额为5 304元。

（3）发现毁损C产成品80件，每件实际成本为350元，其耗用材料应负担的增值税税额为2 750元。

（4）上述原因已查明，A低值易耗品盘盈是收发计量差错造成的；B原材料短缺是管理制度不健全造成的；C产成品毁损是意外事故造成的，其残料回收作价500元，可获保险公司赔偿18 450元。经总经理会议批准后，对上述清查结果作出处理。

要求：根据以上经济业务，编制会计分录。

实务训练

一、实训目的

掌握存货按实际成本核算收、发、存的账务处理及有关总账、明细账的登记方法。

二、实训要求

1. 开设原材料、周转材料——包装物、周转材料——低值易耗品、在途物资、存货跌价准备总账，以及原材料、周转材料——包装物、周转材料——低值易耗品、在途物资明细账。

2. 根据发生的经济业务填制记账凭证，并按顺序逐笔登记有关的总账和明细账，月终结账。

三、实训资料

南方公司为增值税一般纳税人，会计核算采用记账凭证核算形式。该公司有关资料如下：

1.原材料发出的计价采用加权平均法；包装物和低值易耗品发出的计价采用先进先出法；月终汇总结转发出材料的成本。

2.发出低值易耗品采用一次摊销法。

3.期末按成本与可变现净值孰低法计提存货跌价准备。

4.2024年12月有关账户的期初余额见表4-1。

表4-1　有关账户的期初余额　金额单位：元

总　账	明细账	计量单位	数　量	单位成本	金　额
原材料					771 000
	A材料	吨	250	1 700	425 000
	B材料	吨	50	2 300	115 000
	C材料	吨	35	2 900	101 500
	D材料	吨	70	1 850	129 500
周转材料——包装物	木箱	个	300	180	54 000
周转材料——低值易耗品	专用模具	套	10	1 560	15 600
在途物资	丙企业				179 800
存货跌价准备					20 000

5.2024年12月发生有关经济业务如下：

（1）2日，向外地甲企业购进A材料400吨，取得的增值税专用发票上标明材料价款672 000元，增值税税额87 360元，结算单据标明运杂费2 400元（其中可予以抵扣的进项税额为98元），企业用银行汇票支付款项761 760元。材料已如数验收入库，仓库填制收料单。

（2）3日，基本生产车间填制领料单，为生产产品领用A材料380吨、B材料45吨、C材料28吨（提示：只登记材料明细账的发出数量，月末才计算结转发出成本）。

（3）5日，向外地乙企业采购B材料100吨，3天前收到银行转来的托收承付结算凭证和有关发票账单，经核对单据无误后承付款项254 101.97元。有关单据标明材料成本为224 869元，增值税税额为29 232.97元，材料尚未到达企业。

（4）6日，上月向丙企业采购的已付款尚未到达的C材料已到达并验收入库，实收数量60吨，实际成本为179 800元，仓库已填制收料单。

（5）6日，在本市某厂购买包装木箱200个，取得普通发票，企业开出转账支票一张支付木箱价款及增值税税额共37 000元。木箱已验收入库并已填制收料单。

（6）8日，生产车间填制领料单，领用A材料100吨（提示：只登记材料明细账的发出数量，月末才计算结转发出成本）。

（7）9日，向本市某单位购买C材料50吨，取得的增值税专用发票上标明材料价款145 000元，增值税税额18 850元。企业开出并承兑一张期限为60天、票面价值为163 850元的商业汇票交给供应单位。C材料已验收入库并已填制收料单。

（8）11日，在本市某厂购买专用模具5套，收到的增值税专用发票上标明材料价款7 700元，增值税税额1 001元。企业开出转账支票一张，金额为8 701元。专用模具已验收入库并已填制材料入库单。

（9）13日，基本生产车间填制领料单，领用木箱250个用于包装产品，同时领用专用模具7套（提示：只登记材料明细账，月末才结转发出成本）。

（10）18日，5日向乙企业付款购买的B材料已运达企业，实际验收入库99吨，短缺1吨属运输途中的合理损耗，已按实收数量填制收料单。

（11）19日，基本生产车间填制领料单，为生产产品领用A材料150吨、B材料70吨、C材料30吨（提示：只登记材料明细账的发出数量，月末才计算结转发出成本）。

（12）23日，向外地乙企业采购B材料80吨，3天前收到银行转来的托收承付结算凭证和有关发票账单，经核对单据无误后承付款项203 400元。B材料的成本为180 000元，增值税税额为23 400元，材料尚未到达企业。

（13）28日，收到向甲企业采购的A材料300吨并如数验收入库，该批材料采用托收承付结算方式结算货款，验货承付期为10天，有关结算单据也同时收到，款项未支付。该批材料的成本为501 448元，增值税税额为65 188.24元。

（14）31日，汇总本月的领料单、委托加工材料发料单等，编制“发料凭证汇总表”，按材料的用途结转发出材料的成本（要求编制“发料凭证汇总表”）。

（15）31日，期末对材料存货按成本与可变现净值孰低法进行计价。经测定，企业库存的D材料因产品更新换代而不适用，按该材料现行的市场价格测算，其可变现净值为90 000元，该材料上期期末已提取存货跌价准备20 000元（假定其他存货均没有发生减值）。

四、实训用纸

记账凭证11张；三栏式总账账页5张；数量金额式明细账账页6张；三栏式明细账账页1张；发料凭证汇总表1张。

五、实训要填制的原始凭证

发料凭证汇总表见表4-2。

表4-2

发料凭证汇总表

年　　月　　日

用途类别	原材料	低值易耗品	包装物	合　计
合　计				

实务训练提示

“原材料”账户期末余额为1 002 034元；“在途物资”账户期末余额为180 000元；“周转材料——包装物”账户期末余额为46 000元；“周转材料——低值易耗品”账户期末余额为12 380元；“存货跌价准备”账户期末余额为39 500元。

第 5 章

长期股权投资

重点与难点

一、重点

1. 长期股权投资

长期股权投资，是指权益性投资，主要包括：①企业持有的能够对被投资单位实施控制的权益性投资，即对子公司的投资；②企业持有的能够与其他合营方对被投资单位实施共同控制的权益性投资，即对合营企业的投资；③企业持有的能够对被投资单位施加重大影响的权益性投资，即对联营企业的投资。

长期股权投资的核算方法有两种：一是成本法；二是权益法。长期股权投资的账务处理主要有取得长期股权投资、持有期间的净利润或净亏损、长期股权投资的处置等。

2. 长期股权投资减值

长期股权投资减值是指长期股权投资的未来可收回金额低于账面价值所发生的损失。其中，可收回金额是指企业从其所持有的长期股权投资中预计未来可以得到的现金。预计未来可以得到的现金可以按投资的市价（即公允价值），也可以根据被投资单位的财务状况、现金流量等情况对未来可能收回的投资金额进行估计并折现，以二者之中较高者的金额确定。企业在资产负债表日，应将长期股权投资的可收回金额低于投资账面价值的差额作为投资减值准备，调整该投资的账面价值。长期股权投资减值的账务处理主要是投资减值准备的确认。

二、难点

1. 长期股权投资初始投资成本的确定

2. 长期股权投资权益法的核算

3. 长期股权投资减值的判断标准

练习题

一、名词解释

1.长期股权投资　2.控制　3.共同控制　4.重大影响

二、单项选择题

1.下列情况中，长期股权投资应当采用权益法核算的是（　　）。

A.短期持有被投资企业的股权

B.长期持有被投资企业的股权，但被投资企业受所在国外汇管制

C.与其他企业共同控制被投资企业

D.长期持有被投资企业的股权，但对被投资企业无重大影响

2.长期股权投资减值准备应当按照（　　）计提。

A.投资总体　B.投资类别　C.单项投资　D.全部股权投资

3.甲企业持有乙企业30%的股权，采用权益法核算，乙企业宣告发放股票股利时，甲企业应当按照应享有的部分（　　）。

A.记入“应收股利”账户　B.记入“长期股权投资”账户的借方

C.记入“长期股权投资”账户的贷方　D.不作账务处理

4. 2024年1月1日，A公司以800万元取得B公司22%的股份且具有重大影响，采用权益法核算。取得长期股权投资时B公司可辨认净资产的账面价值为3 000万元，公允价值为4 000万元，A公司取得长期股权投资的初始入账价值为（　　）万元。

A.800　B.660　C.880　D.176

5.在采用权益法核算长期股权投资时，被投资企业发生的下列事项中，会引起投资企业“长期股权投资”的账面价值和“投资收益”都减少的是（　　）。

A.当年实现净利润　B.当年发生亏损

C.资产评估减值　D.向投资者分配股利

三、多项选择题

1.长期股权投资的核算方法有（　　）。

A.成本法　B.权益法

C.成本与市价孰低法　D.完全成本法

2.下列情况中，长期股权投资应当采用权益法核算的有（　　）。

A.持股比例为20%，并有重大影响　B.持股比例在5%以下，且无重大影响

C.持股比例为18%，并有重大影响　D.持股比例为15%，且无重大影响

3.企业对其他单位进行长期股权投资时，依据对被投资企业产生的影响可以分为（　　）。

A.控制　B.共同控制

C.重大影响　D.无控制，无共同控制，且无重大影响

4.对于公允价值能够可靠计量的长期股权投资是否应提取减值准备，其判断的标

准有（　　）。

A.被投资单位发生重大人事变动　　B.被投资单位当年发生严重亏损

C.该项投资暂停交易1年　　D.市价持续2年低于成本

四、判断题

1. 长期股权投资应当按照实际支付的价款及与取得长期股权投资直接相关的手续费、佣金等，作为长期股权投资的初始投资成本。（　　）

2. 企业处置长期股权投资时，应按实际收到的价款与长期股权投资账面价值的差额确认投资损益。（　　）

3. 无论长期股权投资是按成本法还是按权益法核算，均应在实际收到利润时确认投资收益。（　　）

4. 现金股利和股票股利都是被投资企业给投资企业的报酬，因此投资企业均应确认收益。（　　）

5. 投资企业对被投资企业无重大影响的，长期股权投资应当采用权益法核算。（　　）

五、技能题

甲公司进行长期股权投资，2023年年初购买乙公司普通股6 000股，每股面值200元。乙公司共发行普通股10 000股，按面值发行。2023年度乙公司实现净利润40万元。2024年1月乙公司按每股面值的10%发放现金股利，甲公司收到股利。2024年度乙公司发生亏损10万元。假定不考虑相关税费。

要求：

（1）按成本法核算甲公司的长期股权投资，并编制相关会计分录；

（2）假设2023年年初乙公司可辨认净资产公允价值总额为180万元，按权益法核算甲公司的长期股权投资，并编制相关会计分录；

（3）计算权益法下“长期股权投资”账户的账面余额。

实务训练

一、实训目的

了解长期股权投资核算的程序；掌握长期股权投资的计价方法及账务处理。

二、实训要求

根据实训资料，编制有关记账凭证。

三、实训资料

M公司2024年度发生有关投资的业务如下：

1. 3月20日，根据投资合同，以原值为100 000元的设备A一套对H公司进行投资，设备的公允价值为80 000元。该设备已提折旧20 000元（见表5-1、表5-2）。

表5-1

固定资产转出通知单

年　月　日

固定资产名称			预计使用年限		已使用年限	
原始价值		已提折旧	已提减值		转出作价	
固定资产转出原因及批准人			对方单位名称			
调出单位财务经办人	（公章）		调入单位财务经办人	（公章）		

表5-2

投资协议书

M公司

H公司

……

第七条：

投资固定资产设备A，双方协议作价（公允价值）80 000元，H公司承运并负担运费。

……

2. 3月26日，收到××公司股票派息28 000元，该股票采用成本法核算（见表5-3）。

表5-3

××证券公司营业部
上海证券交易成交报告单［股票派息］

打印日期　成交日期　席位打印柜员

成交编号		申请编号	
证券账号		证券名称	
资金账号		成交数量	
证券初额		成交价格	
申报时间		成交金额	
成交时间		佣金	
上次余额		印花税	
实际收付		过户费	
资金余额		委托费	
最新余额		备注	
股票余额		其他费用	

四、实训用纸

记账凭证4张。

五、实训要填制的原始凭证

填制固定资产转出通知单，见表5-1。

实务训练提示

“长期股权投资”账户的借方发生额为80 000元；“投资收益”账户的贷方发生额为28 000元。

第 6 章

固定资产

重点与难点

一、重点

1. 固定资产概述

固定资产是指同时具有下列特征的有形资产：①为生产商品、提供劳务、出租或经营管理而持有的；②使用寿命超过一个会计年度。如厂房、机器设备等属于固定资产。

企业的固定资产应按其取得时的成本作为入账价值。取得时的成本包括买价、进口关税、运输和保险等相关费用，以及为使固定资产达到预定可使用状态前所发生的必要支出。由于固定资产的来源渠道不同，其取得时的成本构成也有所差异。

2. 固定资产取得的核算

企业以各种方式取得的固定资产，应按确定的入账价值记入“固定资产”账户；凡需要进行安装、建造、改造等工程的，要先通过“在建工程”账户核算，待在建工程达到预定可使用状态时，再结转工程成本。企业为取得固定资产而发生的借款费用，应以固定资产是否达到预定可使用状态作为时间界限来确定是否予以资本化。固定资产的价值确定并入账以后，除在一些特殊情况下可调整外，一般不得进行调整。

3. 固定资产折旧的核算

影响固定资产折旧的因素主要有固定资产账面原价、净残值和使用年限等。企业对在用的固定资产均应计提折旧，要注意其包括了不在用的房屋建筑物，季节性停用、大修理停用的设备等。计算折旧的方法主要有年限平均法、工作量法、双倍余额递减法、年数总和法等。后两种方法属于加速折旧法，其特点是固定资产在使用前期计提的折旧大于使用后期。企业对计提的固定资产折旧，应通过“累计折旧”账户核算，并根据固定资产的使用地点和用途记入有关的成本费用账户。

4. 固定资产后续支出的核算

固定资产的后续支出是指固定资产在使用过程中发生的更新改造支出、修理费用等。固定资产的后续支出，符合固定资产确认条件的计入固定资产成本，即资本化；不符合固定资产确认条件的，应当在发生时计入当期损益，即费用化。

5. 固定资产减值的账务处理

固定资产期末计量的内容包括固定资产清查、固定资产减值等。为保证固定资产核算的真实性，充分挖掘企业现有固定资产的潜力，企业应定期对固定资产进行盘点清查。对固定资产至少应每年实地盘点一次。在固定资产清查过程中，如果发现有盘盈、盘亏的固定资产，应查明原因，填制固定资产盘盈、盘亏报告表，并写出书面报告，根据企业的管理权限，经股东大会或董事会，或类似机构批准后，在期末结账前处理完毕。

固定资产减值是指固定资产的可收回金额低于其账面价值。固定资产可收回金额应当根据固定资产的公允价值减去处置费用后的净额与固定资产预计未来现金流量的现值两者之间的较高者确定。企业应当在期末判断固定资产是否存在可能发生减值的迹象，并进行减值测试。根据减值测试结果，当固定资产的可收回金额高于其账面价值时，表明该固定资产没有发生减值；当固定资产的可收回金额低于其账面价值时，表明该固定资产发生减值，应当将固定资产的账面价值减记至可收回金额，减记的金额确认为固定资产减值损失，计入当期损益，通过“固定资产减值准备”账户核算，计提相应的固定资产减值准备。固定资产减值损失确认后，减值固定资产的折旧应当在未来期间作相应调整，以使该固定资产在剩余使用寿命期内，系统地分摊调整后的账面价值（扣除预计净残值）。固定资产减值损失一经确认，在以后会计期间不得转回。

6. 持有待售的固定资产的核算

企业对于持有待售的固定资产，在初始计量时或在资产负债表日重新计量持有待售的固定资产，其账面价值高于公允价值减去出售费用后的净额的，应当将账面价值减记至公允价值减去出售费用后的净额，减记的金额确认为资产减值损失，计入当期损益，同时计提持有待售资产减值准备。持有待售的固定资产不计提折旧。

二、难点

延期付款购买固定资产的账务处理

练习题

一、名词解释

1. 固定资产　2. 原始价值　3. 净值　4. 固定资产折旧　5. 固定资产可收回金额　6. 固定资产减值

二、单项选择题

1. 在建工程发生减值应计入（　　）。

A.在建工程成本　B.管理费用　C.资产减值损失　D.长期待摊费用

2.某企业购入一台需要安装的设备，取得的增值税专用发票上注明的设备买价为60 000元，增值税税额为7 800元，支付的运输费为1 200元（不含税，取得增值税专用发票)。设备安装时领用工程用材料物资价值1 500元，购进该批材料物资时支付的增值税税额为195元，设备安装时支付有关人员薪酬2 500元，该项固定资产的成本为（　）元。

A.60 000　B.62 700　C.65 200　D.75 655

3.企业采用出包方式购建固定资产，按合同规定预付的工程款应通过（　）账户核算。

A.“预付账款”　B.“应付账款”　C.“固定资产”　D.“在建工程”

4.生产经营期间固定资产报废清理的净损失应计入（　）。

A.营业外支出　B.管理费用　C.资本公积　D.长期待摊费用

5.对于建造固定资产的借款利息，在固定资产达到预定可使用状态之前发生的，应借记（　）账户。

A.“管理费用”　B.“财务费用”　C.“在建工程”　D.“固定资产”

6.发生的符合资本化条件的大修理费用时，应记入（　）账户。

A.“制造费用”　B.“管理费用”　C.“营业外支出”　D.“在建工程”

7.企业对固定资产计提减值准备，应（　）。

A.按单项资产计提　B.按资产类别计提

C.按全部资产计提　D.企业根据实际情况自行决定

8.企业对某固定资产进行扩建，该固定资产原价为200 000元，已提折旧36 000元，扩建时发生支出90 000元，同时在扩建中发生残料变价收入4 000元，该固定资产新的原价应为（　）元。

A.164 000　B.200 000　C.250 000　D.286 000

9.以非货币性资产交换方式换入的固定资产，其入账价值按（　）确定。

A.固定资产换出方的账面价值

B.同类或类似固定资产的市场价格

C. 双方协议的价值

D. 固定资产换入方换出资产的账面价值或公允价值加上应支付的相关税费

10.企业有设备一台，原价100 000元，预计净残值4 000元，预计可使用年限为5年。按双倍余额递减法计提折旧，则第2年应计提的折旧为（　）元。

A.19 200　B.20 000　C.24 000　D.24 640

11.企业有设备一台，原价100 000元，预计净残值为4 000元，预计可使用年限为5年。按年数总和法计提折旧，则第2年应计提的折旧为（　）元。

A.18 133　B.19 200　C.25 600　D.26 667

三、多项选择题

1.下列属于固定资产的有（　）。

A.厂房、办公楼
B.使用期限超过 1 年、单位价值在 2 000 元以上的物品
C.使用期限超过 1 年的机器
D.使用期限超过 2 年、单位价值在 1 000 元以上的物品
E.土地使用权

2.购入的固定资产入账价值包括（　　）。
A.买价　B.运输费　C.包装费
D.增值税　E.安装费

3.下列固定资产中应计提折旧的有（　　）。
A.不需用的房屋及建筑物　B.在用的机器设备
C.未提足折旧提前报废的固定资产　D.以经营租赁方式租出的固定资产
E.季节性停用的固定资产

4.下列固定资产不提折旧的有（　　）。
A.已全额计提减值准备的固定资产　B.大修理停用的固定资产
C.已提足折旧继续使用的固定资产　D.当月增加的固定资产
E.当月减少的原在用固定资产

5.固定资产在出现以下情形中的（　　）时，可全额计提减值准备。
A.长期闲置不用，在可预见的未来不会再使用，且已无转让价值的固定资产
B.由于技术进步等原因，已不可使用的固定资产
C.虽然尚可使用，但使用后产生大量不合格品的固定资产
D.已遭毁损，以至于不再具有使用价值和转让价值的固定资产
E.其他原因造成，给企业带来的经济利益具有不确定性的固定资产

6.下列项目中，应记入“固定资产清理”账户借方的有（　　）。
A.盘亏固定资产的净值　B.报废固定资产发生的清理费用
C.报废固定资产的净值　D.出售固定资产缴纳的增值税
E.改建、扩建固定资产的变价收入

7.关于加速折旧法，下列表述中正确的有（　　）。
A.其体现了会计核算的谨慎性要求　B.其前期计提折旧多，后期计提折旧少
C.其加快了固定资产投资的回收速度　D.其缩短了固定资产的使用年限
E.与直线法相比，其减少了固定资产应计提折旧总额

8.在计算固定资产折旧时需要考虑的因素有（　　）。
A.固定资产原价　B.预计使用年限
C.预计净残值　D.固定资产减值准备
E.实际报废清理净损益

9.下列属于加速折旧法的有（　　）。
A.年限平均法　B.工作量法
C.双倍余额递减法　D.年数总和法
E.账面价值与可收回金额孰低法

10. 关于经营期间固定资产清理净损益的处理，下列表述中正确的有（　　）。

A. 出售固定资产的净收益，记入“资产处置损益”账户

B. 非正常报废固定资产的净损失，记入“营业外支出”账户

C. 正常报废固定资产的净损失，记入“长期待摊费用”账户

D. 捐赠转出固定资产的净损失，记入“营业外支出”账户

E. 无偿调出固定资产的净损失，记入“管理费用”账户

11. 固定资产大修理的特点有（　　）。

A. 修理范围大　　B. 修理次数多　　C. 间隔时间长

D. 支出费用大　　E. 修理次数少

12. 固定资产按所有权分类，可分为（　　）。

A. 使用中固定资产　　B. 未使用固定资产

C. 不需用固定资产　　D. 自有固定资产

E. 租入固定资产

13. 关于持有待售的固定资产，下列说法中正确的有（　　）。

A. 企业持有待售的固定资产，应当将账面价值减记至公允价值减去出售费用后的净额

B. 划分为持有待售的固定资产必须满足企业已经就处置该固定资产作出决议

C. 划分为持有待售的固定资产必须满足企业已经与受让方签订不可撤销的转让协议

D. 划分为持有待售的固定资产必须满足该项转让将在1年内完成

E. 划分为持有待售的固定资产必须满足该项转让将在1个月内完成

四、判断题

1. 固定资产修理不增加固定资产价值，对自有固定资产进行改建、扩建，应当增加固定资产价值。（　　）

2. 企业出售已使用过的固定资产所得收入，应当作为其他业务收入处理。（　　）

3. 固定资产购建过程中包括中断期间发生的借款费用均应计入固定资产成本。（　　）

4. 固定资产不同的折旧方法会改变固定资产应计提的折旧总额。（　　）

5. 未确认融资费用一律按10年摊销，计入财务费用。（　　）

6. 企业为购建固定资产发生的借款费用是否予以资本化，应以固定资产是否达到预定可使用状态作为时间界限。（　　）

7. 已全额计提减值准备的固定资产不再计提折旧。（　　）

8. 加速折旧法是通过缩短固定资产的折旧年限，从而达到加速折旧的目的。（　　）

9. 投资者投入的固定资产，按投资方原账面价值作为入账价值。（　　）

10. 企业接受捐赠的固定资产，应增加营业外收入。（　　）

11. 企业的固定资产应当在期末按照账面价值与可收回金额孰低的方式计量。（　　）

12. 在资产负债表中，“固定资产减值准备”不作为固定资产的减项单独列示。（　　）

五、技能题

1. 南方公司2024年发生的有关固定资产的业务如下：

（1）购入一台需安装的设备，发票注明的价款为200 000元，增值税税额为26 000元；发生的运费为2 500元，增值税税额为225元，款项已用银行存款支付。在设备的安装过程中，领用生产用原材料8 000元，材料购进时已抵扣增值税进项税额1 040元，同时应负担工资费用1 600元。设备安装完毕交付使用。

（2）接受甲单位投资，转入不需要安装的设备一台，甲单位记录的该固定资产的账面原价为350 000元，已提折旧80 000元。按双方确认的评估价300 000元入账，设备已交付使用。

（3）对一台在用的旧设备进行技术改造，该设备的原价为250 000元，已提折旧100 000元。在技术改造中领用材料12 000元，材料购进时已抵扣增值税进项税额1 560元，另用银行存款支付相关费用3 500元，负担工资费用1 120元；在改造过程中回收可以作为辅助材料使用的残料2 000元。工程完工交付使用。

（4）企业自制设备一台，发生相关业务如下：

① 购入为工程准备的各种物资，取得的增值税专用发票标明其价款为180 000元，增值税税额为23 400元，款项已用银行存款支付；

② 领用工程物资176 000元；

③ 领用生产用原材料20 000元，应负担的增值税税额为2 600元；

④ 负担工程人员工资3 300元；

⑤ 企业辅助生产车间为工程提供有关劳务支出4 120元；

⑥ 用银行存款支付与工程有关的其他费用16 700元；

⑦ 工程期间负担长期借款利息4 530元；

⑧ 工程完工交付使用；

⑨ 剩余工程物资转作原材料。

要求：根据以上经济业务，编制会计分录。

2. 企业购入设备一台，原价100 000元，该设备预计使用8年，预计净残值率为4%。

要求：

（1）按年限平均法计算出年、月的折旧率和折旧额；

（2）按双倍余额递减法计算出年折旧率和年折旧额；

（3）按年数总和法计算出每年的折旧率和折旧额。

3. 南方公司2024年6月份计提固定资产折旧共78 000元，6月份、7月份发生的固定资产增减业务如下：

（1）6月12日，购入一台不需安装的A设备，原价220 000元，该设备预计使用10年，预计净残值率为4%；

（2）6月28日，一台经营性租出的C设备因租赁期满按期收回，转为不需用固定资产，该设备在用时每月计提折旧2 560元；

（3）7月25日，投资者投资转入一台B设备，双方确认的入账价值为100 000元。

该设备预计使用5年，预计净残值率为4%。

要求：

（1）对A、B设备分别计算其每月应计提折旧额（采用年限平均法）；

（2）计算7月份应计提固定资产折旧额；

（3）假设固定资产中，生产车间使用占70%，厂部管理部门使用占25%，经营性租出占5%，按此比例作出计提折旧的会计分录。

4.假定A公司2022年1月1日从C公司购入甲机器作为固定资产使用，该机器已收到，不需安装。购货合同约定，甲机器的总价款为3 000万元，分3年支付，2022年12月31日支付1 500万元，2023年12月31日支付900万元，2024年12月31日支付600万元，假定折现率为6%。

要求：根据以上经济业务，计算未确认融资费用，并编制会计分录。

5.某企业发生的有关固定资产的业务如下：

（1）2023年12月31日，通过对固定资产进行逐项检查，发现以下固定资产的可收回金额低于其账面价值（见表6-1），因此对其计提固定资产减值准备。假设“固定资产减值准备”账户没有余额。

表6-1　　固定资产检查情况表　　单位：元

固定资产名称	原价	月折旧额	已提折旧	账面净值	可收回金额	减值金额	备注
A设备	200 000	2 080	22 880	177 120	165 000	12 120	在用
B设备	150 000	1 250	32 500	117 500	83 000	34 500	在用
C设备	280 000	1 940	116 400	163 600	143 000	20 600	不需用
D设备	362 000	3 120	224 640	137 360	88 400	48 960	在用
合　计	992 000	8 390	396 420	595 580	479 400	116 180	

（2）2024年3月22日，将C设备出售给甲单位，取得出售价款120 690元（不含税），增值税税率为13%，出售完毕结转净损益。

（3）2024年6月20日，因发生火灾，烧毁D设备，将D设备报废清理，用银行存款支付清理费用3 100元，D设备残值变价收入8 000元，应收保险公司赔偿款30 000元。清理完毕结转净损益。

（4）2024年9月15日，将E设备对外投资。该设备的账面原价为500 000元，已提折旧80 000元，公允价值为450 000元，增值税税额为58 500元，同时用银行存款支付相关的费用4 200元。

（5）2024年9月30日，财产清查中发现盘亏F设备，其原价为53 000元，已提折旧23 000元。盘亏F设备的原因已查明，经有关机构批准后，责成过失人王某赔偿10 000元，其余部分转入营业外支出。

（6）2024年12月31日，通过对固定资产进行逐项检查，发现A设备的可收回金额继续下跌为130 000元，B设备的可收回金额回升为93 000元，其余的固定资产没有发生减值。

要求：根据以上经济业务，编制会计分录。

6. 2021年12月10日，南方公司购入一台不需安装的管理用设备，原价为64万元，预计使用10年，净残值为4万元，采用年限平均法按月计提折旧。2023年12月10日，该公司决定处置该设备，并与A企业签订一份不可撤销的转让协议，约定于2024年10月31日按43万元转让该设备。该公司预计将发生出售费用3万元。此前，该设备未发生减值。2024年6月30日，该设备公允价值为38万元，预计出售费用为2万元。2024年9月20日，该公司启动一个新项目，决定重新启用该设备，并与A企业达成和解协议，当天该设备可收回金额为30万元。假设难以合理估计该设备的未来现金流量现值，减值后不改变其经济利益实现方式，不考虑其他因素。

要求：对南方公司的该管理用设备进行相关账务处理。

实务训练

一、实训目的

掌握固定资产的增加和减少、固定资产折旧、在建工程等业务有关原始凭证的填制及账务处理。

二、实训要求

根据实训资料，编制有关业务的记账凭证及部分原始凭证。

三、实训资料

WL公司（增值税一般纳税人，纳税人识别号：91120004567896213A；开户行：A市工行；账号：321；地址：A市L路；电话：12347890）2024年度发生有关固定资产的业务如下：

1. 5月6日，WL公司接受C公司投资转入设备B（不需安装）一台，原价为500 000元，已提折旧200 000元，双方协议确认价为350 000元，交付三车间使用（见表6-2）。

2. 5月10日，从东华机床公司（增值税一般纳税人，纳税人识别号：91110009876543210J；开户行：B市工行；账号：123；地址：B市M路；电话：43210987）购入设备A，价款1 000 000元，增值税税率为13%；运费20 000元，增值税税率为9%，用支票支付相关款项，均取得增值税专用发票。该设备投入安装（见表6-3至表6-6）。

3. 5月13日，用现金支付房屋维修费350元，取得增值税普通发票（见表6-7）其中，一车间250元，办公室100元。

4. 5月18日，售出设备一台，原价65 000元，已提折旧20 000元，已提减值准备10 000元；开具的专用发票注明：价款20 000元，增值税2 600元（见表6-8至表6-10）。该设备于2009年1月1日以后购入。

5. 5月18日，用支票支付固定资产清理费用1 000元给建安公司（增值税一般纳税人，纳税人识别号：91140006789012345B；开户行：C市工行；账号：124；地址：C市N路；电话：66432100），取得增值税专用发票，税率为6%（见表6-11、表6-12）。

6. 5月18日，结转出售设备损益。

7. 5月22日，开出支票交给建安公司，支付设备A的安装费25 000元，收到增值税专用发票，税率为9%（见表6-13、表6-14）。

8. 5月30日，设备A安装完毕，交付二车间使用（见表6-15）。

9. 6月7日，二车间报废D机器一台，原价400 000元，已提折旧380 000元；用现金支付清理费用500元，取得增值税专用发票，税率为6%（见表6-16、表6-17）。

10. 6月10日，报废D机器的残料被废品公司收购，获取现金1 300元。同时结转固定资产清理损益（见表6-18）。

11. 6月25日，计提本月固定资产折旧（见表6-19）。

四、实训用纸

记账凭证13张。

五、实训涉及及部分要填制的原始凭证

表6-2

WL公司固定资产验收单

年　月　日制

<table>
<tr><td rowspan="2">名称及规格</td><td rowspan="2">单位</td><td rowspan="2">数量</td><td colspan="9">原账面价</td><td colspan="8">总值中的安装费</td><td rowspan="2">使用年限</td><td colspan="7">预计净残值</td><td rowspan="2">存放地点</td></tr>
<tr><td>百</td><td>十</td><td>万</td><td>千</td><td>百</td><td>十</td><td>元</td><td>角</td><td>分</td><td>十</td><td>万</td><td>千</td><td>百</td><td>十</td><td>元</td><td>角</td><td>分</td><td>万</td><td>千</td><td>百</td><td>十</td><td>元</td><td>角</td><td>分</td></tr>
<tr><td></td><td></td><td></td><td></td><td></td><td></td><td></td><td></td><td></td><td></td><td></td><td></td><td></td><td></td><td></td><td></td><td></td><td></td><td></td><td></td><td></td><td></td><td></td><td></td><td></td><td></td><td></td><td></td><td></td></tr>
<tr><td>来源</td><td colspan="3"></td><td colspan="8">评估确认价</td><td colspan="8"></td><td colspan="5">对方单位名称</td><td colspan="4"></td></tr>
</table>

验收部门　　验收人　　承办部门负责人　　制单

表6-3

中国工商银行××省分行转账支票

中国工商银行 转账支票存根 EH/02　99895065 附加信息 出票日期： 收款人： 金　额： 用　途： 单位主管　会计	本支票付款期限十天	中国工商银行转账支票　EH/02　99895065 出票日期（大写）　年　月　日　付款行名称： 收款人：　出票人账号： 人民币（大写）　亿 千 百 十 万 千 百 十 元 角 分 用途 上列款项请从我账户内支付 出票人签章 复核　记账

表 6-4

电子发票（增值税专用发票）

全国统一发票监制章 国家税务总局 ×××税务局

发票号码：

开票日期：　年　月　日

购买方信息	名称： 统一社会信用代码/纳税人识别号：				销售方信息	名称： 统一社会信用代码/纳税人识别号：		
项目名称	规格型号	单位	数量	单价	金额	税率/征收率	税额	
合　计								
价税合计（大写）	⊗				（小写）			
备注								

开票人：

表 6-5

电子发票（增值税专用发票）

全国统一发票监制章 国家税务总局 ×××税务局

发票号码：

开票日期：　年　月　日

购买方信息	名称： 统一社会信用代码/纳税人识别号：				销售方信息	名称： 统一社会信用代码/纳税人识别号：		
项目名称	规格型号	单位	数量	单价	金额	税率/征收率	税额	
合　计								
价税合计（大写）	⊗				（小写）			
备注								

开票人：

表 6-6

中国工商银行进账单（收账通知）

年　　月　　日

出票人	全　　称		收款人	全　　称	
	账　　号			账　　号	
	开户银行			开户银行	

金额	人民币（大写）	亿	千	百	十	万	千	百	十	元	角	分

票据种类		票据张数		
票据号码				
复核：　　记账：				收款人开户银行签章

此联是收款人开户银行交给收款人的收账通知

表 6-7

电子发票（普通发票）

国家税务总局 ×××税务局

发票号码：12345678

开票日期：2024 年 5 月 13 日

购买方信息	名称：WL 公司 统一社会信用代码/纳税人识别号： 91120004567896213A	销售方信息	名称：WX 公司 统一社会信用代码/纳税人识别号： 912300056789000012

项目名称	规格型号	单位	数量	单价	金额	税率/征收率	税额
房屋维修费					339.81	3%	10.19
合　计					339.81		10.19
价税合计（大写）	⊗ 叁佰伍拾元整						（小写）¥350.00
备注							

开票人：张三

表 6-8

电子发票（增值税专用发票）

发票号码：

开票日期：　年　月　日

购买方信息	名称： 统一社会信用代码/纳税人识别号：			销售方信息	名称： 统一社会信用代码/纳税人识别号：		
项目名称	规格型号	单位	数量	单价	金额	税率/征收率	税额
合　计							
价税合计（大写）	⊗					（小写）	
备注							

开票人：

表 6-9

中国工商银行进账单（收账通知）

年　　月　　日

出票人	全　　称		收款人	全　　称	
	账　　号			账　　号	
	开户银行			开户银行	
金额	人民币（大写）				亿 千 百 十 万 千 百 十 元 角 分
票据种类		票据张数			
票据号码					
复核：　　记账：				收款人开户银行签章	

此联是收款人开户银行交给收款人的收账通知

表6-10

固定资产转出通知单

年　月　日

固定资产名称			预计使用年限		已使用年限	
原始价值		已提折旧		已提减值		转出作价	
固定资产转出原因及批准人			对方单位名称			
调出单位财务经办人	公章		调入单位财务经办人	公章		

表6-11

电子发票（增值税专用发票）

国家税务总局
×××税务局

发票号码：

开票日期：　年　月　日

购买方信息	名称： 统一社会信用代码/纳税人识别号：			销售方信息	名称： 统一社会信用代码/纳税人识别号：		
项目名称	规格型号	单位	数量	单价	金额	税率/征收率	税额
合　计							
价税合计（大写）	⊗					（小写）	
备注							

开票人：

表6-12

中国工商银行××省分行转账支票

中国工商银行 转账支票存根 EH/02　99895066 附加信息 出票日期： 收款人： 金　额： 用　途： 单位主管　会计	本支票付款期限十天	中国工商银行转账支票　EH/02　99895066 出票日期（大写）　年　月　日　付款行名称： 收款人：　出票人账号： 人民币（大写）　亿 千 百 十 万 千 百 十 元 角 分 用途 上列款项请从我账户内支付 出票人签章　复核　记账

表6-13

电子发票（增值税专用发票）

全国统一发票监制章 国家税务总局 ×××税务局

发票号码：

开票日期：　年　月　日

购买方信息	名称： 统一社会信用代码/纳税人识别号：				销售方信息	名称： 统一社会信用代码/纳税人识别号：		
项目名称	规格型号	单位	数量	单价	金额	税率/征收率	税额	
合　计								
价税合计（大写）	⊗					（小写）		
备注								

开票人：

表6-14

中国工商银行××省分行转账支票

中国工商银行 转账支票存根 EH/02　99895067	本支票付款期限十天	中国工商银行转账支票　EH/02　99895067
附加信息		出票日期（大写）　年　月　日　付款行名称：
		收款人：　出票人账号：
		人民币（大写）　亿 千 百 十 万 千 百 十 元 角 分
出票日期：		用途
收款人：		上列款项请从我账户内支付
金　额：		
用　途：		出票人签章　复核　记账
单位主管　会计		

表6-15

WL公司固定资产验收单

计划项目：　年　月　日

名称及规格	单位	数量	原账面价									总值中的安装费								使用年限	预计净残值							存放地点
			百	十	万	千	百	十	元	角	分	十	万	千	百	十	元	角	分		万	千	百	十	元	角	分	
来源			评估确认价													对方单位名称												

验收部门　验收人　承办部门负责人　制单

表6-16

电子发票（增值税专用发票）

全国统一发票监制章 国家税务总局 ×××税务局

发票号码：

开票日期：　年　月　日

购买方信息	名称： 统一社会信用代码/纳税人识别号：			销售方信息	名称： 统一社会信用代码/纳税人识别号：		
项目名称	规格型号	单位	数量	单价	金额	税率/征收率	税额
  合　计							
价税合计（大写）	⊗					（小写）	
备注							

开票人：

表6-17

固定资产报废单

凭证编号

固定资产名称及编号	规格型号	单位	数量	预计使用年　限	已使用年　限	原始价值	已提折旧	已提减值	备注
固定资产状况及报废原因									
处理	使用部门		技术鉴定小组		固定资产管理部门			主管部门审批	

表6-18

收　款　收　据

年　　月　　日

交款单位	
摘　　要	
金　　额	人民币（大写）　　　　　　　　（小写）¥

主管　　　　会计　　　　业务　　　　记账　　　　出纳

表6-19

固定资产折旧计提表

年　　月　　　　单位：元

使用部门	固定资产项目	上月折旧额	上月增加固定资产		上月减少固定资产		本月折旧额	分配费用
			原价	折旧额	原价	折旧额		
一车间	厂　房	3 000					3 000	制造费用
	机器设备	15 000					15 000	
	其他设备	1 000					1 000	
	小　计	19 000					19 000	
二车间	厂　房	3 000					3 000	
	机器设备	12 000	100 000	500			12 500	
	小　计	15 000					15 500	
三车间	厂　房	2 000					2 000	
	机器设备	14 000			40 000	1 000	13 000	
	小　计	16 000					15 000	
厂部管理部门	房屋设备	1 200					1 200	管理费用
	运输工具	1 800					1 800	
	小　计	3 000					3 000	
出租	运输工具	1 000					1 000	其他业务成本
	小　计	1 000					1 000	
合计		54 000	100 000	500	40 000	1 000	53 500	

审核　　　　　　　　制表

实务训练提示

“固定资产”账户的借方发生额为1 395 000元，贷方发生额为465 000元；“在建工程”账户的借方发生额为1 045 000元，贷方发生额为1 045 000元；“累计折旧”账户的贷方发生额为53 500元。

第 7 章

无形资产及其他资产

重点与难点

一、重点

1.无形资产的概念和特点

无形资产是指企业拥有或者控制的没有实物形态的可辨认的非货币性资产。相对于其他资产，无形资产具有以下特点：①无形资产不具有实物形态；②无形资产具有可辨认性；③无形资产属于非货币性资产。

2.无形资产的内容

无形资产一般包括专利权、非专利技术、商标权、著作权、特许权、土地使用权等。

3.无形资产的确认

无形资产的确认原则上应满足三个条件：①符合无形资产的定义；②与该资产有关的经济利益很可能流入企业；③该无形资产的成本能够可靠地计量。

4.无形资产的初始计量

无形资产通常是按实际成本计量，即以取得无形资产并使之达到预定用途所发生的全部支出作为无形资产的成本。对于不同来源取得的无形资产，其成本构成不尽相同：

（1）企业从外部购入的无形资产应按取得时实际支付的价款作为入账价值。

（2）其他单位作为资本或者合作条件投入的无形资产，应根据投资各方确认的价值入账（显失公允的除外）。

（3）企业自行开发的无形资产，应严格区分研究阶段支出和开发阶段支出。研究阶段发生的支出，在发生时应当费用化计入当期损益；开发阶段形成的无形资产，其成本由可直接归属于该资产的创造、生产并使该资产能够以管理层预定的方式运作的所有必要支出组成。

（4）企业接受的债务人以非金融资产抵偿债务方式（债务重组）取得的无形资产，应当以公允价值和应支付的相关税费，作为取得无形资产的入账价值。

5.从外部取得无形资产的账务处理

6.企业内部研究开发费用的账务处理

7.无形资产后续计量的账务处理

8.无形资产减值的账务处理

9.无形资产处置的账务处理

10.长期待摊费用的含义

长期待摊费用是指企业已经支出，但摊销期在1年以上（不含1年）的各项费用。

二、难点

1. 无形资产的内容

2. 无形资产入账价值的确定

3. 无形资产摊销期限的确定

4. 无形资产减值的账务处理

练习题

一、名词解释

1.无形资产　2.专利权　3.商标权　4.无形资产减值　5.长期待摊费用　6.开发阶段

二、单项选择题

1.下列应列为无形资产的是（　　）。

A. 商誉权　　B. 行政划拨的土地使用权

C. 企业自行研究开发专有技术发生的支出　D. 外购专利权

2.下列不属于无形资产的是（　　）。

A.商誉　　B.专利权　　C.商标权　　D.土地使用权

3.企业确认的无形资产减值，应计入（　　）。

A.资产减值损失　　B.管理费用　　C.坏账准备　　D.其他业务成本

4.企业有偿取得土地使用权，在土地上建造房屋建筑物时，应将其账面价值（　　）。

A.继续作为无形资产　　B.全部转入管理费用

C.转入长期待摊费用　　D.全部转入在建工程成本

5.下列反映企业无形资产账面价值的是（　　）。

A.“无形资产”账户借方余额

B.“无形资产”账户借方余额减去“坏账准备”账户贷方余额

C.“无形资产”账户借方余额与“无形资产减值准备”及“累计摊销（无形资产）”账户贷方余额之差

D.“无形资产”账户借方余额与“无形资产减值准备”账户贷方余额之和

6.企业行政划拨未入账的土地使用权，有偿转让时，按规定补交的土地出让金，应当（　　）。

A.作为固定资产价值处理　　B.作为无形资产处理

C.作为当期费用处理　　D.作为长期待摊费用处理

7.对无形资产摊销年限的确定，如果合同没有规定受益年限，法律也没有规定有效年限，则摊销期应为（　　）。

A.10年　　B.5年　　C.不短于10年

D.企业确定的无形资产为企业带来未来经济利益的期限

8.对出租无形资产进行摊销时，其摊销的价值应当计入（　　）。

A.管理费用　　B.营业外支出

C.其他业务成本　　D.长期待摊费用

9.企业筹建期间发生的除固定资产、无形资产以外的其他费用，应列入（　　）。

A.“管理费用”账户　　B.“长期待摊费用”账户

C.“无形资产”账户　　D.“营业外支出”账户

三、多项选择题

1.下列应列为无形资产的有（　　）。

A.自创并依法申请取得的专利权　　B.自创的商誉

C.政府机构授予的专卖权　　D.有偿取得的土地使用权

E.行政划拨的土地使用权

2.下列应结转（或记入）“无形资产”账户余额的有（　　）。

A.出租无形资产　　B.报废无形资产　　C.无形资产减值

D.处置无形资产　　E.自行研究开发专有技术失败的损失

3.下列可以确定为无形资产减值的情况有（　　）。

A.该项无形资产已超过法律保护期限，但仍然具有部分使用价值

B.该项无形资产的市价在当期大幅度下跌，在剩余年限内预期不会恢复

C.该项无形资产不再受法律保护，且不能给企业带来经济利益

D.该项无形资产已被其他新技术所替代，且不能给企业带来经济利益

E.该项无形资产已被其他新技术所替代，使其为企业创造经济利益的能力受到重大不利影响

4.下列支出应列为开办费的有（　　）。

A.筹建期间的人员工资　　B.筹建期间的办公费、培训费

C.筹建期间应由投资者负担的费用　　D.筹建期间购建固定资产的支出

E.筹建期间不专项用于固定资产建设的借款利息

5.长期待摊费用以外的其他非流动资产包括（　　）。

A.特准储备物资　　B.银行冻结存款和冻结物资

C.涉及诉讼中的财产　　D.长期负债费用

E.筹建期间发生的不构成固定资产的费用

6.下列应列入管理费用的项目有（　　）。

A.开办费　　B.无形资产摊销

C.出售无形资产的账面价值　　D.报废无形资产的账面价值

E.出租无形资产应负担的费用

7.下列各项中，会引起无形资产账面价值发生增减变动的有（　　）。

A. 对无形资产计提减值准备

B. 企业内部研究开发项目研究阶段发生的支出

C. 摊销无形资产成本

D. 企业内部研究开发项目开发阶段的支出不满足“无形资产确认条件”

四、判断题

1. 无形资产的取得成本应能够可靠地计量。凡是取得成本不能可靠计量的无形资产，不能作为无形资产入账。（　　）

2. 企业无形资产不论是外购的，还是自创的，都是受法律保护的。（　　）

3. 商誉是一种特殊的无形资产，其价值不能单独计量和确认，没有法定的有效期限。（　　）

4. 符合无形资产定义的资产只有在满足以下两个条件时，才能确认为无形资产：一是与该资产有关的经济利益很可能流入企业；二是取得该资产的成本能够可靠地计量。（　　）

5. 企业自行研究开发专有技术，发生的有关研究阶段费用，会计核算上一般将其全部列作当期费用处理，不作为无形资产核算。（　　）

6. 企业购买另一个企业时，购入商誉的成本应根据购买企业支付的价款扣除被收购企业可辨认净资产的公允价值后的余额确定。（　　）

7. 企业所拥有的所有土地使用权，都应作为无形资产入账核算。（　　）

8. 企业接受捐赠的无形资产的成本，应根据资产的平均价格，或根据捐赠者所提供的有关凭据确认的价值，加上接受捐赠时发生的各项税费确定。（　　）

9. 企业无形资产可按照账面价值与可收回金额孰低进行计量。（　　）

10. 无形资产出租和无形资产出售的收入均应列为其他业务收入。（　　）

11. 当无形资产预期不能为企业带来经济利益时，应将该项无形资产的账面摊余价值予以转销，计入报废当月的管理费用。（　　）

12. 固定资产进行大修理所发生的支出，均应列为长期待摊费用。（　　）

13. 企业筹建期间发生的所有支出均应列为筹建费，记入“长期待摊费用”账户。（　　）

14. 企业的特准储备物资属于企业的存货。（　　）

五、技能题

1.某企业发生有关无形资产的经济业务如下：

（1）从技术市场购入一项专利权，买价300 000元，增值税18 000元，发生注册费、律师费等12 000元，价款均以银行存款支付。该项专利权购入后立即投入使用。

（2）接受甲公司以某项商标权向本企业投资，双方协商确认价值为150 000元。该项商标权正式投入使用。

（3）企业自行研发专利权取得成功，并已申请取得专利权。本月发生开发费用共计90 000元，其中，领用库存原材料50 000元，应付人员工资30 000元，以银行存款支付其他相关费用10 000元。另发生专利登记费20 000元、律师费用40 000元，以银行存款支付。该项专利已投入使用。

（4）企业出租商标使用权取得收入40 000元存入银行，以银行存款支付出租无形资产的相关费用10 000元，并按6%的增值税税率计算结转应交增值税（应交城市维护建设税等略）。

（5）H公司数年前欠本企业销售款160 000元（账面余额），该项债权已提坏账准备5 000元，现商定以专利权抵偿这一债务。本企业以银行存款支付H公司补价款11 000元，并以银行存款支付登记过户费、律师费等6 000元（不考虑其他相关税费）。

要求：根据上述经济业务，编制有关会计分录。

2.某企业有关无形资产的经济业务如下：

（1）本月该企业无形资产的摊销资料见表7-1。

表7-1

无形资产摊销表

××月　　　　金额单位：元

项　　目	账面余额	摊销期限（年）	每月摊销
专利权	360 000	15	2 000
专有技术	115 200	8	1 200
商标权	384 000	10	3 200
合　　计	859 200		6 400

（2）该企业将拥有的一项专利权出售，取得收入560 000元存入银行，按现行规定转让该专利技术免交增值税。该项专利权的账面原值为600 000元，摊余价值为460 000元，已计提减值准备40 000元。

（3）该企业经核查发现，专利权H由于科技进步等原因，已丧失使用价值，预期不能为企业带来经济利益。该专利权账面余额为150 000元，累计摊销额为60 000元，以前年度已计提减值准备12 000元。

（4）年末该企业对现有无形资产进行核查，各项无形资产的账面价值与可收回金额对比资料见表7-2，计提本期无形资产减值准备。

表7-2　各项无形资产的账面价值与可收回金额对比资料表

项　　目	原账面价值（元）	可收回余额（元）	减值（元）
专利权	358 000	330 000	28 000
商标权	378 000	310 000	68 000
土地使用权	660 000	660 000	—
合　　计	1 396 000	1 300 000	96 000

要求：根据上述经济业务，编制有关会计分录。

第 8 章

投资性房地产

重点与难点

一、重点

1. 投资性房地产的概念与特征

投资性房地产是指为赚取租金或资本增值，或者两者兼有而持有的房地产。房地产是土地和房屋及其权属的总称。投资性房地产的特征包括：①投资性房地产是一种经营性活动；②投资性房地产在用途、状态、目的等方面区别于作为生产经营场所的房地产和用于销售的房地产；③投资性房地产有两种后续计量模式，即公允价值计量模式和成本计量模式。

2. 投资性房地产的范围

（1）属于投资性房地产的项目有：已出租的土地使用权、持有并准备增值后转让的土地使用权、已出租的建筑物。

（2）不属于投资性房地产的项目有：自用房地产、作为存货的房地产。

3. 投资性房地产的确认

投资性房地产只有在符合定义的前提下，同时满足下列条件的，才能予以确认：①与该投资性房地产有关的经济利益很可能流入企业；②该投资性房地产的成本能够可靠地计量。

4. 投资性房地产的初始计量

投资性房地产无论采用哪一种后续计量模式，取得时均应该按照成本进行初始计量。投资性房地产的取得渠道不同，成本的具体构成内容也会有所不同。

（1）外购投资性房地产的初始计量：企业外购投资性房地产时，应当按照取得时的实际成本进行初始计量。取得时的实际成本，包括购买价款、相关税费和可直接归属于该资产的其他支出。

（2）自行建造投资性房地产的初始计量：自行建造投资性房地产，其成本由建造该项资产达到预定可使用状态前发生的必要支出构成，包括土地开发费、建筑成本、安装成本、应予资本化的借款费用、支付的其他费用和分摊的间接费用等。

5. 投资性房地产初始计量的会计处理

采用成本模式进行计量的，企业应当在购入、自行建造取得投资性房地产时，按应计入投资性房地产成本的金额，借记"投资性房地产"账户，贷记"银行存款""在建工程"等账户；采用公允价值模式进行计量的，企业应当在购入、自行建造取得投资性房地产时，按应计入投资性房地产成本的金额，借记"投资性房地产——成本"账户，贷记"银行存款""在建工程"等账户。

6. 投资性房地产的后续计量

（1）采用成本模式计量的投资性房地产。

采用成本模式进行后续计量的投资性房地产，应当遵循以下规定：①按照固定资产或无形资产的有关规定，按期（月）计提折旧或摊销，借记"其他业务成本"等账户，贷记"投资性房地产累计折旧（或摊销）"账户。②取得的租金收入，借记"银行存款"等账户，贷记"其他业务收入"等账户。③投资性房地产存在减值迹象的，适用资产减值的有关规定。经减值测试后确定发生减值的，应当计提减值准备，借记"资产减值损失"账户，贷记"投资性房地产减值准备"账户。已经计提减值准备的投资性房地产，其减值损失在以后的会计期间不得转回。

（2）采用公允价值模式计量的投资性房地产。

① 采用公允价值模式计量的条件和规定：只有存在确凿证据表明投资性房地产的公允价值能够持续可靠取得的情况下，企业才可以采用公允价值模式对投资性房地产进行后续计量。企业一旦选择采用公允价值计量模式，就应当对其所有投资性房地产均采用公允价值模式进行后续计量。

② 采用公允价值模式进行后续计量的投资性房地产，应当同时满足以下两个条件：a. 投资性房地产所在地有活跃的房地产交易市场；b. 企业能够从活跃的房地产交易市场上取得同类或类似房地产的市场价格及其他相关信息，从而对投资性房地产的公允价值作出合理的估计。

③ 采用公允价值模式进行后续计量的投资性房地产，应当遵循以下规定：a. 不对投资性房地产计提折旧或摊销。企业应当以资产负债表日投资性房地产的公允价值为基础调整其账面价值，公允价值与原账面价值之间的差额计入当期损益。资产负债表日，投资性房地产的公允价值高于原账面价值的差额，借记"投资性房地产——公允价值变动"账户，贷记"公允价值变动损益"账户；公允价值低于原账面价值的差额，进行相反的账务处理。b. 取得的租金收入，借记"银行存款"等账户，贷记"其他业务收入"等账户。

7. 投资性房地产的后续支出

（1）投资性房地产后续支出概述。

投资性房地产的后续支出，是指已确认为投资性房地产的项目在持有期间发生的与投资性房地产使用效能直接相关的各种支出，如改建、扩建支出，装修、装潢支出，日常维修支出等。

投资性房地产发生的后续支出，如果延长了投资性房地产的使用寿命或明显改良了投资性房地产的使用效能，从而导致流入企业的经济利益超过了原先的估计，能够满足投资性房地产确认条件的，应当计入投资性房地产的成本；如果只是维护或恢复投资性房地产原有的使用效能，不可能导致流入企业的经济利益超过原先的估计，应当在发生时计入当期损益。

（2）资本化后续支出的会计处理。

企业对某项投资性房地产进行改扩建等再开发，且将来仍作为投资性房地产的，再开发期间应继续将其作为投资性房地产，再开发期间不计提折旧或摊销。

采用成本模式计量的，投资性房地产进入改扩建或装修阶段后，应当将其账面价值转入改扩建工程。采用公允价值模式计量的，投资性房地产进入改扩建或装修阶段，借记“投资性房地产——在建”账户，贷记“投资性房地产——成本”“投资性房地产——公允价值变动”等账户；在改扩建或装修完成后，借记“投资性房地产——成本”账户，贷记“投资性房地产——在建”账户。

（3）费用化后续支出的会计处理。

与投资性房地产有关的后续支出，不满足投资性房地产确认条件的，应当在发生时计入当期损益，借记“其他业务成本”等账户，贷记“银行存款”等账户。

8. 投资性房地产的处置

当投资性房地产被处置，或者永久退出使用，且预计不能从其处置中取得经济利益时，应当终止确认该项投资性房地产。

（1）采用成本模式计量的投资性房地产的处置。

处置采用成本模式计量的投资性房地产时，应当按照实际收到的金额确认其他业务收入，按该项投资性房地产的账面价值结转其他业务成本。

（2）采用公允价值模式计量的投资性房地产的处置。

处置采用公允价值模式计量的投资性房地产时，应当按照实际收到的金额确认其他业务收入，按该项投资性房地产的账面余额结转其他业务成本。同时，将该投资性房地产累计公允价值变动损益转入其他业务成本。若存在原转换日计入其他综合收益的金额，也需一并结转，计入其他业务成本。

二、难点

1. 投资性房地产初始计量的会计处理
2. 投资性房地产的后续计量模式
3. 投资性房地产后续支出的会计处理

练习题

一、名词解释

1.投资性房地产　2.已出租的土地使用权　3.持有并准备增值后转让的土地使用权　4.已出租的建筑物　5.投资性房地产的公允价值　6.投资性房地产的后续支出

7.投资性房地产的处置损益

二、单项选择题

1.下列各项中，不属于投资性房地产的是（　　）。

A.已出租的土地使用权　　B.持有并准备增值后转让的土地使用权

C.已出租的建筑物　　D.持有并准备增值后转让的建筑物

2.企业取得投资性房地产发生的下列支出中，不应计入投资性房地产成本的是（　　）。

A.土地开发费　　B.业务人员差旅费

C.建筑安装成本　　D.应予资本化的借款费用

3.企业将一栋写字楼出包给某建筑公司承建，建成后准备用于对外出租并采用公允价值模式进行后续计量，该写字楼建造完成时的入账价值是指（　　）。

A.写字楼的实际建造成本　　B.企业向承包单位支付的工程价款

C.写字楼的公允价值　　D.写字楼的可变现净值

4.企业对投资性房地产采用成本模式计量。下列建筑物中，不需要计提折旧的是（　　）。

A.超龄使用的建筑物

B.原客户已退租但尚未签订新的租赁协议的建筑物

C.日常维护修理期间的建筑物

D.建成后准备对外出租但尚未租出的建筑物

5.关于采用成本模式计量的投资性房地产的折旧，下列说法中不正确的是（　　）。

A.当月增加的投资性房地产当月不计提折旧

B.当月减少的投资性房地产当月不计提折旧

C.当月增加的投资性房地产下月起计提折旧

D.当月减少的投资性房地产下月起不计提折旧

6.采用成本模式进行后续计量的企业，关于投资性房地产的会计处理，下列说法中不正确的是（　　）。

A.应该按规定计提折旧或者进行摊销

B.折旧额或者摊销额计入其他业务成本

C.取得的租金收入计入其他业务收入

D.不得再转为公允价值模式计量

7.采用公允价值模式进行后续计量的企业，关于投资性房地产的会计处理，下列说法中正确的是（　　）。

A.应当按规定计提折旧或者进行摊销

B.持有期间公允价值高于账面余额的差额计入资本公积

C.持有期间公允价值低于账面余额的差额计入资本公积

D.持有期间不得再转为成本模式计量

8.投资性房地产采用公允价值模式进行后续计量的，“投资性房地产”科目期末余额反映（　　）。

A.投资性房地产的入账价值　　B.投资性房地产的公允价值

C.投资性房地产的可变现价值　　D.投资性房地产的累计公允价值

9.企业发生的下列投资性房地产后续支出中，一般应作为资本性支出的是（　　）。

A.投资性房地产日常修理支出　　B.投资性房地产大修理支出

C.投资性房地产改建、扩建支出　　D.投资性房地产维护支出

10.某企业对投资性房地产采用成本模式计量。该企业的一项投资性房地产账面原价为2 000万元，预计使用年限为20年，预计净残值为100万元，采用年限平均法计提折旧。第4年年末计提减值准备200万元。该投资性房地产第5年应计提的折旧额为（　　）。

A.82.5万元　　B.87.5万元　　C.95万元　　D.100万元

11. 2024年1月20日，企业将一项采用公允价值模式计量的投资性房地产转换为自用房地产。该项投资性房地产在2023年12月31日的公允价值为2 800万元，2024年1月20日的公允价值为2 980万元，预计尚可使用年限为15年，预计净残值为100万元，采用平均年限法计提折旧。2024年度，该房地产应计提的折旧金额为（　　）。

A.165万元　　B.176万元　　C.180万元　　D.192万元

12.某企业对投资性房地产采用成本模式计量。如果投资性房地产的价值发生减损，应当计提减值准备，计入（　　）。

A.公允价值变动损益　　B.资产减值损失

C.其他业务成本　　D.营业外支出

13.企业处置投资性房地产时，应当将处置收入计入（　　）。

A.投资收益　　B.公允价值变动损益

C.其他业务收入　　D.营业外收入

14.某企业以600万元（不含增值税）的售价出售一幢作为投资性房地产并且采用成本模式计量的建筑物。该建筑物账面原价为800万元，已提折旧500万元，发生清理费用10万元，增值税税率为9%，不考虑其他相关税费。出售该建筑物的净收益为（　　）。

A.260万元　　B.290万元　　C.300万元　　D.600万元

15.企业将一项采用成本模式计量的投资性房地产转换为自用房地产。转换日，该项投资性房地产的账面余额为700万元，累计折旧为200万元，已计提减值准备100万元，公允价值为450万元。转换日应转入“固定资产”科目的金额为（　　）。

A.400万元　　B.450万元　　C.500万元　　D.700万元

三、多项选择题

1.下列各项中，属于投资性房地产的有（　　）。

A. 已出租的建筑物
B. 待出租的建筑物
C. 已出租的土地使用权
D. 以经营租赁方式租入后再转租的建筑物
E. 企业持有并准备增值之后转让的土地使用权

2. 下列项目中，属于投资性房地产的有（　　）。
A. 已出租的建筑物
B. 已出租的土地使用权
C. 持有并准备增值后转让的土地使用权
D. 按照国家有关规定认定的闲置土地
E. 自用的建筑物

3. 下列各项中，属于投资性房地产的有（　　）。
A. 企业以经营租赁方式租出的写字楼
B. 企业准备建成后用于出租的在建写字楼
C. 企业拥有并自行经营的饭店
D. 企业出租给本企业职工的房屋
E. 企业持有拟增值后转让的土地使用权

4. 某项房地产部分用于出售、部分用于赚取租金，并且不同用途的部分能够单独计量和出售，对于该房地产，下列说法中正确的有（　　）。
A. 该项房地产均属于存货
B. 该项房地产均属于投资性房地产
C. 该项房地产应分别确认存货和投资性房地产
D. 用于出售的部分属于存货
E. 用于赚取租金的部分属于投资性房地产

5. 关于投资性房地产，下列说法中正确的有（　　）。
A. 投资性房地产是指为赚取租金或资本增值，或者两者兼有而持有的房地产和机器设备等
B. 用于出租的建筑物是指企业拥有产权的建筑物
C. 一项房地产，部分用于赚取租金或资本增值，部分用于生产商品、提供劳务或经营管理，即使用于赚取租金或资本增值的部分能够单独计量和出售的，也不可以确认为投资性房地产
D. 已出租的建筑物是指从租赁开始日以经营方式出租的建筑物，包括自行建造完成后用于出租的房地产
E. 投资性房地产是指为赚取租金或资本增值，或者两者兼有而持有的房地产，不包括机器设备

6. 关于投资性房地产的后续计量，下列说法中错误的有（　　）。
A. 采用公允价值模式计量的，不对投资性房地产计提折旧
B. 采用公允价值模式计量的，应对投资性房地产计提折旧

C. 已采用公允价值模式计量的投资性房地产，不得从公允价值模式转为成本模式

D. 已采用成本模式计量的投资性房地产，不得从成本模式转为公允价值模式

E. 已采用公允价值模式计量的投资性房地产，可以从公允价值模式转为成本模式

7. 企业采用公允价值模式对投资性房地产进行后续计量，下列说法中错误的有（　　）。

A. 企业应对已出租的建筑物计提折旧

B. 企业不应对已出租的建筑物计提折旧

C 企业不应对已出租的建筑物进行摊销

D. 企业应当以资产负债表日投资性房地产的公允价值为基础调整其账面价值，公允价值与原账面价值之间的差额计入当期损益

E. 企业应对已出租的土地使用权进行摊销

8. 关于投资性房地产的确认和计量，下列说法中正确的有（　　）。

A. 外购投资性房地产的成本，包括购买价款、相关税费和可直接归属于该资产的其他支出

B. 自行建造投资性房地产的成本，由建造该项资产达到预定可使用状态前所发生的必要支出构成

C. 只要与投资性房地产有关的经济利益很可能流入企业，就应该确认该投资性房地产

D. 与投资性房地产有关的后续支出，满足投资性房地产准则规定的确认条件的，应当计入投资性房地产成本；不满足准则规定的确认条件的，应当在发生时计入当期损益

E. 只要投资性房地产的成本能够可靠计量，就应该确认该投资性房地产

9. 下列各项中，会引起采用成本模式计量的投资性房地产账面价值发生增减变化的有（　　）。

A. 对投资性房地产进行改建、扩建　　B. 对投资性房地产进行修理、维护

C. 对投资性房地产计提折旧　　D. 对投资性房地产计提减值准备

E. 投资性房地产发生增值

10. 企业用于出租的下列建筑物中，不应计提折旧的有（　　）。

A. 采用成本模式计量的建筑物

B. 采用公允价值模式计量的建筑物

C. 改建、扩建中的采用成本模式计量的建筑物

D. 日常维护修理中的采用成本模式计量的建筑物

E. 已达到预定可使用状态但尚未对外出租的建筑物

四、判断题

1. 房地产开发企业依法取得的、用于开发后出售的土地使用权，属于房地产开发企业的存货，即使房地产开发企业决定待增值后再转让其开发的土地，也不得将其确认为投资性房地产。（　　）

2.企业以出租为目的建造一幢写字楼，该写字楼虽然尚未完工，但由于其建造目的是用于出租，因而属于投资性房地产。（　）

3.投资性房地产无论采用成本模式还是公允价值模式计量，取得时均应当按照成本进行初始计量。（　）

4.采用成本模式进行后续计量的企业，对投资性房地产会计处理的基本要求与固定资产或无形资产相同，即应当按照固定资产的有关规定，按月计提折旧，或者按照无形资产的有关规定，按月摊销成本。（　）

5.采用公允价值模式进行后续计量的企业，其投资性房地产不计提折旧但应进行减值测试，如果可收回金额低于账面价值，应计提减值准备。（　）

6.已经计提减值准备的投资性房地产，其减值损失在以后的会计期间不得转回。（　）

7.投资性房地产的后续支出应当作为资本性支出，计入投资性房地产的成本。（　）

8.投资性房地产的后续支出如果不满足资本化条件，应当在发生时计入当期损益。（　）

9.投资性房地产的修理支出不能满足资本化条件，因此，无论是日常修理还是大修理支出，都应直接计入修理当期损益。（　）

10.满足资本化条件的装修支出，应计入有关投资性房地产的成本。（　）

11.企业选择成本模式，就应当对其所有投资性房地产采用成本模式进行后续计量，即使后续期间取得的某项投资性房地产公允价值能够持续可靠地计量，也不得对其采用公允价值模式计量。（　）

12.企业选择公允价值模式，就应当对其所有的投资性房地产采用公允价值模式进行后续计量，即使后续期间取得的某项投资性房地产公允价值不能可靠计量，也不得对其采用成本模式计量。（　）

五、技能题

1.某企业将其拥有的房屋采用经营租赁方式租出，租期为3年，租金总额为300 000元，租赁期开始日（2022年1月1日）预收租金180 000元，其余租金待租期届满退还房屋时（2025年1月1日）结清。该公司于每年12月31日确认当期租金收入。

要求：假设不考虑相关税费，编制有关投资性房地产租金收入的下列会计分录：

（1）2022年1月1日，预收租金。

（2）2022年12月31日，确认租金收入。

（3）2023年12月31日，确认租金收入。

（4）2024年12月31日，确认租金收入。

（5）2025年1月1日，收回房屋和其余租金。

2. 2024年3月5日，A公司与B公司签订经营租赁协议，约定将A公司购入的一栋写字楼租赁给B公司使用，租赁期为3年。A公司对投资性房地产采用公允价值模式进行后续计量。2024年3月25日，A公司购入写字楼，支付买价等合计28 600万元，根据租赁协议，租赁期开始日为2024年4月1日。

要求：假设不考虑相关税费，编制A公司有关投资性房地产的下列会计分录：

（1）2024年3月25日，购入写字楼并出租。

（2）2024年12月31日，确认公允价值变动损益。

① 假定公允价值为29 000万元。

② 假定公允价值为28 000万元。

3. 2021年12月5日，某公司以1 800万元的价款购入一处房屋并打算用于对外出租。2021年12月28日，该公司与D公司签订了租赁合同，将所购房屋出租给D公司使用，租期为5年，租赁期开始日为2022年1月1日。该公司对投资性房地产采用成本模式进行后续计量，房屋预计可使用20年，预计净残值为60万元，采用年限平均法计提折旧（为简化起见，假定按年计提折旧）。2023年12月31日，该公司对房屋进行减值测试，确定其可收回金额为1 500万元，预计净残值和预计使用寿命未发生改变。

要求：假定不考虑相关税费，编制有关该项投资性房地产的下列会计分录：

（1）2021年12月5日，购入房屋。

（2）2022年1月1日，将房屋出租。

（3）2022年12月31日，计提折旧。

（4）2023年12月31日，计提折旧。

（5）2023年12月31日，计提减值准备。

（6）2024年12月31日，计提折旧。

4. 甲公司从事房地产开发经营业务，对出租的商品房、土地使用权和商铺均采用成本模式进行后续计量。甲公司的财务经理在复核2024年度财务报表时，对以下交易或事项会计处理的正确性难以作出判断：

（1）1月1日，因商品房滞销，董事会决定将两栋商品房用于出租。1月20日，甲公司与乙公司签订租赁合同并已将两栋商品房以经营租赁方式提供给乙公司使用。出租商品房的账面余额为9 000万元，未计提跌价准备，公允价值为10 000万元。该出租商品房预计尚可使用年限为50年，预计净残值为零，采用年限平均法计提折旧。

甲公司认为其出租的商品房属于存货，因此2024年未对商品房计提折旧。

（2）1月5日，收回租赁期届满的一宗土地使用权，经批准用于建造办公楼。该土地使用权成本为原取得时成本5 000万元，未计提减值准备，至办公楼开工之日已摊销10年，预计尚可使用年限为40年，采用直线法摊销，无残值。办公楼于3月1日开始建造，至年末尚未完工，共发生工程支出3 500万元。

甲公司将土地使用权的成本计入办公楼成本。

（3）3月5日，收回租赁期届满的商铺，并计划对其重新装修后继续用于出租。该商铺成本为6 500万元，至重新装修之日，已计提折旧2 000万元，账面价值为4 500万元。装修工程于8月1日开始，于年末完工并达到预定可使用状态，共发生装修支出1 500万元，替换原装修支出的账面价值为300万元。装修后预计租金收入将大幅增加。

甲公司将发生的装修支出1 500万元计入当期损益。

要求：

（1）根据资料（1），判断甲公司2024年对出租商品房未计提折旧的会计处理是否正确，同时说明判断依据；如果甲公司出租的商品房2024年需要计提折旧，请计算折旧额。

（2）根据资料（2），判断甲公司2024年对土地使用权的会计处理是否正确，同时说明判断依据；如果甲公司土地使用权不计入办公楼成本，请计算2024年土地使用权摊销金额。

（3）根据资料（3），判断甲公司将发生的装修支出1 500万元计入当期损益的会计处理是否正确，同时说明判断依据，并计算商铺2024年12月31日的账面价值。

（4）计算2024年12月31日上述业务对资产负债表中投资性房地产项目的列报金额的影响。

第9章

流动负债

重点与难点

一、重点

1. 流动负债

负债是指企业过去的交易或者事项形成的、预期会导致经济利益流出企业的现时义务。企业的负债按其流动性可分为流动负债和非流动负债两大类。流动负债是指将在1年内（含1年）或者超过1年的一个营业周期内偿还的债务。流动负债主要包括短期借款、应付票据、应付账款、预收账款、应付职工薪酬（含工资、福利费）、应付股利、应交税费、其他暂收应付款项、应付利息和1年内到期的非流动负债等。流动负债通常是按实际发生额计价入账的。我国现行准则规定，各项流动负债应当按实际发生额入账。

2. 短期借款

短期借款是指企业向银行或其他金融机构借入的期限在1年内（含1年）的各种借款。它主要包括临时借款、生产经营周转借款、票据贴现借款、结算借款等。短期借款利息的账务处理分两种情况：①借款是按月支付利息的，或者利息是在借款到期时连同本金一起归还且数额不大的，可在支付时直接计入当期损益，借记“财务费用”账户，贷记“银行存款”账户；②借款利息是按季支付的，或者利息是在借款到期时连同本金一起归还且数额较大的，应采取预提的办法，设置“应付利息”账户，按月预提计入财务费用。

3. 应付账款

应付账款是指企业在生产经营过程中因购买材料、商品、物资或接受劳务供应等业务应支付给供应者的款项。这是买卖双方在购销活动中取得物资与支付货款时间上不一致而产生的负债。应付账款入账时点的确认应以所购货物所有权的转移或接受劳务已发生为标志。应付账款应按发票记载的应付金额入账。存在购货折扣时应区别情况处理：系商业折扣的，购货方应根据发票价格，也就是按扣除了商业折扣以后的金额入账；系现金折扣的，应先按发票上记载的应付金额入账，即按不扣除现金折扣的金额入账，待实际发生折扣时，再将折扣金额计入当期财务费用。现金折扣的这种处理方法，也称为总价法。为了核算和监督应付账款的发生及偿还情况，企业应设置“应付账款”账户。该账户贷方登记企业因购货、接受劳务等而产生的应付款项以及因无款支付到期商业汇票而转入的应付票据款；借方登记企业偿还、抵付的应付账款以及转销无法支付的应付账款；余额一般在贷方，表示企业尚未支付的应付账款。该账户应按供应单位设置明细账，进行明细分类核算。

4. 应付票据

应付票据是指企业签发并承兑商业汇票而形成的债务。商业汇票按是否带息分为带息商业汇票和不带息商业汇票两种。应付票据入账价值应分两种情况处理：不带息应付票据，应按票据面值计价入账；带息应付票据，企业开出承兑票据时按面值计价入账，期末计算的应付利息也应列为应付票据款计价入账。为了总括核算和监督商业汇票的签发、承兑和支付情况，企业应设置“应付票据”账户。该账户属负债类账户，贷方登记企业签发、承兑商业汇票的面值和带息票据已计算的应付利息；借方登记企业到期支付（或结转）的票款数额；余额在贷方，表示企业尚未到期的应付票据本息。

5. 应付职工薪酬

企业职工薪酬应根据国家有关法规所确定的工资总额组成内容来核算。工资总额是企业在一定时期内按照规定支付给全体职工的劳动报酬总额。职工薪酬是指企业为获得职工提供的服务或解除劳动关系而给予的各种形式的报酬及补偿，包括职工在职期间和离职后提供给职工的全部货币性薪酬和非货币性福利，既包括提供给职工本人的薪酬，也包括提供给职工配偶、子女及其他被赡养人的福利等。企业与职工因职工提供服务形成的关系，大多数构成企业的现时义务，将导致企业未来经济利益的流出，从而形成企业的一项负债。职工薪酬包括短期薪酬、离职后福利、辞退福利和其他长期职工福利。

为了总括地核算应付职工薪酬的结算与分配情况，企业应设置“应付职工薪酬”账户。该账户属负债类账户。企业的职工薪酬不论是否在当月支付，都应通过该账户核算。该账户借方登记企业实际发放的职工薪酬和结转从应付职工薪酬中扣除的各种代垫代扣款；贷方登记本月应发放的职工薪酬。该账户期末一般应无余额。

6. 应交税费

应交税费是指企业按国家税法规定应该缴纳的各种税费，具有政策性、强制性、无偿性等特点。因企业营业活动而形成的应交税费主要包括增值税、消费税、所得税、城市维护建设税、土地增值税、资源税、房产税、城镇土地使用税、车船税、教育费附加等。为了总括地核算企业各种税金的计提和缴纳情况，应设置“应交税费”账户。该账户贷方登记企业按规定计算结转应交的各种税金；借方登记企业实际缴纳的各种税金和应抵扣的税费；贷方余额反映企业尚未缴纳的税费；借方余额一般反映企业多交的或尚未抵扣的税费。该账户按应交税费的种类设置明细账，进行各种应交税费的明细分类核算。

二、难点

1. 应付账款的核算
2. 应付票据的核算
3. 应付职工薪酬的计算、结算与分配计入
4. 应交增值税的核算

练习题

一、名词解释

1. 流动负债　2. 短期借款　3. 应付账款　4. 应付票据　5. 职工薪酬　6. 计时工资　7. 计件工资　8. 进项税额　9. 销项税额

二、单项选择题

1. 下列项目中，不通过"应付账款"账户核算的是（　　）。

A. 应付货物负担的进项税额　B. 应付货物的采购价款
C. 应付销货企业代垫的运杂费　D. 应付租金

2. 应付投资者的利润（应付股利）属于（　　）。

A. 应付金额肯定的流动负债　B. 应付金额视经营情况而定的流动负债
C. 应付金额须予估计的流动负债　D. 一种非流动负债

3. 对于签发并承兑的商业承兑汇票到期无法偿付的票款，企业应当进行的处理是（　　）。

A. 转作应付账款　B. 转作短期借款
C. 不进行处理　D. 转作其他应付款

4. 对于预收货款业务不多的企业，其所发生的预收货款可以通过（　　）账户进行核算。

A. "应收账款"　B. "应付账款"
C. "预付账款"　D. "其他应收款"

5. 企业无法支付的应付款项，经确认后，应列入（　　）。

A. 其他业务收入　B. 营业外收入
C. 资本公积　D. 待处理财产损溢

6. 短期借款利息采取按月预提方式的，则实际支付利息时，应该（　　）。

A. 借记"财务费用"账户　B. 借记"应付利息"账户
C. 贷记"应付利息"账户　D. 借记"短期借款"账户

7. 企业期末预提应付票据利息时，应贷记的账户为（　　）。

A. "应付票据"　B. "应付账款"
C. "应付利息"　D. "财务费用"

8.期末“应付利息”账户的借方余额，应在资产负债表中（　　）。

A.不作反映　B.以正数列示在“应付利息”项目

C.以负数列示在“应付利息”项目　D.列示在“其他应付款”项目

9.下列项目中不包括在职工薪酬中的是（　　）。

A.生产奖　B.技术改进奖

C.超额计件工资　D.加班加点工资

10.委托加工应纳消费税的产品收回后，用于继续加工生产应纳消费税产品的，由受托方代扣代缴的消费税，应记入的账户是（　　）。

A.“生产成本”　B.“应交税费”

C.“委托加工物资”　D.“主营业务成本”

11.某企业本期支付给职工计时工资50 000元、计件工资150 000元、综合奖70 000元、技术性津贴20 000元、生活困难补助费8 000元、住房补贴12 000元。该企业本期的应付职工薪酬总额为（　　）元。

A.310 000　B.298 000　C.200 000　D.290 000

12.金兴公司为增值税一般纳税人，适用的增值税税率为13%。2024年5月金兴公司董事会决定将本公司生产的500件产品作为福利发放给公司管理人员。该批产品的成本为每件1.2万元，市场销售价格为每件2万元（不含增值税）。不考虑其他相关税费，金兴公司在2024年因该项业务应计入管理费用的金额为（　　）万元。

A.600　B.770　C.1 000　D.1 130

13.某饮料生产企业为增值税一般纳税人，年末将本企业生产的一批饮料发放给职工作为福利。该饮料市场售价为12万元（不含增值税），适用的增值税税率为13%，实际成本为10万元。假定不考虑其他因素，该企业应确认的应付职工薪酬为（　　）万元。

A.10　B.11.7　C.12　D.13.56

三、多项选择题

1.下列属于应付金额肯定的流动负债的有（　　）。

A.应付票据　B.短期借款　C.应付账款

D.应付股利　E.应交所得税

2.下列应列为财务费用的有（　　）。

A.实际发生并确认的购货现金折扣　B.应付票据承兑手续费

C.带息应付票据的应付利息　D.预提短期借款利息

E.预提应付短期债券的应付利息（不符合资本化条件）

3.职工薪酬的发放形式不是唯一的，下列应列为实发薪酬的项目有（　　）。

A.以现金发放工资　B.结转代扣代缴的个人所得税

C.职工报支培训费、劳动保护费　D.结转代扣、代垫款

E.计提资产减值准备

4.属于购入货物时即能认定其增值税不能抵扣的有（　　）。

A.购进房屋建筑物　B.购入的货物直接用于免税项目
C.购入的货物直接用于产品生产　D.购入的货物用于集体福利
E.购入的货物直接用于非应税项目
5.下列各项中，（　）可能要记入“税金及附加”账户。
A.消费税　B.增值税　C.城市维护建设税
D.车辆购置税　E.资源税
6.计算城市维护建设税的基数包括的流转税有（　）。
A.应交增值税　B.应交消费税　C.应交土地增值税
D.应交资源税　E.应交城镇土地使用税
7.下列流动负债中，一般不需要支付利息的有（　）。
A.短期借款　B.预收账款　C.应付职工薪酬
D.交易性金融负债　E.带息应付票据
8.下列支付的税金当中，应计入所购货物成本的有（　）。
A.小规模纳税人购入生产用原材料所支付的增值税
B.一般纳税人购入设备等时，增值税专用发票上注明的增值税
C.购入货物时所支付的价款中包含的消费税
D.一般纳税人购入材料未取得专用发票，所支付的增值税
E.进口货物所支付的进口关税
9.下列项目中，应通过“其他应付款”账户核算的有（　）。
A.应付包装物的租金　B.应付职工薪酬　C.存入保证金
D.应付的赔款　E.应付的罚款
10.下列税金中应记入“税金及附加”科目的有（　）。
A.房产税　B.资源税　C.印花税
D.增值税　E.车船税
11.以职工工资总额为基数计提的项目有（　）。
A.职工教育经费　B.工会经费　C.个人所得税
D.城市维护建设税　E.教育费附加
12.企业分配职工薪酬费用时，可能借记的账户有（　）。
A.“生产成本”　B.“制造费用”　C.“管理费用”
D.“销售费用”　E.“财务费用”
13.“应交税费——应交增值税”明细账户应设置的专栏有（　）。
A.进项税额　B.已交税金　C.转出未交增值税
D.出口退税　E.销项税额抵减
14.下列关于职工薪酬计量的叙述中，正确的有（　）。
A.国家规定了计提基础和计提比例的，企业应当按照国家规定的标准计提
B.没有规定计提基础和计提比例的，企业应当根据历史经验数据和实际情况，合理预计当期应付职工薪酬
C.在职工提供服务的会计期末以后1年以上到期的应付职工薪酬，企业必须选择

恰当的折现率，以应付职工薪酬折现后的金额计入相关资产成本或当期损益

D. 租赁住房等资产供职工无偿使用的，应当根据受益对象，将每期应付的租金计入相关资产成本或当期损益，并确认应付职工薪酬

四、判断题

1. 流动负债是指将在1年内（含1年）或者一个营业周期内偿还的债务。（　）

2. 带息应付票据按期计算的应付利息，应在支付时直接列入财务费用。（　）

3. “应付票据”账户的贷方余额，反映企业尚未到期的应付票据本息。（　）

4. 企业包括在工资总额内的各种工资、奖金、津贴，不论是否在当月支付，均应通过“应付职工薪酬”账户核算。（　）

5. 企业日工资按工作日数20.83天计算的，各月内的双休日、法定节假日不计工资，因而，缺勤期间的双休日、节假日也不扣工资。（　）

6. 计件工资是根据完成产品数量和规定的计件单价计算工资的，这里的产品数量应为实际完成的合格品数量。（　）

7. 企业按工资总额一定比例计提的职工教育经费、工会经费，均列入当期管理费用。（　）

8. 预收账款是企业的一项负债，所以，“预收账款”账户的期末余额，一定是反映企业负债的。（　）

9. 应交税费是指企业按国家税法规定应缴纳的各种税费。企业应交的各种税金，均应通过“应交税费”账户核算。（　）

10. 一般纳税人企业购进货物支付或负担的增值税税额，均可列为进项税额，从销项税额中抵扣。（　）

11. 企业在建工程领用库存材料和领用本企业商品产品，其应缴纳或应负担的增值税，都属于“进项税额转出”。（　）

12. 增值税的出口退税是指国家税务机关退还企业出口产品已缴纳的增值税，如果出口产品未缴纳过增值税，则不存在出口退税问题。（　）

13. 企业应交增值税是列入“应交税费——应交增值税”账户的；应交城市维护建设税是列入“税金及附加”账户的。（　）

14. 企业支付的一切奖金、津贴、福利补助、退休金组成工资总额，都应通过“应付职工薪酬”账户核算。（　）

15. 企业有些债务必须在经营期期末才能以货币计量，因此，这些债务不能作为负债进行核算。（　）

16. 企业结算计发薪酬时，“职工薪酬结算汇总表”中的“以现金发放薪酬”项目的数额是企业当月的实发薪酬额。（　）

17. 增值税一般纳税人企业用产成品或原材料对外投资时，因其会计核算不作为销售处理，故不存在计算缴纳增值税的问题。（　）

18. 企业采购货物，在货物已验收入库，但发票账单尚未收到的情况下，应在月份终了时按暂估价值记入“应付账款”账户。（　）

19. 增值税是价外税，所以，企业购入存货支付的增值税，均不计入购入存货的成本。（　　）

20. 企业在签发并承兑的商业承兑票据到期无力支付时，应当将应付票据转为应付账款。（　　）

21. 企业对于购入的免税农产品，可以按照买价和规定的扣除率计算进项税额，并将计算的进项税额从其购买价格中扣除，以扣除后的余额作为购入农产品的采购成本入账。（　　）

22. 企业代扣代缴的个人所得税属于代缴性质，应作为其他应付款处理，不应通过“应交税费”账户核算。（　　）

23. “应付账款”是负债类账户，所以“应付账款”账户不会出现借方余额。

（　　）

五、技能题

1.某企业发生的与短期借款有关的经济业务如下：

（1）因生产经营需要，从银行取得一笔为期3个月的临时借款120 000元，年利率为4.8%，借款利息数额不大，不考虑预提，借款到期以银行存款一次还本付息。

（2）因生产经营需要，于7月1日从银行取得一笔为期6个月的生产周转借款900 000元，年利率为4.8%，借款利息分月预提，按季支付。第一次利息于9月30日支付，12月31日归还借款本金并支付第二次利息。

要求：编制与短期借款核算有关的会计分录。

2.新丰公司发生的与应付账款、其他应付款有关的经济业务如下：

（1）从B公司购入原材料一批，货款60 000元，增值税税率为13%，材料已验收入库，价税款尚未支付。双方商定若在20天内付款可享受3%的现金折扣（按不含税金额计算，下同）。新丰公司原材料按实际成本计价核算。

（2）结转本月厂部租入房屋应付租金5 000元。

（3）开出支票，退回出租包装物押金3 000元。

（4）以银行存款支付欠C公司的购入原材料的应付货款90 000元。

（5）20天内向B公司支付应付购货款，扣除应计现金折扣，付款66 000元。

（6）月末结计本月应付电费13 000元，其中，车间生产产品用电8 000元，车间照明用电1 000元，厂部照明等用电4 000元。

（7）本月25日向五丰公司购入原材料，材料已验收入库，价款因尚未收到发票账单而无法支付。

（8）本月25日向五丰公司购入原材料的业务，至月终仍未收到发票账单，月终企业按估价36 000元暂估入账。

（9）以存款向供电局支付应付电费13 000元。

（10）将确实无法支付的应付账款15 000元予以转销。

要求：根据以上资料，编制有关会计分录。

3.某企业发生的与应付票据有关的业务如下：

（1）从甲公司购入A材料一批，货款20 000元，增值税税额2 600元，材料已验收入库（材料按实际成本计价核算），签发并承兑一张为期6个月的不带息商业承兑汇票支付价税款。

（2）从乙公司购入B材料一批，货款40 000元，增值税税额5 200元，材料已验收入库（材料按实际成本计价核算），签发并经开户银行承兑一张为期3个月的带息银行承兑汇票支付价税款，并以银行存款支付承兑手续费400元。

（3）签发给乙公司的带息银行承兑汇票年利率为6%，计提本月利息。

（4）6个月前签发（并承兑）给甲公司的商业承兑汇票到期，以存款支付票据款22 600元。

（5）3个月前签发并经银行承兑给乙公司的带息银行承兑汇票到期，以银行存款如数支付票据本息，前2个月的利息已计提，第3个月的利息直接支付。

（6）4个月前签发并承兑的不带息商业承兑汇票到期，企业无力付款，予以结转，票面价款36 000元。

要求：根据以上资料，编制与应付票据核算有关的会计分录。

4.某企业发生的与应付职工薪酬有关的业务如下：

（1）职工张慧月标准工资4 200元，本月请事假4天（其中有2天为双休日），病假3天（其中有1天为节日），工龄5年，病假扣发工资比例为20%。

（2）职工李丰本月加工A零件600件，计件单价为7.5元；加工B零件200件，计件单价为3元。验收发现A零件料废20件，工废10件；B零件全部合格。

（3）某生产班组由4名成员共同完成C产品的加工任务。本月全组共加工完成C产品1 200件，计件单价为24元，验收发现料废50件。个人月标准工资和实际工作时间见表9-1。

表9-1

计件工资计算表

姓名	月标准工资（元）	小时工资率（元/小时）	实际工作时间（小时）	计时工资（元）	分配率	应得计件工资（元）
何平	2 856		200			
成新	3 528		210			
施同	4 200		180			
徐健	3 192		190			
合计						

假设月工作日按21天计算，每天工作时间为8小时。

要求：

（1）根据资料（1）分别按工作日21天和日历天数30天计算应付职工计时工资；

（2）根据资料（2）、（3）分别计算个人计件工资、集体计件工资。

5.某企业本月份职工薪酬结算资料见表9-2。企业根据“职工薪酬结算汇总表”进行薪酬结算，发放薪酬后一车间交回职工逾期未领薪酬7 800元。该企业实发薪酬与应付职工薪酬相差不大，为简化核算，月末薪酬分配以现金实际发放薪酬为依据。

表9-2

职工薪酬结算汇总表

2024年7月　　单位：元

单位和人员类别	计时工资	计件工资	奖　金	津贴和补贴	加班加点工资	缺勤扣款		应付职工薪酬	代扣款项		以现金实际发放薪酬
						事假旷工	病假		代垫费用	代扣费用	
一车间	131 000		27 000	34 000	12 000	2 000	1 000	201 000	5 000	6 000	190 000
生产工人	114 000		24 000	30 000	12 000	2 000	1 000	177 000	4 000	4 000	169 000
管理人员	17 000		3 000	4 000				24 000	1 000	2 000	21 000
二车间	286 000		80 000	124 000	13 000	1 000	1 000	501 000	11 000	10 000	480 000
生产工人	255 000		75 000	115 000	13 000	1 000	1 000	456 000	10 000	8 000	438 000
管理人员	31 000		5 000	9 000				45 000	1 000	2 000	42 000
机修车间	75 000		12 000	21 000				108 000	2 000	1 000	105 000
生产工人	65 000		10 000	18 000				93 000	2 000	1 000	90 000
管理人员	10 000		2 000	3 000				15 000			15 000
企业管理部门	108 000		17 000	24 000				149 000	2 000	2 000	145 000
合　计	600 000		136 000	203 000	25 000	3 000	2 000	959 000	20 000	19 000	920 000

要求：根据资料，编制职工薪酬结算（包括提现、发放薪酬、结转代扣款项、支付代扣费用等业务）与分配的有关会计分录。

6. 根据上题“职工薪酬结算汇总表”（见表9-2），计算企业当月应计提的工会经费和职工教育经费。

（1）根据本月工资总额，按2%的比例计提工会经费。

（2）根据本月工资总额，按8%的比例计提职工教育经费。

（3）签发支票向工会支付工会经费。

要求：

（1）计算工会经费和职工教育经费，并填写“经费计算表”（见表9-3）。

表9-3

经费计算表

2024年7月　　金额单位：元

车间及部门		工资总额	计提比例（%）	工会经费	计提比例（%）	职工教育经费
一车间	生产工人					
	管理人员					
二车间	生产工人					
	管理人员					
机修车间	生产工人					
	管理人员					
企业管理部门						
合　计						

（2）编制应付工会经费、职工教育经费的有关会计分录。

7. A公司为增值税一般纳税人，增值税税率为13%，存货按实际成本计价核算，本月发生有关增值税（本题不考虑应交的其他税费）的业务如下：

（1）购进生产用材料一批，取得的增值税专用发票注明价款为500 000元，增值税税额为65 000元；同时为供应单位代垫运杂费25 000元（其中，运输费20 000元，可抵扣的增值税进项税额为1 800元），材料已验收入库，价税款以银行存款支付。

（2）收购免税农产品一批，用于产品生产，收购价为120 000元，产品已验收入库，收购款以银行汇票支付（假设增值税税额按收购价的9%计扣）。

（3）购进固定资产建设工程用货物一批，取得的增值税专用发票注明价款200 000元，增值税税额26 000元，价税款签发并承兑为期3个月的商业承兑汇票支付。

（4）向其他单位捐赠产成品一批，成本为80 000元，计税售价为100 000元。

（5）在建工程（设备工程）领用产品一批，成本为25 000元，计税售价为30 000元。

（6）销售产成品一批，销售收入为2 400 000元，增值税税额为312 000元，价税款收存银行。

（7）医务福利部门领用库存原材料，价值90 000元，应负担增值税进项税额11 700元。

（8）应付委托加工材料加工费10 000元，增值税税额1 300元，取得增值税专用发票，款项尚未支付。

（9）以银行存款缴纳增值税100 000元。

（10）计算月末未交或多交增值税，并进行结转。

要求：编制应交增值税核算的有关会计分录，计算企业本月应交增值税税额。

8.G公司为增值税小规模纳税人，增值税征收率为3%（自2023年1月1日至2027年12月31日，增值税小规模纳税人适用3%征收率的应税销售收入，减按1%征收率征收增值税），存货按实际成本计价核算，本月发生有关增值税（本题不考虑其他税费）的业务如下：

（1）购入原材料一批，增值税普通发票注明货款60 000元，增值税税额7 800元。价税款以银行存款支付，材料尚未验收入库。

（2）以银行存款支付委托加工材料的加工费4 000元，增值税税额520元，取得增值税普通发票。

（3）销售产品一批，含税销售收入计151 500元，开出增值税普通发票，其中，100 000元货款收存银行，其余尚未收到。

（4）以银行存款缴纳本月应交增值税。

要求：

（1）计算企业本月应交增值税税额；

（2）编制有关会计分录。

9.某企业（增值税一般纳税人）本月发生有关消费税、增值税的经济业务如下：

（1）企业出售旧厂房一幢，取得价款600 000元（含税价），增值税税率为9%，价款收存银行。

（2）企业出售一项商标权，取得收入200 000元，商标权账面摊余价值150 000元（已累计摊销50 000元），未计提过无形资产减值准备，增值税税率为6%，款项收存银行，出售商标权已办妥相关手续。

（3）委托外单位加工材料一批，耗用原材料实际成本为60 000元；以存款支付加工费5 700元，增值税税额741元（取得增值税专用发票），受托方代扣代缴消费税7 300元。收回的加工材料60%用于继续生产消费税应税产品，40%直接用于出售。

（4）销售产品（消费税应税产品）取得销售收入800 000元，增值税税率为13%，款项收存银行。

（5）结转本月应交消费税，消费税税率为10%。

（6）以存款缴纳本月应交的消费税。

要求：根据资料编制有关会计分录。

10. 某企业某月发生的有关经济业务如下：

（1）购置企业自用汽车一辆，买价320 000元，增值税税额41 600元，相关费用10 000元，价税款共计371 600元，均以存款支付，并以存款缴纳10%的车辆购置税。

（2）以银行存款一次性购买印花税票12 600元。

（3）企业本年度房产余值为300 000元，按房产税税率计算应纳的房产税为3 600元，该企业全年应纳房产税一次列入费用。

（4）以银行存款缴纳房产税3 600元。

（5）企业本月主营业务应缴纳增值税600 000元、消费税50 000元。城市维护建设税税率为7%，教育费附加征收率为3%，结转企业本月应交城市维护建设税和教育费附加。(不考虑地方教育附加)

（6）企业以银行存款缴纳应交城市维护建设税、教育费附加。

要求：计算相关税种的应纳税额，并编制有关会计分录。

实务训练

一、实训目的

练习应交税费及有关业务的核算。

二、实训要求

1. 设置“应交税费”账户的总分类账和有关明细分类账；

2. 根据实训资料，确定会计分录，并编制有关记账凭证；

3. 根据编制的记账凭证登记设置的有关账簿，并结出各账户的期末余额。

三、实训资料

诚远公司为增值税一般纳税人，2023年11月30日有关账户期末余额见表9-4。

表9-4　有关账户期末余额表　单位：元

账户		期末余额	
总分类账户	明细分类账户	总分类账户（贷方）	明细分类账户（贷方）
应交税费		135 310	
	未交增值税		120 000
	应交城市维护建设税		8 750
	应交个人所得税		1 560
	应交教育费附加		5 000

诚远公司2023年12月份发生的有关经济业务如下：

1. 填报应交税费缴款书，缴纳上月应交未交的增值税120 000元、城市维护建设税8 750元、个人所得税1 560元和教育费附加5 000元。填制应交税费缴款书3份（00114896号、00114897号、00114898号）；应交教育费附加缴款书1份（00115091

号）。款项已通过银行存款户划出。暂不考虑地方教育附加。

2. 购入原材料一批，收到的增值税专用发票（No.004893596）所列的买价为120 000元，增值税税额为15 600元；供应单位代垫运杂费3 900元（其中可抵扣的进项税额为340元）。价税款通过开户银行采用汇兑结算方式支付，已收到汇兑凭证结算回单（00769357号）。

3. 购入生产用设备一台，收到的增值税专用发票（No.04997348）所列的买价为70 000元，增值税税额为9 100元；运杂费、包装费为3 100元；价税款等签发转账支票（0020014396号）支付。设备交付安装。

4. 因生产需要收购免税农产品一批，产品已验收入库，实际支付价款为40 000元，价款以外埠存款结付，有关凭证均已收到。增值税税额按收购价的9%计扣。

5. 销售产品一批，货款为60 000元，增值税税额为7 800元，提货单、增值税专用发票（No.02016896）等结算凭单已交给购货方，价税款收到一张经付款单位承兑的商业承兑汇票（001920715号）。

6. 支付委托外单位加工材料的加工费，收到的增值税专用发票所列的加工费为5 000元，增值税税额为650元，价税款以转账支票（0020014399号）支付。

7. 不动产在建工程（用于建造厂房）领用生产用材料20 000元。该材料负担的增值税税额2 600元已抵扣。领料凭证等已办妥。

8. 不动产在建工程（用于建造食堂）领用本公司产品一批。该批产品实际成本为30 000元，销售价格为40 000元，增值税税率为13%。有关领用手续已办妥，凭证单据也已收到。

9. 将一批产品用于对外投资，协议已签订，联营期限为5年，产品实际成本为60 000元，销售价格为70 000元，增值税税率为13%。有关产品移交手续已办妥，产品出库单等结算凭单也已收到。

10. 接受外单位投资转入生产工具（低值易耗品）一批，投资单位提供的增值税专用发票所列的货物价款为10 000元，增值税税额为1 300元。投资协议、物品调入单、入库单等均已收到。

11. 接到供电局开户行通知，应付电费24 000元，增值税专用发票所列的增值税税额为3 120元，价税款共计27 120元。款项从银行存款账户中划出，有关银行结算凭单均已收到。假设管理部门和生产车间各用50%。

12. 销售产品一批，开出的增值税专用发票所列的货款为320 000元，增值税税额为41 600元，价税款已收到。

13. 遭受水灾，经盘点清查，发现库存甲材料毁损1 000千克，实际成本为56 000元，应负担的增值税税额为7 280元，填列“存货盘点报告表”和“存货毁损审批单”，上报待审批处理。

14. 采购原材料一批，取得的增值税专用发票注明：买价170 000元，增值税税额22 100元，运杂费5 600元（其中可抵扣的进项税额为280元），价税款等以银行汇票（No.20016111）一次结付，材料尚未验收入库。

15. 以现金800元购买印花税票（数额较小）。

16. 取得出租房屋收入30 000元，专用发票（No.20012745）已开出，增值税税率为9%，价款已划入银行存款户，有关银行结算凭单已收到。

17. 转让专利技术取得收入20 000元，普通发票（No.20012749）已开出，价款已划入银行存款户，有关银行结算凭单已收到。

18. 根据合同向新丰公司发出B产品4吨，增值税专用发票注明：货款90 000元，增值税税额11 700元，款项尚未收到。B产品为应纳消费税产品，消费税税率为10%。

19. 填报缴款单，按规定缴纳本月应纳增值税20 000元。款项已通过银行存款户划出，有关凭单已收到。

20. 按有关规定，结算本月应纳房产税2 100元，应纳车船税6 200元。

21. 根据本月应纳消费税的收入90 000元，按10%的税率计算并结转本月应缴纳的消费税。

22. 结计本月增值税的“销项税额”“进项税额”“进项税额转出”“已交税金”等项目的数额；确定本月应缴纳的增值税税额，并将其转入“应交税费——未交增值税”账户；填报增值税及附加税费申报表（见表9-5）。

23. 根据本月应缴纳的增值税、消费税税额，计算结转本月应缴纳的城市维护建设税（城市维护建设税税率为7%）。

24. 根据本月应缴纳的增值税、消费税税额，计算结转本月应缴纳的教育费附加（假设征收率为3%，不考虑地方教育附加）。

25. 填报应交房产税、车船税缴款单，缴纳本期应缴纳的房产税、车船税。款项已从银行存款户划出，有关凭单也已收到。

四、实训用纸

记账凭证29张；三栏式总分类账3张；“应交税费——应交增值税”明细账1张；“应交税费”明细账7张。

五、实训要填制的原始凭证

增值税及附加税费申报表见表9-5。

表9-5　　**增值税及附加税费申报表**

（一般纳税人适用）

根据国家税收法律法规及增值税相关规定制定本表。纳税人不论有无销售额，均应按税务机关核定的纳税期限填写本表，并向当地税务机关申报。

税款所属时间：自　年　月　日至　年　月　日　填表日期：　年　月　日　金额单位：元（列至角分）

纳税人识别号（统一社会信用代码）：□□□□□□□□□□□□□□□□□□□□□□□□□ 所属行业：

纳税人名称：		法定代表人姓名		注册地址		生产经营地址	
开户银行及账号		登记注册类型				电话号码	
项　目		栏次	一般项目		即征即退项目		
			本月数	本年累计	本月数	本年累计	
销售额	（一）按适用税率计税销售额	1					
	其中：应税货物销售额	2					
	应税劳务销售额	3					
	纳税检查调整的销售额	4					
	（二）按简易办法计税销售额	5					
	其中：纳税检查调整的销售额	6					
	（三）免、抵、退办法出口销售额	7			—	—	
	（四）免税销售额	8			—	—	
	其中：免税货物销售额	9			—	—	
	免税劳务销售额	10			—	—	

续表

项　目		栏次	一般项目		即征即退项目	
			本月数	本年累计	本月数	本年累计
税款计算	销项税额	11				
	进项税额	12				
	上期留抵税额	13				—
	进项税额转出	14				
	免、抵、退应退税额	15			—	—
	按适用税率计算的纳税检查应补缴税额	16			—	—
	应抵扣税额合计	17=12+13-14-15+16		—		—
	实际抵扣税额	18（如17<11，则为17，否则为11）				
	应纳税额	19=11-18				
	期末留抵税额	20=17-18				—
	简易计税办法计算的应纳税额	21				
	按简易计税办法计算的纳税检查应补缴税额	22			—	—
	应纳税额减征额	23				
	应纳税额合计	24=19+21-23				
税款缴纳	期初未缴税额（多缴为负数）	25				
	实收出口开具专用缴款书退税额	26			—	—
	本期已缴税额	27=28+29+30+31				
	①分次预缴税额	28		—		—
	②出口开具专用缴款书预缴税额	29		—	—	—
	③本期缴纳上期应纳税额	30				
	④本期缴纳欠缴税额	31				
	期末未缴税额（多缴为负数）	32=24+25+26-27				
	其中：欠缴税额（≥0）	33=25+26-27		—		—
	本期应补（退）税额	34=24-28-29		—		—
	即征即退实际退税额	35	—	—		
	期初未缴查补税额	36			—	—
	本期入库查补税额	37			—	—
	期末未缴查补税额	38=16+22+36-37			—	—
附加税费	城市维护建设税本期应补（退）税额	39			—	—
	教育费附加本期应补（退）费额	40			—	—
	地方教育附加本期应补（退）费额	41			—	—

声明：此表是根据国家税收法律法规及相关规定填写的，本人（单位）对填报内容（及附带资料）的真实性、可靠性、完整性负责。

纳税人（签章）：　　　　年　月　日

经办人： 经办人身份证号： 代理机构签章： 代理机构统一社会信用代码：	受理人： 受理税务机关（章）： 受理日期：　　年　月　日

实务训练提示

1. 应交增值税：销项税额78 100元；进项税额56 090元；已交税金20 000元；未交增值税2 010元。

2. 应交增值税=78 100-56 090=22 010（元）

3. 应交消费税=90 000×10%=9 000（元）

4. 应交城市维护建设税=（22 010+9 000）×7%=2 170.7（元）

5. 应交教育费附加=（22 010+9 000）×3%=930.3（元）

6. “应交税费”账户期末贷方余额14 111元（22 010+2 010-2 010-20 000+9 000+2 170.7+930.3）。

第10章 非流动负债

重点与难点

一、重点

1. 非流动负债

非流动负债，又称长期负债，是负债的一个组成部分，是指偿还期限在1年或超过1年的一个营业周期以上的负债。非流动负债是企业向债权人筹集的、可供长期使用的资金，主要包括长期借款、应付债券和长期应付款等。非流动负债除了具有负债的共同特点外，与流动负债相比，还具有偿还期限较长、可以分期偿还、债务金额较大等特点。非流动负债按债款筹措的方式划分，主要有长期借款、应付债券、长期应付款、租赁负债、专项应付款等。

2. 借款费用的处理

借款费用是指企业因借入资金而发生的利息及其他相关成本，具体包括借款的利息、折价或溢价的摊销、辅助费用以及因外币借款而发生的汇兑差额等。借款费用有两种处理方法：如果企业发生的借款费用可直接归属于符合资本化条件的资产的购建或者生产的，应当予以资本化，计入相关资产成本；其他借款费用应当在发生时根据其发生额确认为财务费用，计入当期损益。所以，对借款费用应在区分范围和借款用途、明确发生时间的基础上，掌握借款费用的资本化的确认条件及账务处理，特别注意把握借款费用予以资本化的借款范围（既包括专门借款，也包括一般借款），以及针对专门借款和一般借款的资本化金额的不同计算方法。借款费用允许资本化必须同时满足三个条件，即资产支出已经发生、借款费用已经发生、为使资产达到预定可使用状态或者可销售状态所必要的购建或者生产活动已经开始。这三个条件中，只要其中一个条件没有满足，借款费用就不能开始资本化。当所购建或者生产符合资本化条件的资产达到预定可使用或者可销售状态时，借款费用应当停止资本化；以后发生的借款费用应当在发生时根据其发生额确认为费用，计入当期损益。

3. 长期借款

长期借款是指企业向银行或其他金融机构借入的期限在1年以上（不含1年）的借款。长期借款一般用于固定资产的购置和建造工程，以及流动资产的正常需要等方面。长期借款具有借款数额大、借款期限长等特点。长期借款的计息方式有一次还本付息和分期付息两种。为核算企业长期借款的取得、应计利息和归还本息的情况，应设置“长期借款”账户。该账户属于负债类账户，贷方登记借入长期借款的本金及应计利息；借方登记偿还长期借款的本息；期末余额在贷方，表示尚未偿还的长期借款本息。该账户应按贷款单位和贷款种类，分别“本金”“利息调整”“应计利息”等进行明细核算。

4. 应付债券

应付债券是指企业为筹集（长期）资金而发行债券的本金和利息。债券的发行价格是指债券发行时使用的价格。债券的发行价格通常有三种：平价、溢价和折价。债券出现不同发行方式的根本原因是市场利率与票面利率的差别。应付债券的账务处理包括发行、支付发行费用、计息及溢折价摊销、偿还本息等方面。为核算企业发行的债券，应设置“应付债券”账户，核算企业为筹集长期资金而实际发行的债券及应付的利息。该账户分别按“面值”“利息调整”“应计利息”等进行明细核算。

5. 租赁负债

在租赁期开始日，承租人应当对租赁确认使用权资产和租赁负债，短期租赁和低价值资产租赁除外。租赁期开始日，是指出租人提供租赁资产使其可供承租人使用的起始日期。租赁负债应当按照租赁期开始日尚未支付的租赁付款额的现值进行初始计量。承租人应当按照固定的周期性利率计算租赁负债在租赁期内各期间的利息费用，并计入当期损益或相关资产成本。

6. 长期应付款

长期应付款是指企业除长期借款和应付债券以外的其他各种长期应付款项，主要有分期付款方式购入固定资产的款项等。长期应付款所发生的借款费用应当按照借款费用的处理方法确认入账。

二、难点

1. 借款费用的计算与账务处理
2. 长期借款的账务处理
3. 应付债券的账务处理
4. 长期应付款的账务处理

练习题

一、名词解释

1. 非流动负债　2. 借款费用　3. 应付债券　4. 债券溢价　5. 借款费用资本化　6. 租赁负债

二、单项选择题

1.属于筹建期间长期借款发生的除购建固定资产以外的借款费用，应作为（　　）处理。

A.销售费用　　B.制造费用　　C.财务费用　　D.管理费用

2.企业每期期末计提到期一次还本付息的长期借款利息，对其中应当予以资本化的部分，下列会计处理中正确的是（　　）。

A.借记“财务费用”科目，贷记“长期借款”科目

B.借记“财务费用”科目，贷记“应付利息”科目

C.借记“在建工程”科目，贷记“长期借款”科目

D.借记“在建工程”科目，贷记“应付利息”科目

3.在清算期间发生的借款费用，应计入（　　）。

A.财务费用　　B.管理费用　　C.清算损益　　D.清算资产的价值

4.长期借款的利息及外币折算差额，均应计入（　　）。

A.营业外支出　　B.其他业务成本　　C.长期借款　　D.其他应付款

5.某工业企业 2022 年 1 月 1 日向银行借入专项借款 1 000 万元，借款年利率为 8%，借款期限为 3 年，每年年末偿还借款利息。该企业用该项借款建造厂房，厂房于 2024 年 3 月 31 日完工，并办理了竣工结算手续，该工程累计支付工程款 900 万元（不含借款利息），其间，闲置借款存入银行产生利息 20 万元，则该厂房的入账价值为（　　）万元。

A.1 000　　B.1 060　　C.1 100　　D.1 240

6.分期计提债券利息时，应按（　　）计入资产成本或当期损益。

A.面值×票面利率　　B.面值×实际利率

C.摊余成本×票面利率　　D.摊余成本×实际利率

7.就发行债券的企业而言，所获得的债券溢价收入实质是（　　）。

A.为以后少付利息而付出的代价　　B.为以后多付利息而得到的补偿

C.为以后少得利息而得到的补偿　　D.债券发行费用

8.公司购入的可在一定时期以后转换为股票的债券是（　　）。

A.国库券　　B.企业债券

C.金融债券　　D.可转换公司债券

9.分期计提债券利息和摊销溢价时，应按（　　）借记“财务费用”“在建工程”等账户。

A.应计利息　　B.溢价摊销额

C.应计利息与溢价摊销额的差额　　D.应计利息与溢价摊销额之和

10.溢价发行债券时，债券的票面利率（　　）市场利率。

A.低于　　B.高于　　C.等于　　D.与票面利率无关

11.某企业于 2024 年 1 月 1 日发行 4 年期企业债券 5 000 万元，实际收到发行价款 5 400 万元。该债券票面年利率为 6%，到期一次还本付息，市场利率为 5%，不满足

资本化条件。2024年该企业对于该债券应确认的财务费用为（　　）万元。

A.300　　B.324　　C.270　　D.250

三、多项选择题

1.下列各项中属于非流动负债的有（　　）。

A.应付债券　　B.长期借款　　C.长期应付款

D.专项应付款　　E.使用权资产

2.决定公司债券发行价格的因素有（　　）。

A.债券面值　　B.债券票面利率　　C.债券期限长短

D.债券计息次数　　E.债券发行时的市场利率

3.下列构成借款费用的项目有（　　）。

A. 外币借款产生的汇兑差额　　B. 外币借款利息

C. 发行债券所产生的溢价或折价的摊销

D. 超过偿还借款期限的罚款支出　　E. 发行股票的印制费

4.“应付债券”账户应设置的明细账户包括（　　）。

A.“面值”　　B.“利息调整”　　C.“债券溢折价”

D.“应计利息”　　E.“债券损益”

5.关于因安排专门借款而发生的辅助费用，下列说法中正确的有（　　）。

A.为筹集专门借款而发生的借款费用，属于在所购建的固定资产达到预定可使用状态前发生的，应当在发生时予以资本化

B.属于在所购建的固定资产达到预定可使用状态后发生的，应于发生当期确认为费用

C.无论属于在所购建的固定资产达到预定可使用状态前或后发生的，为筹集专门借款而发生的借款费用，均应当在发生时予以资本化

D.如果辅助费用的金额较小，也可以于发生当期确认为费用

6.按照规定，借款费用开始资本化的时间为（　　）。

A.借款费用发生时　　B.资产支出已经发生时

C.为使资产达到其预定可使用状态所必要的购建活动已经开始

D.申请借款时　　E.借款协议签订时

7.某公司2024年1月1日发行2年期债券500万元，所筹资金用于一项工程。该债券票面年利率为8%，溢价发行收入为560万元，债券到期一次还本付息，市场利率为5%，到2024年6月30日，该应付债券的账面余额和累计计入工程成本的利息费用分别为（　　）万元。

A.600　　B.574　　C.14　　D.60　　E.605

8.如果发行债券筹集的资金用于固定资产建造，在资产尚未达到预定可使用状态前，应计入在建工程成本的项目有（　　）。

A.债券的溢折价摊销　　B.债券的应计利息

C.代理发行债券的手续费　　D.债券的印刷费

E.应付债券面值

9. 企业发行长期债券，应设置备查簿，其内容包括（　　）。

A. 委托代售部门　　B. 发行日期和编号　　C. 发行总额

D. 还本期限与方式　　E. 票面金额

10. 下列费用中，直接计入当期财务费用的有（　　）。

A. 因借款而发生的辅助费用

B. 债券发行费用小于发行期间冻结资金所产生的利息收入的差额

C. 固定资产购建活动发生非正常中断，中断时间连续超过 3 个月，其中断期间的借款费用

D. 为购建固定资产而借入的外币专门借款的汇兑差额

E. 为购建固定资产而借入的专门借款，在固定资产达到预定可使用状态后的应付利息

四、判断题

1. 企业举借非流动负债必须合理、适度，举借程度应与企业的资本结构和偿债能力相适应。（　　）

2. 非流动负债是指偿还期限在 1 年或超过 1 年的一个营业周期以上的债务，所以超过 1 年未偿还的应付账款、短期借款等也应列为非流动负债。（　　）

3. 企业为购建固定资产而取得专门借款所发生的借款费用应予以资本化，列入固定资产购建成本。（　　）

4. 企业发行债券，如果发行费用小于发行期间冻结资金所产生的收入，应列为营业外收入。（　　）

5. 如果某项固定资产的购建发生非正常中断，并且其中断时间连续超过 1 年的，应当暂停借款费用的资本化。其中断期间所发生的借款费用，直接计入当期财务费用。（　　）

6. 当债券票面利率高于发行时的市场利率时，债券会溢价发行；反之，债券会折价发行。（　　）

7. 债券发行企业因溢价多得的收入，实质上是在债券到期前对企业各期多付利息的一种补偿，也是对债券利息费用的一项调整。（　　）

8. 企业计提长期借款利息支出时，应当借记“在建工程”或“财务费用”等账户，贷记“应付利息”账户。（　　）

9. 企业在筹建期间发生的借款利息应全部作为开办费处理，并在规定的期限内平均摊销。（　　）

10. 承租人应当按照固定的周期性利率计算租赁负债在租赁期内各期间的利息费用，全部计入当期损益。（　　）

11. 企业发行债券支付的手续费及印刷费，计入在建工程成本。（　　）

12. 按照借款费用资本化政策，专项用于固定资产建设的借款费用，在使资产达到其预定可使用状态前，借款费用应在资本支出和借款费用发生时计入相关资产的成本。（　　）

13. 当投资利润率低于非流动负债利率时，举债经营将会增加企业股东权益。（　　）

14. 公司债券的溢折价是在整个债券存续期间对举债公司利息费用的一项调整。（　　）

15. 企业将于1年内到期的非流动负债，按照规定，必须在资产负债表中作为流动负债反映。（　　）

五、技能题

1. 某公司为新建生产线，于2023年1月1日向市中国银行取得3年期借款60万元，款项划存银行存款户，年利率为6%，每年年末支付借款利息，3年期满一次还本。该生产线于2023年1月1日开始建造，于2024年底达到预定可使用状态。

要求：编制借款取得、计息、付息及归还本金的会计分录。

2. 某公司为增值税一般纳税人企业，从2023年4月1日开始建造一项固定资产，于2024年3月31日建造完工。为简化计算，假设每月均为30天。公司在2024年为建造该项固定资产占用一般借款199万元，其中，1月1日，支付工程物资款140万元；2月10日，支付建造固定资产的职工工资9万元；3月15日，支付建造固定资产水电费50万元。

要求：

（1）如果公司按月计算应予资本化的借款费用，计算该公司2024年各月的累计支出加权平均数。

（2）如果公司按季计算应予资本化的借款费用，按季度计算累计支出加权平均数。

3. 某公司为更新设备，按面值发行债券100万元，债券票面年利率为6%，期限为2年，债券款收存银行；发行债券款专项用于固定资产建设（建设期满足资本化条件），工程建设期1年，期满工程竣工交付使用；每年年末计息一次并支付利息，到期一次还本（假设该债券的实际利率与合同约定的名义利率差异不大，可采用合同约定的名义利率6%计算确定利息费用）。

要求：编制债券发行、计息以及归还债券本息的会计分录。

4. 某公司筹资建设新厂房，发行3年期债券一批，债券面值为800万元，实收债券款830万元，存入银行；债券票面年利率为7%，市场实际利率为5.5%，每年年末计息一次并分摊债券溢价；工程建设期为1年，期满工程如期竣工，厂房交付生产使用（建设期1年均满足资本化条件）；债券期满一次性以存款还本付息。

要求：计算债券每年应计利息和债券溢价摊销额，并编制债券发行、计息、溢价摊销和债券还本付息的会计分录。

5. 某公司经批准，于2024年1月1日发行2年期面值为100元的债券25 000张，债券票面年利率为3%，每年6月30日和12月31日付息两次，到期时归还本金。该债券发行价为2 452 400元，债券实际利率为4%，所筹资金用于新生产线的建设，该生产线于2024年6月底完工交付使用（建设期满足资本化条件），债券折价采用实际利率法摊销。

要求：计算债券每期应付利息和债券折价摊销额，并编制债券发行、计息、折价摊销和债券还本付息的会计分录。

第11章

收入、费用和利润

重点与难点

一、重点

1. 收入的核算

收入是指企业在日常活动中形成的、会导致所有者权益增加的、与所有者投入资本无关的经济利益的总流入。它适用于所有与客户之间的合同收入，但不包括长期股权投资、金融工具、租赁、原保险合同、再保险合同等形成的收入。“客户”是指与企业订立合同以向该企业购买其日常活动产出的商品或服务并支付对价的一方；“合同”是指双方或多方之间订立有法律约束力的权利义务的协议。收入按企业经营业务的主次不同，分为主营业务收入和其他业务收入。

（1）主营业务收入

主营业务收入是指企业为完成其经营目标所从事的经营性活动实现的收入。主营业务收入一般占企业总收入的比重较大，对企业的经济效益产生较大影响。不同行业企业的主营业务收入所包括的内容不同，例如，工业企业的主营业务收入主要包括销售商品或自制半成品、提供工业性劳务等实现的收入；商业企业的主营业务收入主要包括销售商品实现的收入；咨询公司的主营业务收入主要包括提供咨询服务实现的收入；安装公司的主营业务收入主要包括提供安装服务实现的收入。企业实现的主营业务收入通过“主营业务收入”账户核算，并通过“主营业务成本”账户核算为取得主营业务收入发生的相关成本。

（2）其他业务收入

其他业务收入是指企业为完成其经营目标所从事的与经常性活动相关的其他活动实现的收入。其他业务收入属于企业日常活动中次要交易实现的收入，一般占企业总收入的比重较小。不同行业企业的其他业务收入所包括的内容不同，比如，工业企业的其他业务收入主要包括对外销售材料、对外出租包装物和商品及固定资产、对外转让无形资产使用权、提供非工业性劳务等实现的收入。企业实现的其他业务收入通过“其他业务收入”账户核算，并通过“其他业务成本”账户核算为取得其他业务收入发生的相关成本。

（3）企业销售商品收入的确认条件

当企业与客户之间的合同同时满足下列条件时，企业应当在客户取得相关商品控制权时确认收入：①合同各方已批准该合同并承诺将履行各自义务；②该合同明确了合同各方与所转让商品或提供劳务（以下简称“转让商品”）相关的权利和义务；③该合同有明确的与所转让商品相关的支付条款；④该合同具有商业实质，即履行该合同将改变企业未来现金流量的风险、时间分布或金额；⑤企业因向客户转让商品而有权取得的对价很可能收回。

（4）合同履约成本和合同取得成本

企业为履行合同可能会发生各种成本，企业应当对这些成本进行分析，属于存货、固定资产、无形资产等规范范围的，应当按照相关章节进行会计处理，不属于其他章节规范范围且同时满足下列条件的，应当作为合同履约成本确认为一项资产：①该成本与一份当前或预期取得的合同直接相关；②该成本增加了企业未来用于履行（或持续履行）履约义务的资源；③该成本预期能够收回。

企业为取得合同发生的增量成本预期能够收回的，应当作为合同取得成本确认为一项资产。增量成本，是指企业不取得合同就不会发生的成本。为简化实务操作，该资产摊销期限不超过1年的，可以在发生时计入当期损益（销售费用）。企业为取得合同发生的、除预期能够收回的增量成本之外的其他支出，如无论是否取得合同均会发生的差旅费、投标费等，应当在发生时计入当期损益。企业因现有合同续约或发生合同变更需要支付的额外佣金，也属于为取得合同发生的增量成本。

2. 费用的核算

费用是指企业为销售商品、提供劳务等日常活动所发生的经济利益的总流出。它具有三个特征：①费用会减少企业的所有者权益；②费用会减少企业的资源；③费用和产品成本不是同一概念。企业在生产经营过程中发生的各项耗费，包括产品生产费用和期间费用。

（1）产品生产费用

产品生产费用由直接材料、直接人工、燃料和动力、制造费用等项目组成，构成产品的制造成本（在“成本会计”课程中介绍，本教材不涉及）。

（2）期间费用

期间费用是指不能直接或间接归属于某个特定产品成本的费用，主要包括销售费用、管理费用和财务费用。销售费用是指企业在销售商品和材料、提供劳务的过程中发生的各种费用；管理费用是指企业为组织和管理企业生产经营所发生的费用；财务费用是指企业为筹集生产经营所需资金等而发生的筹资费用。企业发生的期间费用分别在“销售费用”、“管理费用”和“财务费用”账户中核算。

3. 利润的核算

利润是指企业在一定会计期间的经营成果。利润包括收入减去费用后的净额、直接计入当期利润的利得和损失。直接计入当期利润的利得和损失，是指应当计入当期损益、会导致所有者权益发生增减变动的、与所有者投入资本或者向所有者分配利润无关的利得或者损失。

（1）利润总额（税前利润）和净利润的构成及公式

营业利润=营业收入−营业成本−税金及附加−销售费用−管理费用−研发费用−财务费用−资产减值损失−信用减值损失+其他收益+投资收益（−投资损失）+净敞口套期收益（−净敞口套期损失）+公允价值变动收益（−公允价值变动损失）+资产处置收益（−资产处置损失）

利润总额=营业利润+营业外收入−营业外支出

净利润=利润总额−所得税费用

所得税费用=应纳税所得额×所得税税率+递延所得税

（2）本期（月）利润的核算

企业应设置“本年利润”账户，用来核算企业当期实现的净利润（或发生的净亏损）。期末（月末）企业应将各收入类账户的余额转入该账户的贷方，将各费用类账户的余额转入该账户的借方。结转后，该账户如为贷方余额，反映本年度自年初开始累计实现的利润；如为借方余额，反映本年度自年初开始累计发生的亏损。

（3）净利润的分配顺序

企业当年实现的净利润，一般应按照以下顺序分配：①弥补亏损；②提取法定盈余公积；③向投资者分配利润。

（4）净利润的分配和结转

企业设置“利润分配”账户，核算企业净利润的分配（或亏损的弥补）和历年分配（或弥补亏损）后的余额。在该账户应当分别设置“提取法定盈余公积”、“提取任意盈余公积”、“应付现金股利或利润”、“转作股本的股利”、“盈余公积补亏”和“未分配利润”等明细账户。

二、难点

1. 收入的确认和计量
2. 主营业务收入、其他业务收入的账务处理
3. 利润总额（税前利润）和净利润的构成及公式
4. 利润总额（税前利润）和净利润的账务处理

练习题

一、名词解释

1.收入　2.投入法　3.合同履约成本　4.合同取得成本　5.费用　6.期间费用　7.利润　8.产出法

二、单项选择题

1.企业年末结账后，一定无余额的账户是（　　）。

A.“本年利润”　B.“应付利息”　C.“利润分配”　D.“生产成本”

2.在分期收款方式销售商品的情况下，确认收入实现的时间是（　）。

A.发出商品时　B.开出销售发票时

C.合同规定的收款期　D.收到全部货款时

3.下列项目中，应列作营业外支出的是（　）。

A.对外捐赠支出　B.无法收回的应收账款

C.退休职工的退休金　D.6个月以上长期病假人员薪酬

4.应计入产品制造成本的费用中，不能直接分清应由何种产品负担的费用，应（　）。

A. 直接计入当期损益

B. 直接计入产品制造成本

C. 作为预提费用处理

D. 作为制造费用处理，期末分配计入产品制造成本

5.按现行规定，下列各项中应计入管理费用的是（　）。

A.出租包装物摊销　B.无形资产摊销

C.出借包装物摊销　D.车间领用低值易耗品摊销

6.工业企业的下列各项收入中，不属于营业收入的是（　）。

A.转让技术使用权取得的收入　B.出租固定资产的租金收入

C.出售固定资产的价款收入　D.出租包装物的租金收入

7.下列各项费用中，应计入财务费用的是（　）。

A.支付银行承兑手续费　B.筹建期间的长期借款利息

C.支付购买短期债券的手续费　D.固定资产交付使用前的借款利息

8.企业用当年实现的税前会计利润弥补以前年度亏损时，正确的做法是（　）。

A.借：利润分配——未分配利润

　　贷：利润分配——弥补以前年度亏损

B.借：应交税费——应交所得税

　　贷：利润分配——未分配利润

C.借：利润分配——盈余公积补亏

　　贷：利润分配——未分配利润

D.不进行账务处理

9.专设销售机构发生的办公费用，应当记入（　）账户。

A.“营业外支出”　B.“管理费用”　C.“销售费用”　D.“财务费用”

10.按照企业会计准则的规定，购货企业获得的现金折扣应（　）。

A.冲减财务费用　B.增加财务费用　C.冲减购货成本　D.增加购货成本

11.按照规定，销售企业发生的销售折让应（　）。

A.直接冲减主营业务收入　B.直接增加补贴收入

C.计入销售折让　D.直接冲减主营业务成本

三、多项选择题

1. 企业日常经营活动中取得的收入包括（　　）。

A. 销售商品的收入

B. 提供劳务的收入

C. 将本企业资产提供给他人使用获得的收入

D. 出售固定资产的收入

2. 下列各项收入中，属于工业企业的其他业务收入的有（　　）。

A. 转让无形资产使用权取得的收入　　B. 出租包装物的租金收入

C. 提供运输劳务所取得的收入　　D. 销售原材料所取得的收入

3. 下列各项支出在发生时应直接确认为当期费用的有（　　）。

A. 固定资产安装工人工资支出　　B. 广告费支出

C. 专设销售机构的职工工资支出　　D. 管理人员工资支出

4. 企业发生的下列费用中，应计入管理费用的有（　　）。

A. 城镇土地使用税　　B. 董事会会费

C. 开办费　　D. 业务招待费

5. 企业销售商品应缴纳的下列各项税费中，可在“税金及附加”账户核算的有（　　）。

A. 所得税　　B. 增值税　　C. 消费税　　D. 资源税

6. 下列各项需通过“营业外支出”账户核算的有（　　）。

A. 核销的坏账损失　　B. 捐赠支出

C. 支付的税款滞纳金　　D. 原材料超定额损耗

7. 企业利润分配的去向有（　　）。

A. 弥补以前年度亏损　　B. 缴纳所得税

C. 提取盈余公积　　D. 向投资者分配利润

8. 企业取得的下列各项收入中，应计入投资收益的有（　　）。

A. 公司债券的利息收入　　B. 银行存款的利息收入

C. 转让股票的净收益　　D. 国库券的利息收入

9. 下列各项收入中，可增加企业营业利润的有（　　）。

A. 销售自制半成品的收入　　B. 销售固定资产的收入

C. 报废固定资产的净收入　　D. 银行存款的利息收入

10. 下列有关成本费用的表述中，正确的有（　　）。

A. 费用最终会减少所有者权益

B. 费用应当按照配比原则确认

C. 费用最终会导致企业经济资源的流出

D. 费用是与向所有者分配利润无关的经济利益的流出

四、判断题

1. 收入是从日常生产经营活动中而不是从偶发的交易或事项中产生的。（　　）

2. 采用分期收款方式销售时，销售商品的成本，应于发出商品时结转。（　　）

3. 企业在销售商品时，如果估计价款收回的可能性不大，也应确认收入实现。（　　）

4. 企业采用预收货款结算方式销售商品时，应在收到货款时确认收入实现。（　　）

5. 企业为组织生产经营活动而发生的一切管理活动的费用，包括车间管理费用和公司管理费用，都应作为期间费用处理。（　　）

6. 增值税的计算错误并不影响企业利润计算的正确性，消费税的计算错误影响企业利润计算的正确性。（　　）

7. 企业按规定用盈余公积弥补以前年度亏损时，应按弥补数额，借记“盈余公积”账户，贷记“利润分配——盈余公积转入”账户。（　　）

8. 费用是相对于一定期间而言的，是一定期间为进行生产而发生的费用；成本则是相对于一定的产品而言的，是为一定产品的生产而发生的费用。（　　）

9. 与同一项销售有关的收入，其成本不一定在同一会计期间予以确认。（　　）

五、技能题

1. 2024年4月，甲公司委托乙公司销售A商品100台，A商品已经发出，每台成本为7 000元。合同约定乙公司应按每台10 000元的价格对外销售A商品，甲公司按不含增值税的销售价格的10%向乙公司支付手续费。除非这些商品在乙公司存放期间内由于乙公司的责任发生毁损或丢失，否则在A商品对外销售之前，乙公司没有义务向甲公司支付货款。乙公司不承担包销责任，没有售出的A商品须退回给甲公司，同时，甲公司也有权要求收回A商品或将其销售给其他的客户。

2024年5月，乙公司对外实际销售100台，开出的增值税专用发票上注明的销售价格为1 000 000元，增值税税额为130 000元，款项已经收到，乙公司立即向甲公司开具代销清单并支付货款。甲公司收到乙公司开具的代销清单时，向乙公司开具一张相同金额的增值税专用发票。假定甲公司发出A商品时纳税义务尚未发生，手续费的增值税税率为6%，不考虑其他因素。

要求：分别编制甲公司和乙公司上述业务的会计分录。

2.A公司于2024年6月1日采用分期收款方式向B公司销售大型产品一件，价款300 000元。合同约定，B公司必须在成交时支付货款的40%，其余款项在以后5个月内平均支付。该产品成本为250 000元，A公司为增值税一般纳税人，增值税税率为13%。

要求：请编制A公司销售业务的相关会计分录。

3. 甲企业2023年实现税前利润1 000 000元，按规定甲企业用2023年度的税前会计利润弥补2022年度的亏损120 000元。2024年2月15日经股东大会批准，按以下分配方案进行利润分配：

（1）按净利润的10%提取法定盈余公积；

（2）按净利润的5%提取任意盈余公积；

（3）分配给普通股股东现金股利200 000元。

要求：假设甲企业的所得税税率为25%，不考虑其他纳税调整事项，请编制利润分配的相关会计分录。

4.A网络公司于2023年9月10日为客户研制一项管理用网络工程，工期为半年，合同总收入500 000元。截至2023年12月31日已发生成本270 000元（假设全部用银行存款支付），预计完成该项网络工程的总成本为300 000元。2023年12月31日经专业人员使用产出法测量，该工程已完成80%。A网络公司在开工时预收账款250 000元。

要求：

（1）计算A网络公司2023年度应确认的收入和费用；

（2）编制有关的会计分录。

5.A企业某年度发生下列经济业务：

（1）采用商业汇票结算方式销售甲产品一批，销售收入1 000 000元，销项税额130 000元，开出增值税专用发票，并已收到承兑的商业汇票。该批甲产品实际成本为700 000元，消费税税率为5%。

（2）采用支票结算方式销售原材料一批，价款为200 000元（不含增值税），实际成本为160 000元，增值税税率为13%，已开具增值税专用发票，全部款项已存入银行。

（3）转让一项技术专利使用权，取得转让收入100 000元，收入已存入银行。按现行规定，转让技术专利使用权免交增值税，同时以现金支付该项技术专利使用权的咨询费1 000元。

（4）发生乙产品销售退回10件，系本年度售出产品。该产品单位售价20 000元，单位销售成本14 400元，增值税税率为13%。款项已全部退回。当月该企业销售乙产品150件，单位成本14 400元。采用从当月销售数量中扣除已退回产品的数量，计算结转乙产品当月的销售成本。

要求：编制有关的会计分录。

6.金禾公司是一家中国境内的房地产开发企业，在中国境内从事房地产住宅项目的开发与销售。金禾公司于2022年1月通过招拍挂取得一块土地使用权，并在该块土地上开发金樽小区商品房，于同年10月取得预售许可证之后开始预售金樽小区商品房，预计将于2024年6月竣工后交付给客户。2023年3月1日，金禾公司和甲客户签订商品房买卖合同，将A小区的一套商品房预售给甲客户，付款方式为甲客户于合同签订日一次性全额支付合同价款150万元。合同的主要条款约定如下：

（1）金禾公司向该客户预售的商品房为：金樽小区1号楼1单元1层103室。

（2）金禾公司不能将该商品房出售给合同约定的购房人之外的其他方。

（3）该商品房应于2024年7月31日前交付给购房人，该商品房在建期间购房人不拥有该商品房的法定所有权，不能将在建商品房用于出售或抵押。

（4）在下列情形下购房人有权解除合同：第一，购房人所购商品房套内建筑面积误差比绝对值超过3%；第二，金禾公司逾期交房超过30天；第三，房屋交付后，主体结构质量不合格。除上述情形外，如果购房人单方要求解除合同，应当向金禾公司支付合同价款的20%作为违约金。

要求：

（1）判断金禾公司预售商品房业务是否满足某一时段内履行履约义务的条件？

（2）金禾公司应该在何时确认收入呢？

实务训练

一、实训目的

熟悉收入和费用的配比关系，掌握收入的确认和费用的计量以及利润、利润分配的核算程序和方法。

二、实训要求

根据所提供的资料，编制记账凭证（必要时先填制自制原始凭证）；登记有关总账和利润分配明细账。

三、实训资料

金达股份有限公司（以下简称“金达公司”）为增值税一般纳税人，每次销售产品的同时结转成本，2023年12月份的有关收入、费用和利润分配的业务如下：

1. 12月5日，金达公司销售甲产品50台给宏远公司，甲产品单位售价4 000元，单位成本3 500元。当日，产品已发出。宏远公司开出支票支付全部价款及增值税税额共226 000元。金达公司开出增值税专用发票，并于当日到银行办理了进账手续，收到银行退回的进账单回单联。

2. 12月10日，金达公司向佳佳百货公司销售乙产品20台，单位售价25 000元，单位成本22 000元。当日，全部产品已发出，并收到佳佳百货公司开来的支付货款和增值税的支票一张，金额565 000元。金达公司开出增值税专用发票，并于当日将支票存入银行，办理了进账手续，收到银行退回的进账单回单联。

3. 12月11日，金达公司开出支票从银行支取现金122 854元，用于支付本月职工薪酬。

4. 12月11日，支付职工薪酬122 854元。

5. 12月12日，编制简易的“职工薪酬费用分配汇总表”（见表11-1）。本月职工薪酬无任何代扣代缴款项，应付薪酬等于实发薪酬，其中，基本生产车间生产人员工资48 460元，各项津贴20 486元，奖金7 396元，合计76 342元；基本生产车间管理人员基本工资3 998元，各项津贴1 804元，奖金1 870元，合计7 672元；行政管理人员基本工资16 413元，各项津贴8 347元，奖金7 129元，合计31 889元；医务及福利部门人员基本工资598元，各项津贴230元，奖金372元，合计1 200元；专设销售机构人员基本工资2 376元，各项津贴1 230元，奖金2 145元，合计5 751元。

6. 12月12日，编制“工会经费计算表”（见表11-2），计提工会经费（计提比例为2%）。

7. 12月12日，编制“职工教育经费计算表”（见表11-3），计提职工教育经费（计提比例为8%）。

8. 12月15日，金达公司开出支票150 000元，支付创意广告公司广告费，同时收到创意广告公司开来的收款收据。

9. 12月16日，金达公司收到金化培训中心发来的会计人员继续教育培训费结算单，要求本公司共支付培训费24 000元，金达公司当即开出支票支付了全部费用。

10. 12月20日，金达公司收到银行转来的“委托收款凭证”的付款通知联及“中国电信公司收款收据”，本月金达公司的电话费共计13 800元，已付出。

11. 12月20日，金达公司收到银行转来的“中国建设银行广州市分行借款计息通知”的付款通知联，通知本季度长期借款的利息120 000元已被扣除（10月和11月已预提利息80 000元）。

12. 12月20日，预交增值税190 000元。

13. 12月21日，金达公司销售丙产品300件给华泰公司。丙产品单位售价5 000元，单位成本4 000元。当日，产品已全部发出。金达公司收到华泰公司开出并承兑的商业承兑汇票一张，用于支付全部价款和增值税。

14. 12月22日，金达公司因销售商品将本公司库存已用的A包装物10个租给佳佳百货公司使用，每个收取租金3 500元。该包装物单位成本2 800元，采用一次摊销法。金达公司开出发票，并于当日收到银行转来的“中国建设银行广州市分行信汇结算凭证”的收款通知联，通知该笔租金收入已到账。假设本业务适用的增值税税率为13%，收取的租金为含税价。

15. 12月23日，金达公司销售乙产品5台给中山市的金世纪公司，乙产品单位售价25 000元，单位成本22 000元。金达公司当日委托顺发汽车运输队将该批产品运往金世纪公司，收到某个体汽车运输队开来的运费结算单，并用现金为金世纪公司代垫运费1 000元。金达公司开出增值税专用发票，并连同运费结算单到银行办妥了托收承付手续，收到了“托收承付凭证”回单联。

16. 12月25日，收到宏远公司发来的“退货申请书”和“企业进货退出及索取折让证明书”，即12月5日从本公司购入的50台甲产品中有10台存在严重的质量问题，要求退货。金达公司同意退货，并开出红字增值税专用发票。

17. 12月26日，金达公司收到宏远公司退回的甲产品10台，并填制“产品入库单”，办理验收入库手续。同日，开出现金支票，支付退货的货款和增值税45 200元。

18. 12月28日，金达公司收到银行转来的“托收承付收款通知”，通知金世纪公司的前欠货款142 250元已收妥入账。

19. 12月31日，编制本月的“应交增值税计算表”（见表11-4），已知本月进项税额为213 000元，进项税额转出为15 000元。

20. 12月31日，编制本月的“应交城市维护建设税及教育费附加计算表”（见表11-5）（不考虑地方教育附加）。

21. 12月31日，编制“本月损益类账户发生额汇总表”（见表11-6），并将损益类账户余额结转到“本年利润”账户中。

22. 12月31日，计算本月应交所得税（假设无任何纳税调整事项）。

23. 12月31日，将本月的税后净利转入“利润分配”账户。

24. 12月31日，填制“盈余公积计算表”（见表11-7），计提盈余公积。假设1—11月份的税后净利为1 560 000元。

25. 12月31日，金达公司董事会作出分红决议，决定按全年税后净利的50%分红。

四、实训用纸

本实训共需记账凭证50张；三栏式账页10张。

五、实训要填制的原始凭证

本实训需填制的原始凭证见表11-1至表11-7。

表11-1

职工薪酬费用分配汇总表

年　月　日　　单位：元

车间及部门		应分配职工薪酬				备　注
		基本工资	各项津贴	奖　金	合　计	
基本生产车间	生产工人					
	管理人员					
管理部门						
医务及福利部门						
销售机构						
合　计						

表11-2

工会经费计算表

年　月　日　　金额单位：元

车间及部门		工资总额	提取率	应提工会经费
基本生产车间	生产工人			
	管理人员			
管理部门				
医务及福利部门				
销售机构				
合　计				

表11-3

职工教育经费计算表

年　月　日　　金额单位：元

车间及部门		工资总额	提取率	应提职工教育经费
基本生产车间	生产工人			
	管理人员			
管理部门				
医务及福利部门				
销售机构				
合　计				

表11-4

应交增值税计算表

年 月 日

单位：元

当期进项税额	当期销项税额	当期进项税额转出	已交税金	应交增值税
213 000		15 000		

表11-5

应交城市维护建设税及教育费附加计算表

年 月 日

金额单位：元

项 目	计提基数		比 例	计提金额
	增值税	消费税		
城市维护建设税			7%	
教育费附加			3%	
合 计			—	

表11-6

本月损益类账户发生额汇总表

年 月 日

单位：元

账户名称	借方发生额	贷方发生额
主营业务收入		
其他业务收入		
营业外收入		0
投资收益		35 000
主营业务成本		
销售费用		
税金及附加		
其他业务成本		
营业外支出	23 000	
管理费用		
财务费用		

表11-7

盈余公积计算表

单位：元

全年税后净利	法定盈余公积（10%）	任意盈余公积（5%）	合 计

实务训练提示

填制的本月损益类账户发生额汇总表见表11-8。

表11-8　　本月损益类账户发生额汇总表　　单位：元

账户名称	借方发生额	贷方发生额
主营业务收入	40 000	2 325 000
其他业务收入		29 914.53
营业外收入		0
投资收益		35 000
主营业务成本	1 925 000	35 000
销售费用	156 326.1①	
税金及附加	10 307.66②	
其他业务成本	28 000	
营业外支出	23 000	
管理费用	72 378	
财务费用	40 000	

12月份利润总额=129 902.77元

本月应交所得税=129 902.77×25%=32 475.69（元）

净利润=129 902.77-32 475.69=97 427.08（元）

全年税后净利=1 560 000+97 427.08=1 657 427.08（元）

法定盈余公积（10%）=165 742.71元

任意盈余公积（5%）=82 871.35元

分红=1 657 427.08×50%=828 713.54（元）

① 销售费用=5 751×（1+2%+8%）+150 000=156 326.1（元）。

② 计算税金及附加的税基=本期销项税额-（本期进项税额-本期进项税额转出额）=301 076.55-（213 000-15 000）=103 076.55（元）；本期税金及附加=103 076.55×（7%+3%）=10 307.66（元）。

第12章

企业所得税

重点与难点

一、重点

1. 企业所得税与所得税费用

企业所得税是以企业或者组织为纳税义务人，对其每一纳税年度内来源于中国境内、境外的生产经营所得和其他所得征收的一种税。企业所得税是国家依法对企业所得课征的税，它具有强制性、无偿性，无论国家对企业是否有投资，只要企业有收入，均要依法纳税。

所得税费用是企业在生产经营过程中的一部分耗费，是企业的一项费用支出，在净利润前扣除。企业为最终拥有的净利润而发生的一切支出都是费用，所得税费用也是企业为了拥有最终净利润发生的支出，应作为一项费用。

2. 计税基础

计税基础是资产负债表债务法下的重要内容，包括资产的计税基础和负债的计税基础。

资产的计税基础是指企业在收回资产账面价值的过程中，计算应纳税所得额时按照税法规定可以自应税经济利益中抵扣的金额。资产在初始确认时，其计税基础一般为取得成本，即企业为取得某项资产支付的成本在未来期间准予税前扣除。

在资产持续持有的过程中，其计税基础是指资产的取得成本减去以前期间按照税法规定已经税前扣除的金额后的余额。因为税法对资产税前扣除的金额与企业的会计估计经常会产生差异，所以会产生资产的账面价值与计税基础的差异。

负债的计税基础是指负债的账面价值减去未来期间计算应纳税所得额时按照税法规定可予抵扣的金额。负债的确认与偿还一般不会影响企业的损益，也不会影响其应纳税所得额，未来期间计算应纳税所得额时按照税法规定可予抵扣的金额为零，计税基础即为账面价值。但是在某些情况下，负债的确认可能会影响企业的损益，进而影响不同期间的应纳税所得额，使得其计税基础与账面价值产生差额，如按照会计规定确认的某些预计负债。

3. 暂时性差异

暂时性差异是指资产或负债的账面价值与其计税基础之间的差额。未作为资产和负债确认的项目，按照税法规定可以确定其计税基础的，该计税基础与其账面价值之间的差额也属于暂时性差异。按照对未来期间应纳税所得额的影响，暂时性差异分为应纳税暂时性差异和可抵扣暂时性差异。

应纳税暂时性差异是指在确定未来收回资产或清偿负债期间的应纳税所得额时，将产生应税金额的暂时性差异。在该暂时性差异产生当期，应当确认相关的递延所得税负债。应纳税暂时性差异通常产生于以下情况：①资产的账面价值大于其计税基础；②负债的账面价值小于其计税基础。

可抵扣暂时性差异是指在确定未来收回资产或清偿负债期间的应纳税所得额时，将产生可抵扣金额的暂时性差异。在该暂时性差异产生当期，应当确认相关的递延所得税资产。可抵扣暂时性差异通常产生于以下情况：①资产的账面价值小于其计税基础；②负债的账面价值大于其计税基础。

4. 当期所得税和递延所得税

当期所得税是指企业按照税法规定计算确定的针对当期发生的交易和事项，应交给税务部门的所得税金额，即应交所得税。它以适用的税收法规为基础计算确定。递延所得税是指按照《企业会计准则第18号——所得税》规定应予确认的递延所得税资产和递延所得税负债在期末应有的金额相对于原已确认金额之间的差额，即递延所得税资产和递延所得税负债当期发生额的综合结果，但不包括计入所有者权益的交易和事项的所得税影响。

5. 资产负债表债务法

资产负债表债务法是企业会计准则规定的处理方法，适用于对所有暂时性差异的处理。它以资产负债表为中心，企业的收益根据“资产负债观”来定义，所得税费用是在递延所得税资产和递延所得税负债确认的基础上加以倒挤推算的。如果资产负债表中资产的账面价值比资产的计税基础高，就是递延所得税负债；反之，是递延所得税资产。

6. 所得税会计核算需要设置的账户

（1）“所得税费用”账户，核算企业按规定从本期损益中扣除的所得税。其借方反映企业计入本期损益的所得税税额，贷方反映转入“本年利润”账户的所得税税额，期末结转本年利润后，该账户无余额。

（2）“递延所得税资产”账户，核算企业根据《企业会计准则第18号——所得税》确认的可抵扣暂时性差异产生的所得税资产，以及根据税法规定可用以后年度税前利润弥补的亏损及税款抵减产生的所得税资产。其借方反映企业应予以确认的递延所得税资产，贷方反映应减记的金额，期末借方余额反映企业已确认的递延所得税资产的余额。

（3）“递延所得税负债”账户，核算企业根据《企业会计准则第18号——所得税》确认的应纳税暂时性差异产生的所得税负债。其贷方反映企业应予以确认的递延所得税负债，借方反映应减记的金额，期末贷方余额反映企业已确认的递延所得税负债的余额。

二、难点

1. 计税基础与暂时性差异的确认
2. 当期所得税和递延所得税的计算
3. 资产负债表债务法的应用
4. 所得税费用的核算

练习题

一、名词解释

1.暂时性差异　2.应纳税暂时性差异　3.可抵扣暂时性差异　4.资产负债表债务法　5.当期所得税　6.递延所得税

二、单项选择题

1.下列各项投资收益中，按税法规定免交所得税，在计算应纳税所得额时应予以调整的项目是（　　）。

A.公司债券利息收入　　B.国库券利息收入
C.股票转让净收益　　D.公司债券转让净收益

2.暂时性差异造成的纳税影响在资产负债表中列示在递延所得税资产和递延所得税负债中，这种方法是（　　）。

A.应付税款法　　B.利润分配法
C.资产负债表债务法　　D.分期摊销法

3.某企业 2024 年 1 月 1 日递延所得税资产余额为 5 000 元、递延所得税负债余额为 12 000 元，2024 年 12 月 31 日递延所得税资产余额为 15 000 元、递延所得税负债余额为 7 000 元，2024 年应纳所得税额为 150 000 元，则该企业当年所得税费用为（　　）元。

A.135 000　　B.150 000　　C.165 000　　D.155 000

4.下列有关表述中，正确的是（　　）。

A. 所得税是利润分配的一项内容
B. 所得税是企业的一项费用支出
C. 企业利润总额减去当期的应交所得税等于企业的净利润
D. 资产负债表债务法下所得税费用是企业的一项资产或负债

5.利润表中应予确认的所得税费用为当期所得税加上（　　）。

A.递延所得税　　B.期初所得税　　C.期末所得税　　D.本期所得税

6.资产负债表债务法适用于对所有（　　）的处理。

A.永久性差异　　B.时间性差异

C. 永久性差异和部分时间性差异　　D. 暂时性差异

7. 暂时性差异是指资产或负债的账面价值与其（　　）之间的差额。

A. 实际价值　　B. 公允价值　　C. 计税基础　　D. 折余价值

三、多项选择题

1. “递延所得税资产”账户借方登记的内容有（　　）。

A. 税前会计利润大于应纳税所得额的金额

B. 企业确认的递延所得税资产

C. 递延所得税资产的应有余额大于其账面余额的差额

D. 本期转销已确认的暂时性差异对纳税影响数的借方数额

2. 暂时性差异包括（　　）。

A. 时间性差异　　B. 永久性差异

C. 应纳税暂时性差异　　D. 可抵扣暂时性差异

3. 所得税采用资产负债表债务法核算时，下列各项应当包括在所得税费用中的有（　　）。

A. 当期所得税　　B. 递延所得税　　C. 当期个人所得税　　D. 上期所得税

4. 应纳税暂时性差异通常产生的情况包括（　　）。

A. 资产的账面价值大于其计税基础　　B. 负债的账面价值大于其计税基础

C. 负债的账面价值小于其计税基础　　D. 资产的账面价值小于其计税基础

5. 资产负债表债务法下的计税基础包括（　　）。

A. 资产的计税基础　　B. 负债的计税基础

C. 历史成本基础　　D. 实际成本基础

6. 当期所得税是应交给税务部门的所得税金额，可以表述为（　　）。

A. 当期应交所得税　　B. 所得税费用

C. 应纳税所得额×适用的所得税税率　　D. 应纳税所得额

四、判断题

1. 所得税是国家依法对企业的生产经营所得课征的税，它具有强制性和有偿性。（　　）

2. 在无前期损益调整的情况下，若暂时性差异为零，则本期的所得税费用等于本期应交所得税。（　　）

3. 税前会计利润是指企业按照税收法规规定计算的应纳税所得额在会计账务上反映的利润。（　　）

4. 所得税是企业在生产经营过程中的一部分耗费，是企业的一项费用支出，在净利润中扣除。（　　）

5. 暂时性差异是指资产或负债的账面价值与其计税基础之间的差额。（　　）

6. 资产负债表债务法是适用于对所有永久性差异的处理的一种方法。（　　）

7. 如果资产负债表中资产的账面价值比资产的计税基础高，就是递延所得税负债；反之，是递延所得税资产。（　　）

8. “递延所得税负债”账户核算企业根据所得税准则确认的应纳税暂时性差异产生的所得税负债。（　）

五、技能题

1. 某企业全年按照税法规定可以在税前扣除的合理的工资支出为225万元，该年实际发放的工资为255万元。企业该年无暂时性差异和其他纳税调整事项，税前会计利润经计算为2 700万元，适用的所得税税率为25%。

要求：计算应交所得税，并编制会计分录。

2. 某公司本年度利润表中的利润总额为1 800万元，适用的所得税税率为25%。递延所得税资产及递延所得税负债不存在期初余额。本年发生的有关交易和事项中，会计处理与税法规定之间存在的差别有：

（1）本年1月开始计提折旧的一项固定资产，成本为900万元，使用年限为10年，净残值为0，会计处理按双倍余额递减法计提折旧，税法规定按直线法计提折旧。假定税法规定的使用年限及净残值与会计规定相同。

（2）向关联企业捐赠现金300万元。假定按照税法规定，企业向关联方的捐赠不允许税前扣除。

（3）当年度发生研究开发支出750万元，其中450万元资本化计入无形资产成本。税法规定企业发生的研究开发支出可按实际发生额的200%加计扣除，发生的资本化支出可按实际发生额的200%加计摊销。假定所开发无形资产于期末未达到预定可使用状态。

（4）违反环保规定应支付罚款150万元。

（5）期末对持有的存货计提了45万元的存货跌价准备（计提后，期末存货账面价值为1 200万元）。

要求：根据以上资料，计算企业所得税费用，并编制会计分录。

3. 某企业在第1年至第4年的应税利润分别为-600万元、240万元、210万元、240万元，适用的所得税税率为25%，假设无其他暂时性差异。

要求：计算每年递延所得税资产，并编制会计分录。

第13章

所有者权益

重点与难点

一、重点

1. 所有者权益的含义

所有者权益是指企业资产扣除负债后由所有者享有的剩余权益。公司的所有者权益又称为股东权益。所有者权益来源于所有者投入的资本、直接计入所有者权益的利得和损失、留存收益等。直接计入所有者权益的利得和损失是指不应计入当期损益、会导致所有者权益发生增减变动的、与所有者投入资本或者向所有者分配利润无关的利得或者损失。

所有者权益包括实收资本（在股份有限公司称为股本）、资本公积、其他综合收益、盈余公积和未分配利润等部分。实收资本是指投资者直接投入的资本，如投入的货币性资产、原材料、固定资产、无形资产等；资本公积是指企业收到投资者出资额超出其在注册资本（或股本）中所占份额的部分，以及直接计入所有者权益的利得和损失等；其他综合收益是指企业根据其他会计准则规定未在当期损益中确认的各项利得和损失，包括不能重分类进损益的其他综合收益和将重分类进损益的其他综合收益两类；盈余公积是指企业从税后利润中提取的各种积累，包括法定盈余公积、任意盈余公积等；未分配利润是指企业净利润分配后的剩余部分，即净利润中尚未指定用途的部分。盈余公积和未分配利润又被称为留存收益。

2. 实收资本的核算

为了反映和监督投资者投入资本的增减变动情况，企业应设置“实收资本”账户（股份有限公司应设置“股本”账户）。该账户的贷方反映企业实际收到投资者缴付的资本，借方反映企业按法定程序减资时所减少的注册资本数额，期末贷方余额反映企业期末实收资本实有数额。为了反映企业各所有者投资在企业所有者权益中的构成及其变动情况，“实收资本”账户还必须按所有者设置明细账户，进行明细分类核算。

3. 资本公积的核算

为了核算资本公积的增减变动情况，企业应设置“资本公积”账户。该账户的贷方核算企业资本公积的增加数额，借方核算企业资本公积的减少数额，期末余额为企业资本公积的结余数额。为了反映各类不同性质的资本公积的增减变动情况，该账户应设置“资本溢价（或股本溢价）”“其他资本公积”明细账户进行明细分类核算。

4. 其他综合收益

为了核算直接计入所有者权益的利得和损失，企业应设置“其他综合收益”账户。该账户核算采用权益法核算的长期股权投资的被投资单位除净损益以外的所有者权益的其他变动、其他债权投资公允价值的变动、投资性房地产的转换差额等。

5. 留存收益的核算

为了反映和监督盈余公积的提取和使用等增减变动情况，企业应设置“盈余公积”账户。该账户为所有者权益类账户。企业提取盈余公积时记入该账户的贷方，使用盈余公积时记入该账户的借方，贷方余额为企业盈余公积的实有数额。“盈余公积”账户下分别设置“法定盈余公积”“任意盈余公积”进行明细核算。

二、难点

资本公积的内容及账务处理

练习题

一、名词解释

1. 所有者权益　2. 实收资本　3. 资本公积　4. 其他综合收益　5. 盈余公积　6. 未分配利润　7. 留存收益

二、单项选择题

1. 企业所有者权益在数量上等于（　　）。

A. 企业流动负债减非流动负债后的差额

B. 企业流动资产减流动负债后的差额

C. 企业非流动负债减流动负债后的差额

D. 企业全部资产减全部负债后的差额

2. 在股份有限公司，股东投入企业的资本，应通过（　　）账户进行核算。

A. “实收资本”　B. “资本公积”　C. “盈余公积”　D. “股本”

3. 股份有限公司发行股票的溢价收入应记入（　　）账户。

A. “资本公积”　B. “实收资本”　C. “营业外收入”　D. “盈余公积”

4. 下列各项中，不属于普通股基本权利的是（　　）。

A. 投资表决权　B. 要求返还资本权

C. 剩余财产分配权　D. 利润分配权

5. 股份有限公司溢价发行股票所支付的手续费，应首先（　　）。

A. 在溢价收入中支付　B. 计入开办费

C. 由发起人负担　　D. 计入财务费用

6. 企业用资本公积转增资本时，会使所有者权益（　　）。

A. 增加　　B. 减少

C. 不变　　D. 既可能增加，也可能减少

7. 按现行制度规定，盈余公积可以依照法定的程序转增资本金，但转增资本金后，（　　）。

A. 企业法定盈余公积不受限制

B. 企业法定盈余公积不得高于原注册资本的25%

C. 企业法定盈余公积不得低于原注册资本的25%

D. 企业任意盈余公积必须为0

8. 下列会计事项中，会引起所有者权益总额发生变化的是（　　）。

A. 从净利润中提取盈余公积　　B. 用盈余公积补亏

C. 用盈余公积转增资本　　D. 向投资者分配现金股利

9. 公司在增资时，新的投资者缴纳的出资额大于其在注册资本中所占的份额部分，应记入（　　）账户。

A. “实收资本”　　B. “股本”　　C. “资本公积”　　D. “盈余公积”

10. 企业的任意盈余公积可用于（　　）。

A. 弥补亏损　　B. 发放职工奖金

C. 发给职工住房补贴　　D. 弥补应付职工薪酬不足

11. 目前，我国公司制企业的法定盈余公积是按照净利润的（　　）提取的。

A.5%　　B.10%　　C.15%　　D.20%

三、多项选择题

1. 从利润中形成的所有者权益有（　　）。

A. 实收资本　　B. 资本公积　　C. 盈余公积

D. 应付股利　　E. 未分配利润

2. 盈余公积减少是由于（　　）。

A. 用盈余公积对外捐赠　　B. 用盈余公积弥补亏损

C. 用盈余公积转增资本　　D. 用盈余公积派发股利

3. 下列经济业务中，能增加资本公积的有（　　）。

A. 溢价发行股票

B. 溢价发行债券

C. 接受捐赠资产

D. 投资者缴付企业的出资额大于该投资者在企业注册资本中所占有的份额

4. 所有者权益的内容包括（　　）。

A. 实收资本　　B. 资本公积　　C. 借入资本　　D. 盈余公积

5. 企业实收资本增加的途径主要有（　　）。

A. 投资者投入　　B. 盈余公积转增　　C. 资本公积转增　　D. 银行借入

6. 企业实收资本减少的主要原因是（　　）。

A. 实收资本转盈余公积　B. 因资本过剩而减资

C. 实收资本转资本公积　D. 因严重亏损而减资

7. 企业盈余公积的用途主要是（　　）。

A. 弥补亏损　B. 转增股本　C. 集体福利　D. 分配股利

8. 下列各项中，能引起盈余公积发生增减变动的有（　　）。

A. 用盈余公积购买职工住宅　B. 用法定盈余公积转增资本

C. 用任意盈余公积弥补亏损　D. 用任意盈余公积派发现金股利

9. 下列各项中，能引起企业实收资本（股本）发生增减变动的有（　　）。

A. 企业原投资者将其所持该企业股权转让给其他投资者

B. 企业增资扩股

C. 企业减少注册资本

D. 企业通过利润分配派发股票股利

10. 企业可以吸收所有者的（　　）作为投入资本。

A. 货币资产　B. 固定资产　C. 租赁资产　D. 无形资产

11. “实收资本”账户的贷方登记（　　）。

A. 投资者投入的资本数　B. 资本公积转增资本数

C. 投资者收回的投资数　D. 盈余公积转增资本数

四、判断题

1. 由于所有者权益和负债都是对企业资产的要求权，因此它们的性质相同。（　　）

2. 股份有限公司“股本”账户的期末贷方余额就是股票的发行价与发行股数的乘积。（　　）

3. 在我国，若资本市场不景气，企业为了筹措资金，也可以采用折价发行股票的方式。（　　）

4. 任意盈余公积主要用于企业职工的各种福利支出。（　　）

5. 对于一个企业来说，投资者投入的资金，并不全部构成实收资本。（　　）

6. 企业的资本公积均可转增资本。（　　）

7. 企业发行股票时所发生的发行费用应全部计入开办费。（　　）

8. 资本公积的形成与企业净利润无关。（　　）

9. 所有者向企业投入的资本，在一般情况下不需偿还并可长期周转使用。（　　）

10. 法定盈余公积达到注册资本的 50% 时，可不再提取。（　　）

五、技能题

1. 某公司（股份有限公司）委托某证券公司代理发行普通股 6 000 000 股，每股面值 1 元，发行价格为每股 1.5 元。与证券公司约定，公司按发行收入的 2% 支付佣金，从发行收入中扣除，假定收到的股款已存入银行。

要求：编制有关会计分录。

2. A 公司 12 月 3 日接受 B 公司捐赠的一批原材料，B 公司提供了购买这批原材料的有关增值税专用发票等凭证，据此确定该批原材料的买价为180万元，增值税税额为23.4万元。A公司和B公司均为增值税一般纳税人。假设A公司该年度按会计规定计算的营业利润为1 800万元，适用的所得税税率为25%；该年度无其他营业外收支；该年度没有发生其他纳税调整事项；不考虑其他相关税费。

要求：计算A公司的应交所得税，并编制会计分录。

3.某公司（股份有限公司）本年发生如下业务：

（1）实现税后利润500 000元。

（2）分别按税后利润的10%、5%计提法定盈余公积和任意盈余公积。

（3）决定用资本公积300 000元、盈余公积200 000元转增股本。

要求：编制有关会计分录。

实务训练

一、实训目的

了解所有者权益的取得或形成以及减少的凭证编制，掌握其账务处理方法。

二、实训要求

根据实训资料，编制部分原始凭证和有关记账凭证。

三、实训资料

××股份有限公司2024年发生如下经济业务：

1. 5月31日，公司配股共计15 000万元，扣除手续费5‰，款项已全部到账（见表13-1、表13-2）。

表13-1

配股获准公告

××股份有限公司

股票简称：××股份　　　　股票代码：
经本公司2024年第二次临时股东会审议通过的2023年配股方案，已经中国证监会××证券监管特派员办事处（×证监〔2023〕××号文）核准。 本公司2023年配股方案的具体内容如下： 1.股票类型：人民币普通股。 2.股票面值：每股人民币1元。 3.配股价格：每股人民币5元。 4.配股比例：以现有总股本10 000万股为基数，每10股配售3股。 5.配股数量：本次向公司全体股东配售3 000万股。其中，向法人股股东配售600万股，向社会公众股股东配售2 400万股。 本次向公司法人股股东配售的股票，在国家有关规定公布之前，暂不上市流通。本公司“配股说明书”将于近日在《证券时报》上刊登。 ××股份有限公司董事会 2024年5月31日

表13-2

中国工商银行电汇凭证（回单）

委托日期　　年　　月　　日　　　　　　　　第　　号

<table>
<tr><td rowspan="4">汇款人</td><td>全　称</td><td></td><td rowspan="4">收款人</td><td colspan="3">全　称</td><td colspan="6"></td></tr>
<tr><td>账　号</td><td></td><td colspan="3">账　号</td><td colspan="6"></td></tr>
<tr><td>汇出地点</td><td>省　　市/县</td><td colspan="3">汇入地点</td><td colspan="6">省　　市/县</td></tr>
<tr><td>汇出行名称</td><td></td><td colspan="3">汇入行名称</td><td colspan="6"></td></tr>
<tr><td rowspan="2">金额</td><td colspan="2" rowspan="2">人民币
（大写）</td><td>千</td><td>百</td><td>十</td><td>万</td><td>千</td><td>百</td><td>十</td><td>元</td><td>角</td><td>分</td></tr>
<tr><td></td><td></td><td></td><td></td><td></td><td></td><td></td><td></td><td></td><td></td></tr>
<tr><td colspan="3">汇款用途：</td><td colspan="10" rowspan="3">汇出行盖章

年　　月　　日</td></tr>
<tr><td colspan="3">上列款项已根据委托办理，如需查询，请持此回单面洽。</td></tr>
<tr><td colspan="3">单位主管　　会计　　复核　　记账</td></tr>
</table>

2. 6月5日，公司用资本公积2 600万元转增股本（见表13-3）。

表13-3

××股份有限公司2024年度转增股本公告

××股份有限公司2023年度用资本公积转增股本方案已获公司2024年4月26日召开的第八次股东会通过。现将有关事宜公告如下：

一、转增股本方案

本公司2023年度转增股本方案：每10股转增2股。

二、股权登记日与除权日

本次转增股权登记日为2024年6月10日，除权日为2024年6月11日。

三、转增对象

本次转增对象为：截至2024年6月7日下午深圳证券交易所收市后，在深圳证券结算公司登记在册的本公司全体股东。

四、咨询机构

咨询地址：（略）

咨询电话：（略）

传真电话：（略）

××股份有限公司董事会

2024年6月5日

3. 6月10日，公司汇出转增股本手续费，按转增金额的0.75%计算（见表13-4、表13-5）。

表13-4 **股息及权益分派手续费收款通知**

________公司： 根据贵公司本次权益分派方案，请将下列款项于____年__月__日划入我公司如下账户（注：请选择_______银行账户________） 一、股息及手续费 1. 内部职工股计________股；派息比例为10派________元；应划股息款计人民币________元；应划手续费计人民币________元。 2. 公众股、法人转配股计________股；派息比例为10派________元；应划股息款计人民币________元；应划手续费计人民币________元。 二、增股及手续费 1. 国有股、法人股、内部职工股（含高管股）计________股；增股比例为10送________股；应划手续费计人民币________元。 2. 公众股、法人转配股计________股；增股比例为10送________股；应划手续费计人民币________元。 以上股息总计人民币________元；权益分派手续费总计人民币________元；共计人民币________元（大写：______________________）。
开户名称：深圳证券登记有限公司 开户银行：工商银行深圳市分行营业部 开户账户： 收此通知后，请贵公司有关人员签字确认回传。 多谢合作！ 注：分组派息手续费计算公式： 1. 公众股、法人转配股按（红股及转增股面值总额+派息总金额）×5‰计收。 2. 国有股、法人股、内部职工股、高管股按（红股及转增股面值总额+派息总金额）×1‰计收。 3. 基金派发现金按现金总额×3‰计收。

表13-5 **中国工商银行信汇凭证（回单）**

委托日期 年 月 日 第 号

汇款人	全　称		收款人	全　称								
	账　号			账　号								
	汇出地点	省　　市/县		汇入地点	省　　市/县							
	汇出行名称			汇入行名称								
金额	人民币（大写）		千	百	十	万	千	百	十	元	角	分
汇款用途：			汇出行盖章 年　月　日									
上列款项已根据委托办理，如需查询，请持此回单面洽。												
单位主管　会计　复核　记账												

四、实训用纸

记账凭证4张。

实务训练提示

“银行存款”账户的借方发生额为149 250 000元，贷方发生额为195 000元；“股本”账户的贷方发生额为56 000 000元。

第14章

财务报表

重点与难点

一、重点

1. 财务报表

财务报表是指对外提供的反映企业某一特定日期财务状况和某一会计期间经营成果、现金流量的文件。财务报表是会计核算过程中最后提出的结果，也是会计核算工作的阶段性总结。我国企业会计准则规定，企业财务报表的内容主要包括资产负债表、利润表、所有者权益变动表、现金流量表、报表附注等。它们从不同的角度说明企业的财务状况、经营成果和现金流量情况。

2. 资产负债表的编制

资产负债表是反映企业在某一特定日期的财务状况的财务报表。它是根据资产、负债和所有者权益之间的相互关系，按照一定的分类标准和一定的顺序，把企业在一定日期的资产、负债、所有者权益各项目予以适当排列并对日常活动中形成的大量数据进行高度浓缩整理后编制而成的。它表明企业在某一特定日期所拥有或控制的经济资源、所承担的现时义务和所有者对净资产的要求权。

资产负债表的编制内容：①上年年末余额的填列；②期末余额的填列。

3. 利润表的编制

利润表是反映企业在一定会计期间的经营成果的财务报表。利润表把一定时期的营业收入与其同一会计期间相关的营业费用进行配比，以计算出企业一定时期的净利润。通过利润表反映的收入、成本和费用等情况，能够反映企业生产经营的收益情况、成本耗费情况，表明企业的生产经营成果。

利润表的编制内容：①上期金额栏的填列；②本期金额栏的填列。

4. 现金流量表的编制

现金流量表是反映企业一定会计期间内现金和现金等价物的流入和流出的报表，

表明企业获得现金和现金等价物的能力。其中，现金是指企业的库存现金、可随时用于支付的存款；现金等价物是指企业持有的期限短、流动性强、易于转换为已知金额现金、价值变动风险很小的投资。现金流量表以现金的流入和流出反映企业在一定会计期间内的经营活动、投资活动和筹资活动的动态情况，反映企业现金流入和流出的全貌。

现金流量表的编制内容：①经营活动产生的现金流量；②投资活动产生的现金流量；③筹资活动产生的现金流量；④汇率变动对现金及现金等价物的影响；⑤现金及现金等价物净增加额；⑥期末现金及现金等价物余额；⑦补充资料。

5. 所有者权益变动表的编制

所有者权益变动表是反映构成所有者权益的各组成部分当期的增减变动情况的报表。所有者权益变动表应当全面反映一定时期所有者权益变动的情况，不仅包括所有者权益总量的增减变动，还包括所有者权益增减变动的重要结构性信息，特别是要反映直接计入所有者权益的利得和损失，让报表使用者准确理解所有者权益增减变动的根源。

所有者权益变动表的编制内容：①上年金额栏的填列；②本年金额栏的填列。

6. 报表附注

报表附注是对财务报表中列示项目的文字描述或明细资料，以及对未能在这些报表中列示项目的说明等。报表附注是为了便于财务报表使用者理解报表内容而对财务报表的编制基础、编制依据、编制原则和方法及主要项目等所做的解释和进一步说明。编制和提供报表附注，有利于财务报表使用者全面、正确地理解财务报表。

7. 资产负债表日后事项

资产负债表日后事项是指资产负债表日至财务报表批准报出日之间发生的有利或不利的事项。资产负债表日是指会计年度末和会计中期期末。资产负债表日通常指年度资产负债表日。年度资产负债表日是指每年的 12 月 31 日结账日；资产负债表日后事项限定在一个特定的期间内，即资产负债表日至财务报告批准报出日之间发生的事项；资产负债表日后事项的发生是对资产负债表日存在状况的一种补充或说明。财务报告批准报出日是指董事会批准财务报告报出的日期，通常是指对财务报告的内容负有法律责任的单位或个人批准财务报告向企业外部公布的日期。

资产负债表日后事项包括两类：一类是对资产负债表日存在的情况提供进一步证据的事项；另一类是资产负债表日后才发生的事项。前者称为调整事项；后者称为非调整事项。

二、难点

1. 资产负债表的编制

2. 利润表的编制

3. 现金流量表的编制

练习题

一、名词解释

1.财务报表　2.资产负债表　3.利润表　4.现金流量表　5.报表附注　6.资产负债表日后事项　7.调整事项　8.非调整事项　9.报表折算　10.正常营业周期

二、单项选择题

1.下列各项中，应包括在“固定资产”项目内的是（　　）。

A.待安装的固定资产　B.经营租入的固定资产

C.经营租出的固定资产　D.已清理完毕的固定资产

2.下列资产负债表项目中，应根据其总账账户期末余额直接填列的是（　　）。

A.“预收款项”　B.“短期借款”　C.“长期借款”　D.“应付账款”

3.在利润表中，要求详细列示营业收入、营业成本和费用，而对于投资收益只要求简略列示，这一做法体现了（　　）信息质量要求。

A.重要性　B.真实性　C.配比性　D.谨慎性

4.下列属于资产负债表日后事项中的调整事项的是（　　）。

A.股票和债券的发行　B.对外进行大额的投资

C.外汇汇率发生较大变动　D.销售退回

5.资产负债表日后发生的调整事项，涉及利润分配调整的事项应通过（　　）核算。

A.“以前年度损益调整”账户　B.“本年利润”账户

C.“利润分配——未分配利润”账户　D.“投资收益”账户

6.我国现行准则规定，外币财务报表折算差额在财务报表中的列示方法是（　　）。

A. 作为管理费用列示

B. 作为财务费用列示

C. 作为未分配利润的调整项目列示

D. 作为外币财务报表折算差额单独列示

7.下列项目中，不符合现金流量表中现金的概念的是（　　）。

A.企业的库存现金　B.企业的银行汇票存款

C.不能随时用于支付的定期存款　D.企业购入的3个月到期的国债

8.下列各项目中，不属于筹资活动产生的现金流量的是（　　）。

A.吸收权益性投资收到的现金　B.收回债券投资收到的现金

C.发行债券收到的现金　D.借入资金收到的现金

9.资产负债表中的“应付账款”项目应（　　）。

A.直接根据“应付账款”账户的期末贷方余额填列

B.根据“应付账款”账户的期末贷方余额和“应收账款”账户的期末借方余额计

算填列

C. 根据“应付账款”账户和“预付账款”账户所属相关明细账户的期末贷方余额计算填列

D. 根据“应付账款”账户的期末贷方余额和“预收账款”账户的期末贷方余额计算填列

10. 下列各项目中，在“以前年度损益调整”账户的借方反映的是（　　）。

A. 因调整损益而相应增加的所得税

B. 因调整损益而相应减少的所得税

C. 因调整而增加以前年度收益的事项

D. 因调整而减少以前年度亏损的事项

三、多项选择题

1. 下列项目中，工业企业应列入资产负债表中“存货”项目的是（　　）。

A. 发出商品　　B. 工程物资　　C. 委托加工物资　　D. 在产品

2. 在利润表中，（　　）影响营业利润。

A. 管理费用　　B. 财务费用　　C. 销售费用　　D. 制造费用

3. 下列属于投资活动产生的现金流量的有（　　）。

A. 融资租入固定资产支付的租金　　B. 无形资产的购建与处置

C. 收到联营企业分回的利润　　D. 债权性投资的利息收入

4. 按照现行规定，外币财务报表中应当按照发生时的即期汇率折算的有（　　）。

A. 固定资产　　B. 实收资本　　C. 资本公积　　D. 未分配利润

5. 资产负债表的数据可以（　　）。

A. 根据总账账户余额直接填列

B. 根据总账账户余额计算填列

C. 根据明细账账户余额计算填列

D. 根据总账和有关明细账账户余额计算填列

6. 现金流量表中的“支付给职工以及为职工支付的现金”项目包括（　　）。

A. 支付给生产工人的奖金　　B. 支付给在建工程人员的奖金

C. 支付给在建工程人员的工资　　D. 为管理人员支付的养老保险金

7. 下列交易或事项中，不会影响当期现金流量的有（　　）。

A. 发放股票股利　　B. 计提固定资产折旧

C. 以长期投资偿还非流动负债　　D. 以固定资产对外进行投资

8. 下列有关资产负债表日后事项的表述中，正确的有（　　）。

A. 资产负债表日后事项包括所有有利和不利的事项

B. 资产负债表日后事项是年度资产负债表日至董事会批准的财务报告报出日之间发生的事项

C. 资产负债表日后两类事项的会计处理相同

D. 调整事项一般不需要在报表附注中进行披露

四、判断题

1. 外币财务报表的折算是将子公司外币财务报表折算为以母公司记账本位币表示的财务报表，只涉及境外子公司，而不涉及境内子公司。（　）

2. 我国企业利润表的结构是单步式利润表。（　）

3. 按照财务报表的编报时间，可以分为中期财务报表（月度、季度、半年度）和年度财务报表。（　）

4. 企业必须对外提供资产负债表、利润表和现金流量表，报表附注不属于必须对外提供的资料。（　）

5. 资产负债表是反映企业一定期间财务状况的报表。（　）

6. 我国现行准则规定，企业资产负债表的“应收票据”项目包括已向银行办理贴现的银行承兑汇票。（　）

7. 利润表是反映企业某一特定日期的经营成果的财务报表。（　）

8. 现金流量表是反映企业一定会计期间现金和现金等价物的流入和流出的报表。（　）

9. 企业在资产负债表日没有将负债清偿推迟至资产负债表日后一年以上的实质性权利的，该负债应当归类为流动负债。（　）

五、技能题

1.A公司为工业企业（增值税一般纳税人），所得税税率为25%，销售货物的增值税税率为13%，2023年度的净利润为875万元。2024年1月1日到4月30日财务报表公布日前发生的资产负债表日后事项如下：

（1）1月30日接到通知，某一债务企业宣布破产，其所欠的应收账款100万元全部不能偿还。A公司在2023年12月31日以前已被告知该债务企业资不抵债，濒临破产，但未作相应的会计处理。A公司坏账损失采用直接转销法核算。

（2）3月2日，A公司董事会确定提请批准的利润分配方案为：按净利润的10%提取法定盈余公积；按净利润的15%提取任意盈余公积；分派现金股利210万元；分派股票股利200万元（面值）。

（3）4月1日，受台风袭击，辅助生产车间毁坏，造成净损失100万元。

（4）4月5日，A公司持有的某一作为短期投资的股票市价下跌。该股票账面价值为300万元，现行市价为180万元。

2024年4月20日，股东大会批准的利润分配方案为：按净利润的10%提取法定盈余公积；按净利润的15%提取任意盈余公积；分派现金股利210万元；分派股票股利200万元（面值）。

要求：

（1）指明上述资产负债表日后事项哪些属于调整事项，哪些属于非调整事项；

（2）编制调整事项的调整分录。

2. 某股份有限公司为工业企业（增值税一般纳税人），其适用的所得税税率为25%，销售商品的增值税税率为13%；采用资产负债表债务法进行所得税会计处理；

销售价格中均不含应向购买者收取的增值税；库存材料采用实际成本计价核算（假设只考虑销售商品货物的增值税）。其2024年1月1日的科目余额表见表14-1。

表14-1　**科目余额表**　单位：元

科目名称	借方余额	科目名称	贷方余额
库存现金	7 600	短期借款	300 000
银行存款	580 000	应付账款	940 000
交易性金融资产	500 000	应付职工薪酬	99 000
应收账款	415 000	其他应付款	60 000
坏账准备	-800	应付利息	5 000
其他应收款	18 000	应交税费	26 000
在途物资	18 000	长期借款	1 600 000
原材料	180 000	其中：一年内到期的非流动负债	1 000 000
周转材料	80 000	股本	4 000 000
库存商品	1 020 000	盈余公积	100 000
长期股权投资	600 000	利润分配（未分配利润）	187 800
固定资产	1 500 000		
累计折旧	-400 000		
在建工程	2 000 000		
无形资产	800 000		
长期待摊费用	0		
合　计	7 317 800	合　计	7 317 800

该公司2024年发生如下经济业务：

（1）购入原材料一批，用银行存款支付货款300 000元，其中，增值税专用发票上注明购入材料支付的增值税税额为39 000元，货款已付，材料收到。

（2）购入需要安装的设备一台，价款为120 000元，增值税专用发票上注明的增值税税额为15 600元，同时支付运费2 000元，增值税专用发票上注明的增值税税额为180元，价款及运费等均以银行存款支付。

（3）交易性金融资产投资到期进行兑付，收到款项230 000元，该债券账面成本为200 000元，款项已存入银行。

（4）提取现金600 000元准备支付职工薪酬。

（5）支付职工薪酬600 000元。

（6）分配支付的职工薪酬，其中，生产人员300 000元，车间管理人员120 000元，行政管理人员100 000元，在建工程人员80 000元。

（7）提取职工工会经费，其中生产人员6 000元，车间管理人员2 400元，行政管理人员2 000元，在建工程人员1 600元。

（8）计提到期一次还本付息的长期借款满足资本化条件的借款利息110 000元。

（9）基本生产车间报废一台设备，原价280 000元，已提折旧160 000元，清理费用1 000元，残值收入2 000元，已用银行存款收支。

（10）从银行借入5年期借款500 000元，存入银行。该项借款用于在建工程。

（11）销售产品一批，销售价款为1 800 000元，应收的增值税税额为234 000元，销售产品的实际成本为620 000元，货款已收到并存入银行。

（12）销售产品一批，销售价款为180 000元，增值税税率为13%；该批产品的销售成本为120 000元，本年应收的价款尚未收到。

（13）被投资企业（本公司拥有其40%股份，采用权益法核算）本年度实现净利润2 500 000元。该被投资企业适用的所得税税率为25%。

（14）计提生产车间用固定资产折旧，其原价为1 000 000元，从2022年12月投入使用，折旧年限为5年，采用直线法计提折旧，预计净残值为0。税法规定的折旧年限为2年，采用直线法计提折旧，预计净残值为0。

（15）销售材料一批，销售价款为380 000元，增值税税额为49 400元，款项已收到并存入银行。该批材料的实际成本为200 000元。

（16）计提本年销售应负担的城市维护建设税14 000元。

（17）计提本年销售应负担的教育费附加6 000元（不考虑地方教育附加）。

（18）以银行存款支付违反税法规定的罚款20 000元、非公益性捐赠支出100 000元。

（19）计提应计入本期损益的短期借款利息50 000元。

（20）归还短期借款本金200 000元及利息25 000元。

（21）摊销无形资产60 000元。

（22）收回应收账款200 000元，款项存入银行；计提本年坏账准备5 000元。

（23）用银行存款支付广告费10 000元、管理部门办公费50 000元、其他管理费用150 000元。

（24）用银行存款缴纳增值税200 000元、教育费附加6 000元。

（25）偿还长期借款本金1 000 000元，偿还上年所欠货款390 000元。

（26）将各损益类账户结转本年利润。

（27）计算所得税费用和应交所得税。

（28）按净利润的10%计提法定盈余公积，按净利润的10%计提任意盈余公积。

（29）分配现金股利400 000元。

（30）将利润分配各明细账户的余额转入“未分配利润”账户。

要求：

（1）编制该公司2024年度经济业务的会计分录；

（2）编制该公司2024年12月31日的资产负债表、2024年度的利润表。

第15章

合并报表

重点与难点

一、重点

1. 关联方

一方控制、共同控制另一方或对另一方施加重大影响，以及两方或两方以上同受一方控制、共同控制或施加重大影响的，构成关联方。控制是指投资方拥有对被投资方的权利，通过参与被投资方的相关活动而享有可变回报，并且有能力运用对被投资方的权利影响其回报金额。共同控制是指按照合同约定对某项经济活动所共有的控制，它仅在与该项经济活动相关的重要财务和经营决策需要分享控制权的投资方一致同意时存在。重大影响是指对一个企业的财务和经营政策有参与决策的权力，但并不能够控制或与其他方一起共同控制这些政策的制定。

关联方交易是指关联方之间转移资源、劳务或义务的行为，而不论是否收取价款。关联方交易的类型通常包括下列各项：①购买或销售商品；②购买或销售商品以外的其他资产；③提供或接受劳务；④担保；⑤提供资金（贷款或股权投资）；⑥租赁；⑦代理；⑧研究与开发项目的转移；⑨许可协议；⑩代表企业或由企业代表另一方进行债务结算；⑪关键管理人员薪酬。

2. 合并财务报表

合并财务报表的合并范围应当以控制为基础予以确定。合并财务报表是指以母公司和子公司组成的企业集团为一个会计主体，以母公司和子公司单独编制的个别财务报表为基础，由母公司编制的综合反映企业集团财务状况、经营成果及现金流量情况的财务报表。合并财务报表是把整个企业集团看作一个经济实体，而不论其实质上是否是一个法人实体。合并财务报表至少应当包括合并资产负债表、合并利润表、合并现金流量表、合并所有者权益变动表和附注。

合并财务报表的编制原则为：

① 以个别财务报表为基础。合并财务报表是在个别财务报表的基础上，通过抵销企业集团内部会计事项对合并财务报表的影响后编制的。

② 一体性原则。合并财务报表反映的是企业集团的财务状况、经营成果和现金流量，反映的是由多个法人企业组成的一个会计主体的财务情况。在编制合并财务报表时，应当将母公司与子公司、子公司之间的经济业务，视同在同一企业主体内部的业务处理，合并中应予以抵销。为了更好地体现一体性原则，还要求企业集团内部应采取统一的会计期间和统一的会计政策。

③ 重要性原则。合并财务报表涉及多个法人企业，其经营活动的范围和内容也各不相同，在编制合并财务报表时，应遵循重要性原则。如在个别企业中具有重要性而在企业集团中不一定重要的项目，可以在编制合并报表时对其进行取舍。又如，对于一些影响不大的企业集团内部交易事项，在编制合并报表时，为简化手续也可以不予抵销。

二、难点

1. 关联方及其交易的披露
2. 合并财务报表的含义及合并范围
3. 合并财务报表的编制

练习题

一、名词解释

1.关联方　2.关联方交易　3.控制　4.共同控制　5.重大影响　6.合并财务报表　7.合并资产负债表　8.合并利润表

二、单项选择题

1.我国现行准则规定，少数股东权益在合并资产负债表中，应当（　　）。

A. 在所有者权益类项目中单独列示

B. 在流动负债项目中单独列示

C. 在非流动负债项目中单独列示

D. 作为少数股东权益，单列一类以总额列示

2.将企业集团内部应收账款本期计提的坏账准备抵销处理时，应当借记“应收账款——坏账准备”科目，贷记（　　）科目。

A. “财务费用”　　B. “信用减值损失”

C. “营业外收入”　　D. “投资收益”

3.某子公司本期从另一子公司购进生产线一条，该生产线生产成本为3 000万元，销售价格为5 000万元（不含税价格）。该子公司购进该生产线后发生调试费用200万元，于当年6月20日投入使用，该生产线的使用年限为10年。其母公司编制合并财务报表时，应当抵销的累计折旧额为（　　）万元。

A.100　　B.200　　C.220　　D.300

4.下列情况中，C公司必须纳入A公司合并范围的情况是（　　）。

A. A公司拥有B公司50%的权益性资本，B公司拥有C公司60%的权益性资本

B. A公司拥有C公司48%的权益性资本

C. A公司拥有B公司60%的权益性资本，B公司拥有C公司40%的权益性资本

D. A公司拥有B公司60%的权益性资本，B公司拥有C公司40%的权益性资本，同时A公司拥有C公司20%的权益性资本

5.合并财务报表是把整个企业集团看作一个（　　）。

A.经济实体　　B.法人实体　　C.合作实体　　D.协作联合体

6.合并资产负债表是反映以母公司和子公司组成的企业集团在某一（　　）财务状况的财务报表。

A.特定期间　　B.特定日期　　C.特定时期　　D.特定年度

7.合并财务报表的合并范围是指纳入合并财务报表编报的（　　）的范围。

A.母公司　　B.关联公司　　C.子公司　　D.协作公司

三、多项选择题

1.下列企业中，应当纳入W公司合并财务报表合并范围的有（　　）。

A. A公司，其50%的权益性资本由W公司所拥有

B. B公司，其70%的权益性资本由W公司所拥有

C. C公司，其30%的权益性资本由W公司所拥有，另有30%的权益性资本由B公司所拥有

D. D公司，其30%的权益性资本由W公司所拥有，另有30%的权益性资本由A公司所拥有

2.在下列情况下，应当认为被投资企业在其投资企业的控制范围内，将其纳入合并范围的是（　　）。

A. 通过与被投资企业的其他投资者之间的协议，持有该被投资企业半数以上表决权

B. 根据公司章程或协议，有权控制被投资企业的财务和经营政策

C. 有权任免董事会等类似权力机构的多数成员

D. 在董事会等类似权力机构的会议上有半数以上投票权

3.下列子公司中，母公司可以将其排除在合并财务报表合并范围之外的有（　　）。

A.所有者权益为负数的子公司　　B.宣布破产的子公司

C.已宣告被清理整顿的子公司　　D.境外子公司

4.下列情况下，可能会产生合并财务报表编制问题的有（　　）。

A.对被投资企业进行长期债券投资　　B.对被投资企业进行短期债券投资

C.对被投资企业进行长期股票投资　　D.对被投资企业进行直接股权投资

5.将内部交易形成的固定资产中包含的未实现内部销售利润抵销时，应当（　　）。

A. 借记“营业收入”项目，贷记“营业成本”“固定资产——原价”项目

B. 借记“营业利润”项目，贷记“固定资产——原价”项目

C. 借记“净利润”项目，贷记“固定资产原价”项目

D. 借记“资产处置收益”项目，贷记“固定资产原价”项目

6. 编制合并资产负债表时，需要进行抵销处理的项目有（　　）。

A. “长期股权投资”　　B. “货币资金”

C. “存货”　　D. “固定资产——原价”

7. 编制合并利润表时，需要进行抵销处理的项目有（　　）。

A. “营业外收入”　B. “投资收益”　C. “管理费用”　D. “营业收入”

8. 与个别现金流量表相比，合并现金流量表增加的报表项目有（　　）。

A. 子公司支付少数股东的股利

B. 子公司吸收少数股东权益投资收到的现金

C. 子公司依法减资支付给少数股东的现金

D. 汇率变动对现金及现金等价物的影响额

四、判断题

1. 母公司对子公司的权益性资本投资，可以根据不同的情况分别采用成本法和权益法进行核算。（　　）

2. 纳入母公司合并范围内，必定是母公司拥有其50%以上权益性资本的被投资企业；未纳入合并范围的，则必定是母公司拥有其权益性资本在50%以下的被投资企业。（　　）

3. 确定合并财务报表合并范围，关键在于是否控制某一被投资企业，而不在于是否拥有该被投资企业半数以上权益性资本。（　　）

4. 商誉不仅包括母公司权益性资本投资与子公司所有者权益中所拥有的份额抵销时所产生的差额，也包括企业集团内部相互之间持有对方债券时相互抵销所产生的差额。（　　）

5. 商誉仅仅在编制合并财务报表时产生，不涉及账务处理问题。（　　）

6. 对于内部交易形成的固定资产，其原价中包含的未实现内部销售损失，根据谨慎性信息质量的要求，在编制合并财务报表时不需要进行抵销处理。（　　）

7. 在母公司与子公司之间本期未发生内部交易的情况下，合并净利润的数额等于母公司个别利润表中净利润的数额。（　　）

8. 编制合并财务报表时，只需要将母公司与子公司之间发生的内部交易对个别财务报表的影响予以抵销，而对于子公司相互之间发生的内部交易对个别财务报表的影响则不需要进行抵销处理。（　　）

9. 当本期内部应收账款的数额与上期内部应收账款的数额相等时，编制合并财务报表时不需要对坏账准备进行抵销处理。（　　）

10. 当子公司所有者权益为负数时，母公司对其权益性资本投资数额为零。在这种情况下，不应当将这一子公司纳入合并范围。（　　）

五、技能题

（1）中业股份有限公司（以下简称“中业公司”）拥有四海公司60%的权益性资本，2023年度中业公司（母公司）及四海公司（子公司）个别财务报表有关资料见合并工作底稿（见表15-1）。

表15-1

合并工作底稿

单位：万元

项目	母公司	子公司	合计数	抵销分录		少数股东权益	合并数
				借方	贷方		
（利润表项目）							
营业收入	7 000	3 000	10 000				
营业成本	4 720	2 100	6 820				
税金及附加	200	80	280				
销售费用	380	120	500				
管理费用	318	139	457				
财务费用	80	70	150				
资产减值损失	1	1	2				
信用减值损失	1		1				
投资收益	340	20	360				
资产处置收益	120	90	210				
营业利润	1 760	600	2 360				
营业外支出	160	0	160				
利润总额	1 600	600	2 200				
所得税费用	500	150	650				
少数股东损益							
净利润	1 100	450	1 550				
（所有者权益变动表项目）							
未分配利润——年初	200	100	300				
可供分配利润	1 300	550	1 850				
提取盈余公积	200	120	320				
对所有者（或股东）的分配	800	330	1 130				
未分配利润	300	100	400				
（资产负债表项目）							
流动资产：							
货币资金	2 528	1 082	3 610				
应收账款	1 600	400	2 000				
减：坏账准备	8	2	10				
应收账款净额	1 592	398	1 990				
存货	880	520	1 400				
非流动资产：							
长期股权投资	700	0	700				

续表

项目	母公司	子公司	合计数	抵销分录		少数股东权益	合并数
				借方	贷方		
债权投资	300	300	600				
商誉							
固定资产：							
固定资产原价	2 100	800	2 900				
减：累计折旧	450	200	650				
固定资产净值	1 650	600	2 250				
无形资产	350	100	450				
资产总计	8 000	3 000	11 000				
流动负债：							
应付账款	1 700	600	2 300				
其他流动负债	1 300	800	2 100				
非流动负债：							
长期借款	600	0	600				
应付债券	200	500	700				
其他非流动负债	1 800	100	1 900				
负债合计	5 600	2 000	7 600				
所有者权益（或股东权益）：							
实收资本（或股本）	1 000	500	1 500				
资本公积	500	100	600				
盈余公积	600	300	900				
未分配利润	300	100	400				
所有者权益（或股东权益）合计	2 400	1 000	3 400				
少数股东权益							
负债和所有者权益（或股东权益）总计	8 000	3 000	11 000				

（2）有关编制合并财务报表的补充资料如下：

①中业公司和四海公司均采用备抵法核算坏账损失。

2021年12月31日，中业公司应收账款中对四海公司的应收账款为240万元，估计的坏账损失是1.2万元。

2022年12月31日，中业公司应收账款中对四海公司的应收账款为280万元，估计的坏账损失是1.4万元。

2023年12月31日，中业公司应收账款中对四海公司的应收账款为300万元，估计的坏账损失是1.5万元。

②2022年2月，中业公司从四海公司购入一项管理用固定资产，并于当月投入使用。中业公司购入该固定资产支付的价款为72万元（四海公司销售该固定资产的销售成本为54万元），另支付运杂费及安装调试费3.6万元。该固定资产的入账价值为75.6万元，折旧年限为3年，采用直线法计提折旧，预计净残值为0。2023年12月20

日，中业公司将这一固定资产予以转让，转让价款为47.5万元（不含增值税），转让该固定资产的净收入计入当期资产处置损益。

③中业公司的长期股权投资中，对四海公司的投资为612万元；中业公司的债权投资中，持有四海公司的债券为230万元；四海公司的应付债券中，对中业公司的应付债券为230万元。

④四海公司2023年确认的应向中业公司支付的债券利息费用为8.75万元（假设该债券的票年利率与实际利率相差较小，发生的利息费用不符合资本化条件）。

要求：

（1）编制中业公司2023年度合并财务报表有关的抵销分录；

（2）填列合并工作底稿（见表15-1），并计算中业公司2023年度合并财务报表项目的合并数。

第16章

非货币性资产交换

重点与难点

一、重点

1. 货币性资产与非货币性资产

货币性资产是指企业持有的货币资金和收取固定或可确定金额的货币资金的权利。一般来说，资产负债表所列示的项目中属于货币性资产的有货币资金、债权投资、应收票据、应收账款、其他应收款（含应收股利、应收利息）等。非货币性资产是指货币性资产以外的资产，包括存货、固定资产、无形资产、长期股权投资、投资性房地产、预付款项、在建工程（含工程物资）以及其他债权投资等。货币性资产与非货币性资产是相对应的两个概念，两者区分的主要依据是资产在将来为企业带来的经济利益（也就是货币金额）是否是固定的或可确定的。如果资产在将来为企业带来的经济利益是固定的或可确定的，则该资产属于货币性资产；反之，则该资产属于非货币性资产。

2. 非货币性资产交换

非货币性资产交换是指企业主要以固定资产、无形资产、投资性房地产和长期股权投资等非货币性资产进行的交换。这种交换不涉及或只涉及少量的货币性资产（即补价）。企业发生的非货币性资产交换，主要有以下特点：非货币性资产交换的对象主要是非货币性资产；非货币性资产交换是以非货币性资产进行交换的行为；非货币性资产交换有时也可能涉及少量的货币性资产。

3. 非货币性资产交换的计量原则

按照企业会计准则，对于企业发生的非货币性资产交换有两种计量原则：一是非货币性资产交换在符合一定条件的情况下，可以采用以公允价值为基础进行计量；二是如果不符合规定的条件则采用以账面价值为基础进行计量。不同的计量原则下非货币性资产交换的会计处理不同。

4. 非货币性资产交换披露的内容

我国企业会计准则要求企业应在财务报告中披露非货币性资产交换的以下信息：①非货币性资产交换是否具有商业实质及其原因；②换入资产、换出资产的类别；③换入资产初始计量金额的确定方法；④换入资产、换出资产的公允价值以及换出资产的账面价值；⑤非货币性资产交换确认的损益。

二、难点

涉及补价的非货币性资产交换

练习题

一、名词解释

1.货币性资产　2.非货币性资产　3.非货币性资产交换　4.补价

二、单项选择题

1.下列项目中，属于货币性资产的是（　　）。

A.无形资产　　B.固定资产　　C.银行存款　　D.原材料

2.甲企业用A设备与另一企业的B设备相交换，A设备的公允价值为42万元，B设备的公允价值为50万元，甲企业给予对方一笔8万元的补价。该交易属于（　　）。

A.混合资产交换　　B.非货币性资产交换

C.货币性资产交换　　D.不是资产交换

3.甲股份有限公司用一项长期股权投资换取乙公司的一项专利技术（不具有商业实质），该长期股权投资的账面价值为550 000元，公允价值为500 000元；乙公司专利技术账面价值为580 000元，公允价值为620 000元。甲股份有限公司同时支付120 000元作为补价。假设不考虑相关税费，则专利技术的成本为（　　）元。

A.500 000　　B.620 000　　C.460 000　　D.670 000

4.甲企业用一辆汽车和一台机器交换乙企业的一笔债权投资，该交换属于（　　）。

A.货币性资产交换　　B.非货币性资产交换

C.无法确定　　D.既是A又是B

5.下列项目中属于货币性资产的是（　　）。

A.对没有市价的股票进行的投资　　B.对有市价的股票进行的投资

C.其他债权投资　　D.债权投资

6.非货币性资产区别于货币性资产的最基本特征是（　　）。

A.货币额　　B.交换额　　C.盈利额　　D.等价交换

7.如果非货币性资产交换不同时具备采用公允价值计量的两个条件，则应该采用（　　）。

A.公允价值计量　　B.账面价值计量　　C.重估价值计量　　D.完全价值计量

三、多项选择题

1.下列资产中，属于非货币性资产的是（　　）。

A.长期股权投资　B.应收股利　C.固定资产　D.原材料

2.在财务报告中披露的非货币性资产交换信息主要包括（　　）。

A.非货币性资产交换的类型　B.非货币性资产交换涉及的金额

C.换入、换出资产的类别　D.非货币性资产交换实现的损益

3.下列经济业务中，属于非货币性资产交换的有（　　）。

A. 以公允价值20万元的小汽车一辆换取生产设备一台，另支付补价10万元

B. 以公允价值20万元的小汽车一辆换取生产设备一台，另支付补价5万元

C. 以公允价值50万元的机械设备一台换取电子设备一台，另收到补价25万元

D. 以公允价值50万元的机械设备一台换取电子设备一台，另收到补价15万元

E. 以公允价值30万元的机械设备一台和持有的公允价值为20万元的股票换取电子设备一台

4.非货币性资产交换采用以公允价值计量必须同时符合的条件包括（　　）。

A. 非货币性资产交换具有商业实质

B. 换入资产或换出资产的公允价值能够可靠地计量

C. 非货币性资产交换具有投资实质

D. 换入资产或换出资产的价值可以估计

5.非货币性资产交换披露的内容有（　　）。

A. 换入资产、换出资产的类别

B. 换入资产初始计量金额的确定方法

C. 换入资产、换出资产的公允价值以及换出资产的账面价值

D. 非货币性资产交换确认的损益

6.符合（　　）的，表明换入资产或换出资产的公允价值能够可靠计量。

A. 换入资产或换出资产存在活跃市场

B. 换入资产或换出资产不存在活跃市场，但同类或类似资产存在活跃市场。对于同类或类似资产存在活跃市场的长期股权投资、固定资产、无形资产等非货币性资产，应当以同类或类似资产市场价格为基础确定其公允价值

C. 换入资产或换出资产不存在同类或类似资产的可比市场交易，应当采用估值技术确定其公允价值

D. 换入资产或换出资产存在固定市场

四、判断题

1. 货币性资产和非货币性资产的区别在于，资产在将来为企业带来的经济利益是否固定或者是否可以确定。（　　）

2. 非货币性资产交换即以货易货的交易，不涉及任何货币性资产。（　　）

3. 在涉及补价的非货币性资产交换中，支付补价的一方应以换出资产账面价值与补价之差作为换入资产的入账价值。（　　）

4. 在涉及补价的非货币性资产交换中，收到补价的一方应以换出资产账面价值与补价之差作为换入资产的入账价值。（　）

5. 在非货币性资产交换中，为换入资产发生的相关税费，如资产评估费用、运输费用等，可直接计入换入资产的成本。（　）

6. 如果资产在将来为企业带来的经济利益是固定的或可确定的，则该资产属于非货币性资产。（　）

7. 企业持有的以摊余成本计量的金融资产在将来为企业带来的经济利益是固定的或可确定的，则属于货币性资产。（　）

8. 我国企业会计准则没有明确要求企业应在财务报告中披露非货币性资产交换的有关信息。（　）

五、技能题

1. 甲公司用其生产经营过程中使用的一台设备换入乙公司的一项专有技术，乙公司换入该设备作为固定资产使用。该设备的账面原值为 800 000 元，在交换日的累计折旧为 100 000 元，公允价值为 720 000 元；专有技术的账面原价为 800 000 元，累计摊销为 20 000 元，公允价值为 700 000 元。甲公司开具的增值税专用发票注明计税价格为 720 000 元，增值税税额为 93 600 元。乙公司以银行存款向甲公司支付补价 20 000 元，支付增值税差额 93 600 元。假设该交换不具有商业实质，整个交易过程没有发生相关税费。

要求：请作出甲、乙两公司的相关会计处理。

2. 甲公司用其一项长期股权投资换取乙公司自用的一批电脑作为办公设备。甲公司长期股权投资的账面价值为 100 000 元，公允价值为 120 000 元；乙公司电脑的账面原价为 130 000 元，累计计提折旧 20 000 元，含税公允价值为 120 000 元。甲、乙公司均为增值税一般纳税人，增值税税率为 13%，计税价格等于其公允价值。假设该交换具有商业实质。

要求：请作出甲、乙两公司的相关会计处理。

第17章

或有事项

重点与难点

一、重点

1. 或有事项

或有事项是指过去的交易或事项形成的，其结果须由未来事项的发生或不发生才能决定的不确定事项。常见的或有事项有商业票据的背书转让或贴现、未决诉讼、未决仲裁、产品质量保证（含产品安全保证）、企业为其他单位的债务提供担保等。或有事项主要有以下几个特点：①或有事项是过去的交易或事项形成的一种状态；②或有事项具有不确定性；③或有事项的结果只能由未来发生的事项证实。

2. 或有负债和或有资产

或有负债是指过去的交易或事项形成的潜在义务，其存在须通过未来不确定事项的发生或不发生予以证实；或过去的交易或事项形成的现时义务，履行该义务不是很可能导致经济利益流出企业或该义务的金额不能可靠计量。或有资产是指过去的交易或事项形成的潜在资产，其存在须通过未来不确定事项的发生或不发生予以证实。

3. 或有负债的确认条件

我国企业会计准则规定，如果与或有事项相关的义务同时符合以下条件，企业应将其确认为一项负债：①该义务是企业承担的现时义务。或有事项包括两类义务：一类是潜在义务；另一类是特殊的现时义务。②履行该义务很可能导致经济利益流出企业。这是指履行因或有事项产生的现时义务时，导致经济利益流出企业的可能性超过50%但尚未达到基本确定的程度。③该义务的金额能够可靠地计量。这是指因或有事项产生的现时义务的金额能够合理地估计。

4. 或有事项的计量

或有事项的计量是指由或有事项相关义务形成的预计负债的计量，主要涉及两方面：一是最佳估计数的确定；二是预期可获得的补偿的处理。或有事项是按照履行相关现时义务所需支出的最佳估计数进行初始计量。在将与或有事项有关的义务确认为负债的同时，企业有时也拥有反诉或向第三方索赔的权利。

5. 或有事项的披露

（1）对预计负债的披露。预计负债应在资产负债表中单列项目反映，并在报表附注中作相应披露；而与所确认负债有关的费用或支出应在扣除确认的补偿金额后，在利润表中反映。

（2）对或有负债的披露。或有负债无论作为潜在义务，还是作为现时义务，均不符合负债的确认条件，因而不予确认。但是，我国企业会计准则规定，除非或有负债极小可能导致经济利益流出企业，否则企业应当在附注中披露有关信息。

（3）对或有资产的披露。或有资产作为一种潜在资产，不符合资产确认的条件，因此不予确认。但是，我国企业会计准则规定，如果或有资产很可能会给企业带来经济利益时，则应在报表附注中披露。

二、难点

1. 对或有事项的判断

2. 或有事项确认和计量的原则

练习题

一、名词解释

1.或有事项　2.或有资产　3.或有负债　4.预计负债

二、单项选择题

1.企业对于预计很可能承担的债务担保损失，在利润表中应列入（　　）。

A.“财务费用”项目　　B.“销售费用”项目

C.“管理费用”项目　　D.“营业外支出”项目

2.与或有事项相关的义务确认为负债的条件之一是履行该义务很可能导致经济利益流出企业。这里所指的“很可能”是指（　　）。

A. 发生的可能性大于 25% 但小于或等于 50%

B. 发生的可能性大于 30% 但小于或等于 50%

C. 发生的可能性大于 45% 但小于或等于 50%

D. 发生的可能性大于 50% 但小于或等于 95%

3.企业在拥有反诉或向第三者索赔权利的情况下，其或有损失的确认（　　）。

A. 不扣除索赔或反诉可能取得的金额

B. 需要扣除索赔或反诉可能取得的金额

C. 需要增加索赔或反诉可能取得的金额

D. 视具体情况决定

4.或有事项的结果，即损失或收益是否产生通常（　　）。

A. 在资产负债表日就可以得到证实

B. 只有在未来发生或不发生某个（或某几个）事件时才能得以证实

C. 只有在未来发生某个（或某几个）事件时才能得以证实

D. 只有在未来不发生某个（或某几个）事件时才能得以证实

5. 对于以下或有负债，企业在报表附注中不需要披露的有（　　）。

A. 由于污染环境极小可能发生的治污费用

B. 已贴现商业承兑汇票形成的或有负债

C. 未决诉讼、未决仲裁形成的或有负债

D. 为其他单位提供债务担保形成的或有负债

6. 下列事项中，属于或有事项的是（　　）。

A. 未来可能发生的自然灾害　　B. 未来可能发生的交通事故

C. 未来可能败诉的诉讼　　D. 未来可能发生的经营亏损

7. 或有事项具有（　　）。

A. 无法估计性　　B. 不可预计性　　C. 不确定性　　D. 确定性

8. 或有资产是指（　　）的交易或事项形成的潜在资产，其存在须通过未来不确定事项的发生或不发生加以证实。

A. 过去　　B. 现在　　C. 未来　　D. 随时

9. 在估计或有损失的入账金额时，如果不能确定某个特定金额，而只能得到可能损失金额的范围，且该范围内各种结果发生的可能性相同，则应当按（　　）。

A. 可能损失金额范围内的最低金额入账

B. 可能损失金额范围内的最高金额入账

C. 可能损失金额范围内的最合理估计金额入账

D. 上下限的平均数估计入账

10. 甲公司涉及一项诉讼，根据经验及律师意见，甲公司胜诉的可能性为40%，败诉的可能性为60%。如胜诉，将获得90万元赔偿；如败诉，将赔偿100万元。在这种情况下，甲公司应确认的金额为（　　）。

A. 负债24万元　　B. 负债10万元　　C. 资产90万元　　D. 负债100万元

11. 2024年8月1日，甲公司因产品质量不合格而被乙公司起诉。至2024年12月31日，该案尚未判决，甲公司估计很可能承担违约赔偿责任，需要赔偿200万元的可能性为70%，需要赔偿100万元的可能性为30%。甲公司基本确定能够从直接责任人处追回50万元。2024年12月31日，甲公司对该起诉讼应确认的预计负债金额为（　　）万元。

A. 120　　B. 150　　C. 170　　D. 200

12. 甲企业是一家大型机床制造企业，2023年12月1日与乙公司签订了一项不可撤销的销售合同，约定于2024年4月1日以300万元的价格向乙公司销售大型机床1台。若不能按期交货，甲企业需按照总价款的10%支付违约金。至2023年12月31日，甲企业尚未开始生产该机床，由于原料上涨等因素，甲企业预计生产该机床成本不可避免地升至320万元。甲企业拟继续履约。假定不考虑其他因素。2022年12月31日，甲企业的下列处理中，正确的有（　　）。

A.确认预计负债20万元　B.确认预计负债30万元
C.确认存货跌价准备20万元　D.确认存货跌价准备30万元

三、多项选择题

1.对于应予披露的或有负债，应在报表附注中披露的内容有（　　）。
A.或有负债形成的原因　B.或有负债预计产生的财务影响
C.获得补偿的可能性　D.或有负债预计支付的时间
2.下列项目中，不属于或有事项的有（　　）。
A.因环境污染可能发生的治污费用　B.因环境污染可能支付的罚金
C.签订销售合同　D.支付代垫手续费
3.经常发生的或有事项包括（　　）。
A.产品质量保证　B.未决诉讼　C.未决仲裁　D.签订销售合同
4.在对或有事项进行披露时，应当说明的内容有（　　）。
A. 或有事项的性质
B. 影响或有事项未来结果的不确定因素
C. 或有损失和或有收益的金额
D. 无法估计或有损失、或有收益金额的原因
5.具体判断是否对或有损失加以确认时，应同时考虑的标准有（　　）。
A. 是否已经提出诉讼或赔偿
B. 是否已经进行了担保
C. 未来事件很可能证明在资产负债表中，企业资产已遭减损或负债已经发生
D. 能够对很可能遭受的损失金额作出合理估计
6.对于符合确认条件的负债，其金额应当是清偿负债所需支出的最佳估计数，其最佳估计数的确定为（　　）。
A. 所需支出存在一个金额范围，该范围内所有结果发生的可能性相同，则应按该范围的上下限金额的平均数确定
B. 所需支出存在一个金额范围，该范围内所有结果发生的可能性相同，则应按该范围的上下限金额之差确定
C. 所需支出不存在一个金额范围，且涉及多个项目时，按各种可能发生额及其发生概率计算确定
D. 所需支出不存在一个金额范围，且涉及单个项目时，按最可能发生的金额确定
7.下列项目中，属于或有事项的有（　　）。
A.为其他企业债务提供担保　B.预缴房产税
C.未决诉讼　D.签订购货合同
8.从会计的角度看，或有事项具有的特点有（　　）。
A. 或有事项是过去交易或事项的结果
B. 是未来一定发生的事项

C. 或有事项的结果本身存在不确定性

D. 或有事项发生的可能性很大，则应确认

四、判断题

1. 计提坏账准备属于或有事项。（　）

2. 对于清偿因或有事项而确认的负债所需支出，预期由第三方或者其他方补偿的，只有在补偿金额基本确定能够收到时，该补偿金额才能作为资产单独确认。（　）

3. 当或有负债是企业的一项潜在义务时，不应确认为企业的一项负债；但当或有负债是企业的一项现时义务时，则应确认为一项负债。（　）

4. 对很可能发生的或有资产，如果该或有资产能够可靠地计量，应在资产负债表日予以确认。（　）

5. 企业拥有反诉或向第三方索赔的权利时，就不能确认或有损失。（　）

6. 在进行或有资产披露时，企业应特别谨慎，不能让会计信息使用者误以为所披露的或有资产肯定会实现。（　）

7. 企业签订供货合同的事项，因为是未来发生的交易，所以属于或有事项。（　）

8. 企业的或有事项是资产负债表日过去交易、事项的结果，而不是未来可能发生的事项，只是要在未来得到证实。（　）

9. 当或有事项同时具备很可能发生和可以准确计量这两个条件时，就可以确认或有损失和或有收益。（　）

五、技能题

1. 2024年12月10日，甲公司因侵权被起诉。根据企业法律顾问的判断，最终的判决结果很可能对甲公司不利。2024年12月31日，甲公司尚未接到法院的判决，因诉讼而需承担的赔偿金额无法准确确定。不过，根据以往的类似案例，专业人士估计赔偿金额可能是100万元至120万元之间的某个金额。

要求：

（1）判断甲公司在2024年12月31日是否应确认一项负债；

（2）如应确认，请作出相应的账务处理。

2. 2024年度甲公司共销售A产品500件，单位售价为5万元，单位产品成本为3.5万元。按购销合同约定，甲公司对售出的A产品保修1年。根据以往经验估计，销售A产品所发生的保修费用为其销售额的1.8%。甲公司2024年度实际发生的A产品保修人工费用为10万元，耗用原材料为15万元。至2024年12月31日，甲公司已计提的A产品保修费用的余额为15万元，假设不考虑相关税费。

要求：编制甲公司2024年度销售A产品的有关保修费用的账务处理。

第18章

会计政策、会计估计变更和差错更正

重点与难点

一、重点

1. 会计政策

会计政策是指企业在会计确认、计量和报告中所采用的原则、基础和会计处理方法。原则是指企业按照我国企业会计准则规定的原则所制定的、适合于本企业会计核算所采用的会计原则；基础主要是指会计计量的基础；会计处理方法是指企业在会计核算中从诸多可选择的会计处理方法中所选择的适合于本企业的会计处理方法。会计政策是在允许的原则、基础和会计处理方法中作出的具体选择。

2. 会计政策变更

会计政策变更是指企业对相同的交易或事项由原来采用的会计政策改用另一会计政策的行为，也就是说，在不同的会计期间执行不同的会计政策。我国企业会计准则规定，若确实需要变更会计政策，则应当将变更的性质、内容和原因及对企业财务状况和经营成果的影响在企业财务报表中说明。

3. 会计估计

会计估计是指企业对其结果不确定的交易或事项以最近可利用的信息为基础所作的判断。在会计核算中，有些经济业务本身具有不确定性，不可避免要合理地进行会计估计。有些会计估计的目的是确定资产或负债的账面价值，有些会计估计的目的是确定将在某一期间记录的收益或费用的金额。需要进行会计估计的项目通常有坏账、陈旧过时的存货、固定资产的耐用年限与净残值、无形资产的收益期限、递延资产的摊销期限、或有损失和或有收益等。

4. 会计估计变更

会计估计变更是指由于资产和负债的当前状况及预期经济利益和义务发生了变化，从而对资产或负债的账面价值或者资产的定期消耗金额进行调整。

5. 前期差错

前期差错是指由于没有运用或错误运用以下两类信息而对前期财务报表造成的遗漏或误报：①编报前期财务报表时预期能够取得并加以考虑的可靠信息；②前期财务报表报出时能够取得的可靠信息。前期差错通常包括计算错误、应用会计政策错误、疏忽或曲解事实及舞弊产生的影响，以及存货、固定资产盘盈等。

二、难点

追溯调整法的具体运用

练习题

一、名词解释

1. 会计政策变更　2. 会计估计变更　3. 前期差错　4. 追溯调整法　5. 追溯重述法

二、单项选择题

1. 下列各项中，不属于会计政策变更的是（　　）。

A. 缩短固定资产预计可使用年限

B. 所得税核算由应付税款法改为资产负债表债务法

C. 建造合同的收入确认按照2017年修订的《企业会计准则第14号——收入》规定的方法进行

D. 坏账的核算由直接转销法改为备抵法

2. 我国境内某上市公司发生的下列交易或事项中，属于会计政策变更的是（　　）。

A. 固定资产改良将其折旧年限由8年延长至10年

B. 期末对原按业务发生时的汇率折算的外币长期借款余额按期末市场汇率进行调整

C. 年末根据当期发生的暂时性差异所产生的递延所得税负债调整本期所得税费用

D. 投资性房地产的后续计量由成本模式改为公允价值模式

3. 下列各项有关会计政策变更的处理中，正确的是（　　）。

A. 会计政策变更采用未来适用法的，应将会计政策变更的累积影响数直接计入当期损益

B. 会计政策变更采用未来适用法的，应将会计政策变更的累积影响数调整前期留存收益及相关项目

C. 会计政策变更采用追溯调整法的，应将会计政策变更的累积影响数调整前期留存收益及相关项目

D. 会计政策变更采用追溯调整法的，应将会计政策变更的累积影响数直接计入当期损益

4. 下列项目中，属于会计估计变更的是（　　）。

A. 将存货发出的计价由先进先出法改为加权平均法

B. 将坏账损失的核算方法由直接转销法改为备抵法

C.交易性金融资产由按成本与市价孰低法计量改为按公允价值计量

D.将固定资产的预计使用年限由9年改为5年

5.下列各项中，属于会计政策变更的是（　　）。

A.《企业会计准则第16号——政府补助》在2017年修订实施后，对财政贴息采用新的会计政策进行处理

B.将应收账款的违约损失率由10%改为20%

C.将固定资产的预计使用年限由19年改为15年

D.将无形资产的摊销年限由8年改为4年

6.甲股份有限公司2024年度实现净利润500万元。2024年发生或发现的下列事项中，会影响年初未分配利润的是（　　）。

A.发现2023年度少计财务费用300万元

B.发现2023年度少计折旧费用0.1万元

C.为2023年售出的设备提供售后服务发生支出50万元

D.因客户资信状况明显改善将应收账款的违约损失率由20%改为5%

7.企业发生会计估计变更时，下列各项目中不需要在报表附注中披露的是（　　）。

A.会计估计变更的内容

B.会计估计变更的累积影响数

C.会计估计变更的原因

D.会计估计变更对当期损益的影响金额

8.会计政策是指（　　）。

A.企业在会计确认、计量和报告中所采用的原则、基础和会计处理方法

B.企业在会计确认中所采用的原则、基础和会计处理方法

C.企业在会计计量中所采用的原则、基础和会计处理方法

D.企业在会计报告中所采用的原则、基础和会计处理方法

9.某公司于2019年年末购入一台管理用设备并投入使用，入账价值为403 500元，预计使用寿命为10年，预计净残值为3 500元，自2020年1月1日起按年限平均法计提折旧。2024年年初，由于技术进步等原因，公司将该设备预计使用寿命变更为6年，预计净残值变更为1 500元。假定适用的所得税税率为25%，税法允许按照变更后的折旧额在税前扣除。该项变更对2024年净利润的影响金额为（　　）元。

A.-81 000　　B.-60 750　　C.81 000　　D.60 750

三、多项选择题

1.属于会计政策变更的有（　　）。

A.坏账损失的核算由直接转销法改为备抵法

B.长期股权投资的核算由成本法改为权益法

C.所得税的核算由应付税款法改为资产负债表债务法

D.固定资产的折旧方法由年限平均法改为工作量法

2. 下列会计处理中应采用未来适用法的有（　　）。
A. 当期期初确定会计政策变更对以前各期累积影响数不切实可行
B. 固定资产折旧方法发生变更
C. 固定资产预计可使用年限发生变更
D. 难以对某项变更区分为会计政策变更或会计估计变更
3. 下列各项中，属于会计估计变更的有（　　）。
A. 将固定资产预计净残值率由10%改为3%
B. 将应收账款的违约损失率由5%改为10%
C. 将无形资产的摊销年限由10年改为5年
D. 投资性房地产的后续计量由成本模式改为公允价值模式
4. 下列项目中，属于会计估计变更的有（　　）。
A. 因固定资产改扩建而将其使用年限由5年延长至10年
B. 将发出存货的计价由先进先出法改为加权平均法
C. 将坏账准备按3%的违约损失率计提改为按5%计提
D. 将某一已使用的电子设备的使用年限由5年改为3年
E. 将固定资产按直线法计提折旧改为按年数总和法计提折旧
5. 下列各项中，属于会计估计变更的事项有（　　）。
A. 变更无形资产的摊销年限
B. 发出存货的计价方法由加权平均法改为先进先出法
C. 因固定资产扩建而重新确定其预计可使用年限
D. 降低坏账准备的计提比例
6. 甲公司2023年度财务报告批准对外报出日为2024年4月5日，所得税汇算清缴结束日为2024年3月15日。该公司在2024年4月5日之前发生的下列事项中，需要对2023年度会计报表进行调整的有（　　）。
A.2024年4月1日，收到客户退回的于2023年12月25日销售的设备一台，计40万元
B.2024年2月15日，法院判决甲公司应向乙公司支付赔偿款60万元，该诉讼在上年末已确认预计负债80万元
C.2024年3月2日，收到税务机关退回的上年度出口货物增值税23万元
D.2024年3月21日，向会计师事务所支付业务费用4万元
7. 企业发生会计估计变更时应在报表附注中披露的内容有（　　）。
A. 会计估计变更的内容　　B. 会计估计变更的原因
C. 会计估计变更的影响数　　D. 会计估计变更的影响数不能确定的理由
8. 下列项目中，上市公司应在其报表附注中披露的有（　　）。
A. 会计政策变更的累积影响数
B. 会计估计变更的原因
C. 非货币性资产交换的计价基础
D. 向期货交易所提交的质押品的账面价值
E. 与关联方交易的定价政策

9. 下列关于会计政策、会计估计变更和前期差错更正的表述中，正确的有（　　）。

A. 企业可以在企业会计准则所允许的范围内选择适合本企业实际情况的会计政策，但一经选定，不得随意变更

B. 首次执行企业会计准则改用新的会计政策属于会计政策变更，应当按照《企业会计准则第38号——首次执行企业会计准则》的规定进行会计处理，不执行《企业会计准则第28号——会计政策、会计估计变更和差错更正》

C. 在通常情况下，会计政策变更采用追溯调整法，会计估计变更采用未来适用法，重要的前期差错更正采用追溯重述法

D. 会计政策、会计估计变更和前期差错更正都要在报表附注中予以充分披露，包括变更的性质、内容及相关金额等

四、判断题

1. 企业对于初次发生的交易或事项采用新的会计政策，不属于会计政策变更。（　　）

2. 企业可以随意选择或变更会计政策。（　　）

3. 或有损失金额的确定属于会计估计。（　　）

4. 在追溯调整法下，应计算会计政策变更的累积影响数，并调整当期损益。（　　）

5. 重要的前期差错是指企业发现的使公布的财务报表不再具有可靠性的会计差错。（　　）

6. 企业会计政策变更采用追溯调整法进行处理时，除了调整报表相关项目，还要重编以前年度的财务报表。（　　）

7. 未来适用法是指对某项交易或事项变更会计政策时，新的会计政策只适用未来期间发生的交易或事项的方法。（　　）

五、技能题

乙公司按照相关规定，从2024年1月1日起变更存货发出的计价方法，由先进先出法改为移动加权平均法。2024年1月1日的存货价值为30万元，2024年12月31日的存货价值为26万元，当年销售额为400万元，公司购入的存货成本为300万元。假设2024年会计政策没有改变，2024年12月31日的存货价值则为50万元。该年度其他费用为16万元，该年所得税税率为25%。

要求：

（1）判断上述变更事项是属于会计政策变更还是会计估计变更；

（2）判断应该采用什么方法进行会计处理；

（3）请进行相应的会计处理。

第19章

债务重组

重点与难点

一、重点

1. 债务重组的含义

债务重组是指在不改变交易对手方的情况下，经债权人和债务人协定或法院裁定，就清偿债务的时间、金额或方式等重新达成协议的交易。

2. 债务重组的方式

（1）债务人以资产清偿债务

债务人以资产清偿债务是指债务人转让其资产给债权人以清偿债务的债务重组方式，包括债务人以金融资产清偿债务和以长期股权投资、存货、固定资产、无形资产等非金融资产清偿债务两种方式。

（2）债务转为权益工具

债务转为权益工具是指债务人将债务转为权益工具，同时债权人将债权转为对债务人的股权投资的债务重组方式。将债务转为权益工具用于清偿债务，对于股份制企业而言，在法律上有一定限制。例如，按照我国《公司法》规定，公司发行新股必须具备一定的条件，因此，企业只有在满足规定的条件后才能发行新股。因此，公司只有在满足国家规定条件的情况下，才能采用将债务转为权益工具的方式进行债务重组。

（3）修改其他条款

修改其他条款是指修改不包括上述两种方式在内的债务条件进行债务重组的方式，如调整债务本金、改变债务利息、变更偿还期限等。

（4）以上三种方式的组合

这种重组方式简称“混合重组方式”。如以转让资产清偿某项债务的一部分，另一部分通过将债务转为权益工具进行债务重组；或者以资产清偿债务的一部分、以债务转为权益工具清偿债务的一部分，另一部分通过修改其他条款进行债务重组等。

二、难点

1. 债务人以多项资产清偿债务时，债务人和债权人的账务处理
2. 混合重组方式下债务人和债权人的账务处理

练习题

一、名词解释

1. 债务重组　2. 债务重组损益　3. 公允价值

二、单项选择题

1. 债务人以非金融资产清偿某项债务时，债权人确认的非金融资产的入账价值为（　　）。

A. 非现金资产的账面价值

B. 非现金资产的公允价值

C. 债权的账面价值

D. 放弃债权的公允价值加上可直接归属于资产成本的其他成本

2. 甲企业于 2023 年 4 月 1 日从乙企业购入货物一批，货款为 100 万元，增值税税额为 13 万元，应于 2023 年 5 月 1 日支付。甲企业发生财务困难，4 月 28 日双方协商，乙企业同意甲企业以价值 80 万元的货物抵偿债务。甲企业于 2023 年 5 月 10 日将商品运抵乙企业并办理有关债务解除手续。在此项债务重组中，双方进行账务处理的日期为（　　）。

A. 2023 年 5 月 1 日　　B. 2023 年 4 月 1 日

C. 2023 年 4 月 28 日　　D. 2023 年 5 月 10 日

3. 债务重组中涉及的债权、债务，不包括（　　）。

A. 应收账款　　B. 应付账款　　C. 其他应收款　　D. 预付款项

4. 关于债务重组的定义，以下说法中正确的是（　　）。

A. 债务重组是指在不改变交易对手方的情况下，经债权人和债务人协定或法院裁定，就清偿债务的时间、金额或方式等重新达成协议的交易

B. 债权人同意债务人用等值的库存商品抵偿到期债务不属于债务重组

C. 债务重组强调，必须在债务人发生财务困难的背景下进行

D. 债务重组强调，债权人必须作出让步，否则不属于债务重组

5. 以下不属于债务人应披露的有关债务重组信息的是（　　）。

A. 根据债务重组方式，分组披露债务账面价值和债务重组相关损益

B. 债务重组导致的股本（或实收资本）等所有者权益的增加额

C. 债务重组导致的对联营企业和合营企业的权益性投资增加额

D. 是否存在与债务重组相关的或有事项

6. 在“以资产清偿债务”或者“债务转为权益工具”的债务重组方式下，债权人应当在（　　）时确认相关资产。

A.资产符合其定义和确认条件　　B.资产符合其定义
C.债务重组合同签署日　　D.以上都不是

7.甲企业销售一批价值为600 000元（含增值税）的商品给乙企业。因乙企业发生临时性财务困难，不能按期还款。乙企业经与甲企业协商，甲企业同意乙企业以每股面值10元、每股公允价值25元的股票20 000股还债。当日该项债权的公允价值为560 000元，假设无其他相关税费，甲企业持有的股份占乙企业股份总额的20%。则甲企业长期股权投资的入账价值为（　　）元。

A.600 000　　B.200 000　　C.560 000　　D.500 000

8.以修改其他条款进行债务重组时，如果导致债权人的全部债权终止确认，债权人的重组债权的确认金额与债权终止确认日的账面价值之间的差额，应（　　）。

A.直接记入“投资收益”科目　　B.待债务人清偿债务时再计入损益
C.计入长期待摊费用　　D.直接记入“营业外支出”科目

9.某工业企业在进行债务重组时，债权人对于受让非金融资产过程中发生的运杂费、保险费等相关费用，应计入（　　）。

A.管理费用　　B.其他业务成本
C.营业外支出　　D.接受资产的价值

三、多项选择题

1.债务重组的方式主要有（　　）。

A.以资产清偿债务　　B.修改其他债务清偿条件
C.将债务的本息转为企业的权益工具　　D.以一种负债偿还另一种负债

2.下列项目中，会计上应视同销售核算的有（　　）。

A. 自产、委托加工货物用于集体福利和个人消费
B. 以库存材料抵偿债务
C. 自产、委托加工货物用于投资活动
D. 以商品产品抵偿债务

3.下列不属于我国企业会计准则所规范的债务重组的内容的有（　　）。

A. 债务人破产清算时进行的债务重组
B. 正常情况下债务人以自己生产的产品抵偿债务
C. 债务人借新债还旧债
D. 债务人转让非现金资产给债权人以清偿债务，但同时又与债务人签订了资产回购协议

4.下列项目中属于以金融资产清偿债务的有（　　）。

A.以固定资产清偿债务　　B.将债务转为权益工具
C.以银行存款清偿债务　　D.以持有的其他单位的债券清偿债务

5.以修改其他偿债条件进行债务重组的方式主要有（　　）。

A.调整债务本金　　B.改变债务利息
C.延长债务偿还期限并减少债务本金　　D.延长债务偿还期限并减少债务利息

四、判断题

1. 债务人和债权人应于债务到期日进行相应的债务重组账务处理。（　）

2. 上市公司进行债务重组时，经与债权人协商，即可将债务转为权益工具。（　）

3. 债务转为权益工具时，在未形成企业合并的情况下，债权人应将相关税费计入长期股权投资的成本。（　）

4. 或有支出是指依未来某种事项的出现而发生的支出。（　）

5. 债务人以某项非金融资产清偿全部债务，其清偿债务的账面价值与转让的非金融资产账面价值的差额作为债务重组收益计入当期损益。（　）

6. 以非金融资产清偿债务时，债权人应以该项非金融资产的原账面价值入账。（　）

7. 在附有或有条件的债务重组中，债务人应将或有支出包含在将来应付金额中；同理，债权人也应将或有收益包含在将来应收金额中。（　）

8. 债务人由于财务困难不能清偿到期债务，债务人可以决定推迟清偿债务并进行债务重组。（　）

五、技能题

1. 甲企业于2023年10月1日销售给乙企业一批材料，价值500 000元（含增值税），甲企业将其确认为应收账款，乙企业确认为应付账款。2023年11月30日，乙企业尚未支付货款。乙企业由于发生财务困难，当日，经与甲企业协商，甲企业同意乙企业以一台设备抵债，该债权的公允价值为435 000元。设备于12月15日转让完毕，甲公司已对此项应收款项计提了50 000元的坏账准备，将受让的设备作为固定资产核算。2023年12月15日，乙企业抵债设备的账面原价为600 000元，已提折旧180 000元，计税价格为320 000元，应付账款的账面价值仍为500 000元。甲企业和乙企业均为增值税一般纳税人，增值税税率为13%。

要求：根据以上资料，分别作出债务人和债权人有关债务重组的账务处理。

2. 甲企业应收乙企业账款的账面余额为205 000元，甲企业已为该应收账款计提了15 000元的坏账准备。2023年6月5日，双方签订债务重组合同，乙企业以80 000股普通股偿还债务（不考虑相关税费），普通股每股面值为1元。该应收账款的公允价值为182 500元。6月25日，双方办理完成股权转让手续，当日股票的公允价值为每股2元。甲企业将债权转为股权后，长期股权投资按照权益法核算。乙企业应付账款的账面价值仍为205 000元。

要求：根据以上资料，分别作出甲、乙企业进行债务重组有关的账务处理。

3. 2023年12月31日，乙企业欠甲银行的年利率7%、5年期的贷款1 000 000元到期。因乙企业出现严重的资金周转问题，多项债务违约，信用风险增加，无法偿还贷款本金和利息。双方于2024年1月1日就该项贷款重新达成协议。协议约定：甲银行免除积欠利息210 000元，本金减至800 000元并展期至2024年12月31日，年利率为8%。

要求：根据以上资料，作出债务人进行债务重组有关的账务处理。

附录一

练习题参考答案

第1章 练习题参考答案

一、名词解释

1. 会计主体，也称会计实体，是指企业会计确认、计量和报告的空间范围。典型的会计主体是企业。

2. 持续经营，是指在可以预见的将来，企业将会按当前的规模和状态继续经营下去，不会停业，也不会大规模削减业务。它要求会计人员以企业持续、正常地进行生产经营活动为前提进行会计核算。

3. 资产，是指过去的交易或者事项形成的、由企业拥有或者控制的、预期会给企业带来经济利益的资源。

4. 负债，是指过去的交易或者事项形成的、预期会导致经济利益流出企业的现时义务。负债是企业权益的重要组成部分。

5. 可靠性，是指企业应当以实际发生的交易或者事项为依据进行确认、计量和报告，如实反映符合确认和计量要求的各项会计要素及其他相关信息，保证会计信息真实可靠、内容完整。

6. 相关性，是指企业提供的会计信息应当与投资者等财务报告使用者的经济决策需要相关，有助于投资者等财务报告使用者对企业过去、现在或者未来的情况作出评价或者预测。

二、单项选择题

1.A　2.C　3.C　4.B　5.B　6.D　7.B

三、多项选择题

1.BCD　2.ABCD　3.ABC　4.CD　5.ABD

四、判断题

1.√　2.×　3.×　4.×　5.×　6.√　7.√　8.×　9.×　10.√

第2章　练习题参考答案

一、名词解释

1. 银行存款，是指企业存放在银行或其他金融机构的货币资金。

2. 其他货币资金，是指除库存现金、银行存款以外的其他各项货币资金，包括外埠存款、银行汇票存款、银行本票存款、信用证保证金存款、信用卡存款和存出投资款等。

3. 支付结算，是指单位、个人在社会经济活动中使用票据、信用卡、汇兑、托收承付、委托收款等结算方式进行货币给付及资金清算的行为。

4. 商业汇票，是指出票人签发的、委托付款人在指定日期无条件支付确定的金额给收款人或者持票人的票据。

5. 未达账项，是指企业与银行之间，由于凭证传递上的时间差，一方已登记入账，而另一方尚未登记入账的账项。

6. 外埠存款，是指企业到外地进行临时或零星采购时，汇往采购地银行开立采购专户的款项。

7. 外币业务，是指以记账本位币以外的货币进行的款项收付、往来结算等业务。

8. 汇兑损益，是指在持有外币货币性资产和负债期间，由于外币汇率变动而引起的外币货币性资产或负债的价值发生变动而产生的损益。

二、单项选择题

1.A　2.D　3.A　4.A　5.B　6.C　7.C　8.C　9.B　10.A　11.D　12.D　13.B　14.C　15.B

三、多项选择题

1.ABCD　2.ACDE　3.ACDE　4.ABCD　5.ABCD　6.BCD　7.AB　8.AC　9.BE　10.BCDE　11.ABCE　12.ABCDE　13.ACE　14.AB　15.AC

四、判断题

1.×　2.×　3.×　4.√　5.√　6.×　7.×　8.√　9.√　10.√　11.×　12.×　13.×　14.√　15.√　16.×　17.×　18.√　19.√　20.×

五、技能题

1.（1）借：库存现金	1 000	
贷：银行存款		1 000
（2）借：其他应收款——备用金（王芳）	1 500	
贷：库存现金		1 500
（3）借：银行存款	50 000	
贷：应收账款——甲单位		50 000
（4）借：原材料	100 000	
应交税费——应交增值税（进项税额）	13 000	
贷：银行存款		113 000

（5）借：应付账款——丙单位　20 000
　　贷：银行存款　20 000
（6）借：管理费用　1 650
　　贷：其他应收款——备用金（王芳）　1 500
　　　　库存现金　150
（7）借：银行存款　1 800
　　贷：库存现金　1 800
（8）借：待处理财产损溢——待处理流动资产损溢　200
　　贷：库存现金　200
（9）借：库存现金　200
　　贷：待处理财产损溢——待处理流动资产损溢　200

2.根据资料，编制“银行存款余额调节表”，见附表1-1。

附表1-1

银行存款余额调节表

单位：元

项　目	金额	项　目	金额
企业银行存款日记账余额	226 600	银行对账单余额	269 700
加：银行已收、企业未收的销货款 减：银行已付、企业未付的电费	24 600 17 000	减：企业已付、银行未付的购料款	35 500
调节后的存款余额	234 200	调节后的存款余额	234 200

3.（1）借：其他货币资金——银行汇票　50 000
　　贷：银行存款　50 000
（2）借：其他货币资金——外埠存款　100 000
　　贷：银行存款　100 000
（3）借：原材料　45 000
　　　　应交税费——应交增值税（进项税额）　5 850
　　贷：其他货币资金——银行汇票　50 000
　　　　银行存款　850
（4）借：原材料　80 000
　　　　应交税费——应交增值税（进项税额）　10 400
　　贷：其他货币资金——外埠存款　90 400
借：银行存款　9 600
　贷：其他货币资金——外埠存款　9 600
（5）借：其他货币资金——银行本票　20 000
　　贷：银行存款　20 000
（6）借：管理费用　2 300
　　贷：其他货币资金——信用卡存款　2 300

4.（1）借：应收账款——美元户（$20 000 ×6.30）　126 000
　　贷：主营业务收入　126 000

（2）借：银行存款——美元户（$100 000 ×6.30）	630 000	
贷：短期借款——美元户		630 000
（3）借：应付账款——美元户（$50 000 ×6.35）	317 500	
贷：银行存款——美元户		317 500
（4）借：银行存款——美元户（$150 000 ×6.35）	952 500	
财务费用	7 500	
贷：银行存款——人民币户（$150 000 ×6.40）		960 000
（5）借：银行存款——美元户（$40 000 ×6.35）	254 000	
贷：应收账款——美元户		254 000
（6）借：原材料	508 000	
贷：应付账款——美元户（$80 000 ×6.35）		508 000

（7）有关外币账户发生的汇兑差额：

银行存款=250 000×6.40−1 582 000=18 000（元）

应收账款=20 000×6.40−126 000=2 000（元）

应付账款=80 000×6.40−508 000=4 000（元）

短期借款=100 000×6.40−630 000=10 000（元）

借：银行存款	18 000	
应收账款	2 000	
贷：应付账款		4 000
短期借款		10 000
财务费用		6 000

第3章　练习题参考答案

一、名词解释

1. 金融资产，是指企业持有的现金、其他方的权益工具以及符合下列条件之一的资产：一是从其他方收取现金或其他金融资产的合同权利。二是在潜在有利条件下，与其他方交换金融资产或金融负债的合同权利。三是将来须用或可用企业自身权益工具进行结算的非衍生工具合同，且企业根据该合同将收到可变数量的自身权益工具。四是将来须用或可用企业自身权益工具进行结算的衍生工具合同。

2. 应收账款，是指企业因销售商品、产品或提供劳务等，应向购货单位或接受劳务单位收取的款项。

3. 应收票据，是指企业因销售商品、产品或提供劳务等而收到的商业汇票，包括银行承兑汇票和商业承兑汇票。

4. 预付账款，是指企业按照购货合同规定预付给供应单位的款项。

5. 备抵法，是指按期估计坏账损失，形成坏账准备，当某一应收款项全部或部分被确认为坏账时，应根据其金额冲减坏账准备，同时转销相应的应收款项金额的一种核算方法。

6. 带息商业汇票，是指商业汇票到期时，承兑人必须按票面金额加上应计利息向收款人或被背书人支付票款的票据。

7. 票据贴现，是指持票人为解决临时的资金需要，将尚未到期的票据在背书后送交银行，银行受理后从票据到期值中扣除按银行贴现率计算确定的贴现利息，然后将余额付给持票人的一种方式。

8. 公允价值，是指市场参与者在计量日发生的有序交易中，出售一项资产所能收到或转移一项负债所需支付的价格。

9. 以公允价值计量且其变动计入当期损益的金融资产，是指企业分类为以摊余成本计量的金融资产和以公允价值计量且其变动计入其他综合收益的金融资产之外的金融资产。

10. 以摊余成本计量的金融资产，是指同时符合下列条件的金融资产：一是企业管理该金融资产的业务模式是以收取合同现金流量为目标；二是该金融资产的合同条款规定，在特定日期产生的现金流量，仅为对本金和以未偿付本金金额为基础的利息的支付。

11. 以公允价值计量且其变动计入其他综合收益的金融资产，是指同时符合下列条件的金融资产：一是企业管理该金融资产的业务模式既以收取合同现金流量为目标又以出售该金融资产为目标；二是该金融资产的合同条款规定，在特定日期产生的现金流量，仅为对本金和以未偿付本金金额为基础的利息的支付。

二、单项选择题

1.C　2.A　3.B　4.D　5.B　6.A　7.C　8.C　9.B　10.B　11.A　12.C　13.A　14.D

三、多项选择题

1.CD　2.ABCE　3.ABC　4.DE　5.ABC　6.CE　7.ABCD　8.ABE　9.BC　10.ABCD　11.CD　12.AB　13.ABD　14.CD　15.CD

四、判断题

1.√　2.√　3.√　4.√　5.√　6.×　7.×　8.√　9.√　10.√　11.×　12.√　13.×

五、技能题

1.（1）借：应收账款——甲公司　56 900

　　贷：主营业务收入　50 000

　　　　应交税费——应交增值税（销项税额）　6 500

　　　　银行存款　400

（2）借：应收票据　65 000

　　贷：应收账款——乙单位　65 000

（3）借：应收账款——丙单位　113 000

　　贷：主营业务收入　100 000

　　　　应交税费——应交增值税（销项税额）　13 000

（4）借：银行存款　56 900

　　贷：应收账款——甲公司　56 900

（5）借：银行存款　113 000

　　贷：应收账款——丙单位　113 000

2.（1）2022年年末：

应补提的坏账准备=11 065−8 450=2 615（元）

借：信用减值损失　2 615

　贷：坏账准备　2 615

（2）2023年年末：

应冲回多提的坏账准备=11 065−6 125=4 940（元）

借：坏账准备　4 940

　贷：信用减值损失　4 940

（3）2024年7月发生坏账损失：

借：坏账准备　36 000

　贷：应收账款　36 000

（4）2024年11月收回已核销的坏账：

借：应收账款　18 000

　贷：坏账准备　18 000

借：银行存款　18 000

　贷：应收账款　18 000

（5）2024年年末：

应补提的坏账准备=4 335+11 875=16 210（元）

借：信用减值损失　16 210

　贷：坏账准备　16 210

3.（1）借：应收票据——A公司　226 000

　　贷：主营业务收入　200 000

　　　应交税费——应交增值税（销项税额）　26 000

（2）借：应收票据——B单位　100 000

　　贷：应收账款——B单位　100 000

（3）借：应收账款——C公司　90 000

　　贷：应收票据——C公司　90 000

（4）借：银行存款　153 000

　　贷：应收票据——D单位　150 000

　　　财务费用　3 000

（5）贴现息=226 000 ×9% ÷ 360×45=2 542.50（元）

贴现净额=226 000−2 542.50 =223 457.50（元）

借：银行存款　223 457.50

　财务费用　2 542.50

　贷：应收票据——A公司　226 000

（6）借：应收账款——E单位　187 200

　　贷：银行存款　187 200

（7）借：应收票据——B单位　2 000

贷：财务费用 2 000

4.（1）借：预付账款——甲企业 100 000

贷：银行存款 100 000

（2）借：原材料 100 000

应交税费——应交增值税（进项税额） 13 000

贷：预付账款——甲企业 113 000

借：预付账款——甲企业 13 000

贷：银行存款 13 000

5.（1）6月1日取得短期借款时：

借：银行存款 135 000

贷：短期借款 135 000

（2）6月30日偿付利息时：

借：财务费用（135 000 ×6%÷12） 675

贷：银行存款 675

（3）10月31日偿付短期借款本金及最后一期利息：

借：财务费用 675

短期借款 135 000

贷：银行存款 135 675

6.（1）6月4日出售应收债权：

借：银行存款 789 750

营业外支出 157 077

其他应收款 70 173

贷：应收账款（900 000+117 000） 1 017 000

（2）8月3日收到退回的商品：

借：主营业务收入 62 100

应交税费——应交增值税（销项税额） 8 073

贷：其他应收款 70 173

借：库存商品 39 000

贷：主营业务成本 39 000

7.（1）用实际利率摊销法计算债券溢价摊销额，见附表1-2。

附表1-2

债券溢价摊销额计算表

单位：元

年份	债券期初入账价值（1）	票面利息（2）=900 000×8%	实际利息收入（3）=（1）×6%	利息调整摊销数（4）=（2）-（3）	债券投资期末账面价值（5）=（1）-（4）
2024	975 000	72 000	58 500	13 500	961 500
2025	961 500	72 000	57 690	14 310	947 190
2026	947 190	72 000	56 831	15 169	932 021
2027	932 021	72 000	55 921	16 079	915 942
2028	915 942	72 000	56 058	15 942	900 000
合计	—	360 000	285 000	75 000	—

注：表中数据部分作了尾数调整。

（2）根据上述资料，编制会计分录如下：

①购入债券时：

借：债权投资——成本	900 000	
——利息调整	75 000	
贷：银行存款		975 000

②每年年末确认债券实际利息收入、收到债券利息：

A.2024年年末：

借：应收利息	72 000	
贷：债权投资——利息调整		13 500
投资收益		58 500
借：银行存款	72 000	
贷：应收利息		72 000

B.2025年年末：

借：应收利息	72 000	
贷：债权投资——利息调整		14 310
投资收益		57 690
借：银行存款	72 000	
贷：应收利息		72 000

C.2026年年末：

借：应收利息	72 000	
贷：债权投资——利息调整		15 169
投资收益		56 831
借：银行存款	72 000	
贷：应收利息		72 000

D.2027年年末：

借：应收利息	72 000	
贷：债权投资——利息调整		16 079
投资收益		55 921
借：银行存款	72 000	
贷：应收利息		72 000

③2028年年末，确认债券实际利息收入、收到债券利息和本金：

借：应收利息	72 000	
贷：债权投资——利息调整		15 942
投资收益		56 058
借：银行存款	972 000	
贷：债权投资——成本		900 000
应收利息		72 000

8.（1）2024年1月1日购入时：

借：交易性金融资产——成本　　10 800
　　投资收益　　1 125
　贷：银行存款　　11 925

（2）2024年1月31日公允价值变动：

借：交易性金融资产——公允价值变动　　450
　贷：公允价值变动损益　　450

（3）2024年3月31日公允价值变动：

借：公允价值变动损益　　675
　贷：交易性金融资产——公允价值变动　　675

（4）2024年4月21日出售时：

借：银行存款　　11 025
　　交易性金融资产——公允价值变动　　225
　贷：交易性金融资产——成本　　10 800
　　　投资收益　　450

第4章　练习题参考答案

一、名词解释

1. 存货，是指企业在日常活动过程中持有以备出售的产成品或商品、处在生产过程中的在产品、在生产过程中或提供劳务过程中耗用的各种材料和物料等。

2. 材料，是指企业为生产产品或提供服务过程中耗用而储存的各种存货，包括原材料、周转材料等。

3. 先进先出法，是指以先入库的材料先发出为原则，并按这种原则对发出材料和期末材料进行计价的方法。

4. 加权平均法，也称全月一次加权平均法，是指以本月全部收入数量加上月初结存数量作为权数，去除本月全部收入材料成本加上月初结存成本，计算出材料的加权平均单位成本，从而确定材料的发出成本和期末结存成本的一种方法。

5. 成本与可变现净值孰低法，是指对期末材料按照成本与可变现净值两者之中的较低者计价的方法。

6. 原材料，是指经过加工能构成产品主要实体的各种原料、材料及不构成产品主要实体但有助于产品形成的各种辅助材料。

7. 周转材料，是指企业能够多次使用的材料，包括：为包装本企业商品而储备的各种包装物；各种管理用具、工具、玻璃器皿、劳动保护用品以及在经营过程中周转使用的容器等低值易耗品；建造承包商的钢模板、木模板、脚手架等其他周转材料。

二、单项选择题

1.D　2.A　3.A　4.A　5.D　6.A　7.C　8.D　9.B　10.A　11.C　12.B　13.C　14.D

15.B　16.B　17.B

三、多项选择题

1.AE　2.ABC　3.ABDE　4.AC　5.ABDE　6.ACD　7.AD　8.BCDE　9.ACD　10.ABC　11.ABD　12.ABCD　13.CD　14.ADE　15.BCD　16.AD

四、判断题

1.√　2.×　3.√　4.√　5.√　6.×　7.×　8.×　9.×　10.√　11.×　12.×　13.×　14.×　15.×　16.×　17.√　18.×　19.×

五、技能题

1.（1）2022年年末应计提的存货跌价准备=863 000-857 220=5 780（元）

计提前"存货跌价准备"账户的余额为4 210元，则：

应补提的存货跌价准备=5 780-4 210=1 570（元）

借：资产减值损失　1 570

　贷：存货跌价准备　1 570

（2）2023年年末应计提的存货跌价准备=629 000-624 040=4 960（元）

计提前"存货跌价准备"账户的余额为5 780元，则：

应冲减前已计提的存货跌价准备=5 780-4 960=820（元）

借：存货跌价准备　820

　贷：资产减值损失　820

（3）2024年7月处理生产中已不再需要，并且已无使用价值和转让价值的材料：

借：资产减值损失　7 040

　　存货跌价准备　4 960

　贷：原材料　12 000

2.（1）借：原材料　75 000

　　贷：应付账款——暂估应付账款　75 000

（2）借：原材料——A材料　50 000

　　贷：在途物资　50 000

（3）借：原材料——A材料　101 500

　　　应交税费——应交增值税（进项税额）　13 135

　　贷：应付票据　114 635

（4）借：预付账款——乙企业　80 000

　　贷：银行存款　80 000

（5）借：原材料——B材料　30 000

　　　应交税费——应交增值税（进项税额）　3 900

　　贷：其他货币资金——银行本票　33 900

（6）借：在途物资——A材料　122 000

　　　应交税费——应交增值税（进项税额）　15 750

　　贷：银行存款　137 750

(7) 借：原材料——A材料　115 900
　　待处理财产损溢——待处理流动资产损溢　6 880
　　贷：在途物资——A材料　122 000
　　　　应交税费——应交增值税（进项税额转出）　780

(8) 借：原材料——B材料　70 000
　　应交税费——应交增值税（进项税额）　9 100
　　贷：预付账款——乙企业　79 100

借：银行存款　900
　贷：预付账款——乙企业　900

(9) 借：应收账款——丁企业　6 880
　　贷：待处理财产损溢——待处理流动资产损溢　6 880

(10) 借：原材料——A材料　60 000
　　贷：应付账款——暂估应付账款　60 000

(11) 借：生产成本——基本生产成本　423 000
　　制造费用　80 500
　　管理费用　78 600
　　贷：原材料　582 100

3.（1）①7月5日购入A材料：

总成本=235 600+（2 100−100）=237 600（元）

单位成本=237 600÷4 950=48（元/千克）

②7月12日购入A材料：

总成本=145 500元

单位成本=145 500÷3 000=48.50（元/千克）

③7月20日购入A、B材料：

运杂费分配率=（1 560−60）÷（2 500+2 500）=0.30（元/千克）

A材料应负担的运杂费=2 500×0.30=750（元）

B材料应负担的运杂费=2 500×0.30=750（元）

A材料总成本=114 250+750=115 000（元）

A材料单位成本=115 000÷2 500=46（元/千克）

（2）①采用先进先出法：

本月发出A材料的成本=（1 000×50+1 800×48）+（3 150×48+450×48.50）+（2 550×48.50+1 450×46）
=499 800（元）

月末A材料的结存成本=1 000×50+（237 600+145 500+115 000）−499 800=48 300（元）

②采用加权平均法：

加权平均单位成本=（1 000×50+237 600+145 500+115 000）÷（1 000+4 950+3 000+2 500）
≈47.87（元/千克）

月末A材料的结存成本=［1 000+4 950+3 000+2 500−（2 800+3 600+4 000）］×47.87
=50 263.50（元）

本月发出A材料的成本=50 000+237 600+145 500+115 000−50 263.50=497 836.50（元）

4.（1）编制会计分录如下：

①借：原材料——A材料　77 700
　　贷：材料采购——原材料　77 700
借：材料采购——原材料　2 300
　贷：材料成本差异——原材料　2 300
②借：材料采购——原材料　111 530
　　　应交税费——应交增值税（进项税额）　14 370
　　贷：银行存款　125 900
借：原材料——A材料　110 000
　贷：材料采购——原材料　110 000
借：材料成本差异——原材料　1 530
　贷：材料采购——原材料　1 530
③借：材料采购——原材料　151 909
　　　应交税费——应交增值税（进项税额）　19 591
　　贷：应付票据　171 500
借：原材料——A材料　160 000
　贷：材料采购——原材料　160 000
借：材料采购——原材料　8 091
　贷：材料成本差异——原材料　8 091
④借：材料采购——原材料　152 302
　　　应交税费——应交增值税（进项税额）　19 598
　　贷：银行存款　171 900
⑤借：原材料——B材料　149 340
　　贷：材料采购——原材料　149 340
借：材料成本差异——原材料　2 962
　贷：材料采购——原材料　2 962
⑥借：预付账款——丁企业　50 000
　　贷：银行存款　50 000
⑦借：材料采购——原材料　101 730
　　　应交税费——应交增值税（进项税额）　13 070
　　贷：其他货币资金——银行汇票　114 800
⑧借：材料采购——原材料　60 858
　　　应交税费——应交增值税（进项税额）　7 842
　　贷：应付账款——乙企业　68 700
借：原材料——A材料　60 000
　贷：材料采购——原材料　60 000
借：材料成本差异——原材料　858
　贷：材料采购——原材料　858

⑨借：生产成本——基本生产成本　　396 000
　　制造费用　　45 000
　　管理费用　　67 000
　　在建工程　　30 000
　贷：原材料　　538 000

（2）材料成本差异率=［11 961.40+（-2 300+1 530-8 091+2 962+858）］÷（135 000+77 700+110 000+160 000+149 340+60 000）×100%
=1%

发出材料分摊的成本差异：

生产领用材料分摊的成本差异=396 000×1%=3 960（元）

车间管理部门领用材料分摊的成本差异=45 000×1%=450（元）

厂部管理部门领用材料分摊的成本差异=67 000×1%=670（元）

在建工程领用材料分摊的成本差异=30 000×1%=300（元）

借：生产成本——基本生产成本　　3 960
　　制造费用　　450
　　管理费用　　670
　　在建工程　　300
　贷：材料成本差异——原材料　　5 380

5.（1）借：材料采购——低值易耗品　　34 772
　　贷：银行存款　　34 772
借：周转材料——低值易耗品　　36 500
　贷：材料采购——低值易耗品　　36 500
借：材料采购——低值易耗品　　1 728
　贷：材料成本差异——低值易耗品　　1 728

（2）借：周转材料——低值易耗品　　58 300
　　贷：材料采购——低值易耗品　　58 300
借：材料成本差异——低值易耗品　　1 700
　贷：材料采购——低值易耗品　　1 700

（3）借：制造费用　　3 800
　　贷：周转材料——低值易耗品　　3 800
借：材料成本差异——低值易耗品　　76
　贷：制造费用　　76

（4）借：周转材料——低值易耗品（在用）　　54 000
　　贷：周转材料——低值易耗品（在库）　　54 000
借：管理费用　　3 000
　贷：周转材料——低值易耗品（摊销）　　3 000
借：材料成本差异——低值易耗品　　60
　贷：管理费用　　60

每月摊销价值=（54 000-54 000×2%）÷18=2 940（元）

（5）借：原材料	100	
贷：制造费用		100
6.（1）借：周转材料——包装物	40 000	
应交税费——应交增值税（进项税额）	5 200	
贷：银行存款		45 200
（2）借：在途物资——包装物	50 000	
应交税费——应交增值税（进项税额）	6 500	
贷：银行存款		56 500
（3）借：生产成本——基本生产成本	8 500	
贷：周转材料——包装物		8 500
（4）借：销售费用	2 300	
贷：周转材料——包装物		2 300
（5）借：银行存款	5 650	
贷：其他业务收入——材料销售		5 000
应交税费——应交增值税（销项税额）		650
借：其他业务成本——材料销售	4 000	
贷：周转材料——包装物		4 000
（6）借：其他业务成本——包装物出租	3 000	
贷：周转材料——包装物		3 000
借：银行存款	3 500	
贷：其他应付款——存入保证金		3 500
（7）借：其他应付款——存入保证金	850	
贷：应交税费——应交增值税（销项税额）		97.79
其他业务收入		752.21
借：其他应付款——存入保证金	3 400	
贷：银行存款		3 400
（8）借：其他应付款——存入保证金	904	
贷：其他业务收入		800
应交税费——应交增值税（销项税额）		104
借：其他应付款——存入保证金	175	
贷：应交税费——应交增值税（销项税额）		20.13
其他业务收入		154.87
借：其他应付款——存入保证金	1 721	
贷：银行存款		1 721
（9）借：原材料	50	
贷：其他业务成本		50
7.（1）借：周转材料——低值易耗品（A）	1 500	

贷：待处理财产损溢——待处理流动资产损溢		1 500
（2）借：待处理财产损溢——待处理流动资产损溢	46 104	
贷：原材料——B		40 000
材料成本差异——原材料		800
应交税费——应交增值税（进项税额转出）		5 304
（3）借：待处理财产损溢——待处理流动资产损溢	30 750	
贷：库存商品——C		28 000
应交税费——应交增值税（进项税额转出）		2 750
（4）借：待处理财产损溢——待处理流动资产损溢	1 500	
贷：管理费用		1 500
借：管理费用	46 104	
贷：待处理财产损溢——待处理流动资产损溢		46 104
借：原材料	500	
其他应收款——应收保险赔款	18 450	
营业外支出——非常损失	11 800	
贷：待处理财产损溢——待处理流动资产损溢		30 750

第5章 练习题参考答案

一、名词解释

1. 长期股权投资，是指权益性投资，主要包括：①企业持有的能够对被投资单位实施控制的权益性投资，即对子公司的投资；②企业持有的能够与其他合营方对被投资单位实施共同控制的权益性投资，即对合营企业的投资；③企业持有的能够对被投资单位施加重大影响的权益性投资，即对联营企业的投资。

2. 控制，是指投资方拥有对被投资方的权利，通过参与被投资方的相关活动而享有可变回报，并且有能力运用对被投资方的权利影响其回报金额。

3. 共同控制，是指按照合同约定对某项经济活动所共有的控制，它仅在与该项经济活动相关的重要财务和经营决策需要分享控制权的投资方一致同意时存在。

4. 重大影响，是指对一个企业的财务和经营政策有参与决策的权利，但并不能够控制或与其他方一起共同控制这些政策的制定。

二、单项选择题

1.C　2.C　3.D　4.C　5.B

三、多项选择题

1.AB　2.AC　3.ABC　4.BCD

四、判断题

1.√　2.√　3.×　4.×　5.×

五、技能题

（1）成本法下：

①购入股票时：

借：长期股权投资　　1 200 000

　贷：银行存款　　1 200 000

②2023年度实现净利润不记账。

③宣告发放股利时：

借：应收股利　　120 000

　贷：投资收益　　120 000

④收到股利时：

借：银行存款　　120 000

　贷：应收股利　　120 000

⑤2024年度发生亏损不记账。

（2）权益法下：

①购入股票时：

借：长期股权投资——投资成本　　1 200 000

　贷：银行存款　　1 200 000

②2023年度乙公司实现净利润：

甲公司占有数额=400 000÷10 000×6 000=240 000（元）

借：长期股权投资——损益调整　　240 000

　贷：投资收益　　240 000

③收到股利时：

借：银行存款　　120 000

　贷：长期股权投资——损益调整　　120 000

④2024年度乙公司发生亏损：

借：投资收益（100 000×60%）　　60 000

　贷：长期股权投资——损益调整　　60 000

（3）权益法下“长期股权投资”账面余额=1 200 000+240 000−120 000−60 000=1 260 000（元）

第6章　练习题参考答案

一、名词解释

1. 固定资产是指同时具有下列特征的有形资产：①为生产商品、提供劳务、出租或经营管理而持有的；②使用寿命超过一个会计年度。未作为固定资产管理的工具、器具等，作为周转材料（低值易耗品）核算。

2. 原始价值亦称历史成本，是指企业购建某项固定资产达到预定可使用状态前所发生的一切合理、必要的支出。原始价值具有客观性和可验证性等特点，所以，它是企业新购建固定资产时采用的计价标准，也是计提折旧的依据。但这种计价方法也有明显的缺点，当经济环境和物价水平发生变化时，它不能及时反映固定资产的真实价值。

3. 净值是指固定资产的原始价值减去累计折旧后的余额，也叫折余价值。净值可以反映企业实际被占用在固定资产上的资金数额和固定资产的新旧程度。

4. 固定资产折旧是指固定资产在使用过程中，逐渐损耗而消失的那部分价值。

5. 固定资产可收回金额是指根据固定资产的公允价值减去处置费用后的净额与固定资产预计未来现金流量的现值两者之间的较高者确定的金额。处置费用包括与固定资产处置有关的法律费用、相关税费、搬运费以及使固定资产达到可销售状态所发生的直接费用等。

6. 固定资产减值是指固定资产的可收回金额低于其账面价值。

二、单项选择题

1.C 2.C 3.A 4.A 5.C 6.D 7.A 8.C 9.D 10.C 11.C

三、多项选择题

1.AC 2.ABCE 3.ABDE 4.ACD 5.ABCD 6.BC 7.ABC 8.ABCD 9.CD 10.ABD 11.ACDE 12.DE 13.ABCD

四、判断题

1.√ 2.× 3.× 4.× 5.× 6.√ 7.√ 8.× 9.× 10.√ 11.√ 12.√

五、技能题

1.（1）①购入设备：

借：在建工程	202 500	
应交税费——应交增值税（进项税额）	26 225	
贷：银行存款		228 725

②发生安装费用（领用材料的进项税额可以抵扣，不计入工程成本）：

借：在建工程	9 600	
贷：原材料		8 000
应付职工薪酬		1 600

③安装完毕交付使用：

借：固定资产——生产经营用固定资产	212 100	
贷：在建工程		212 100

（2）借：固定资产——生产经营用固定资产　　300 000
　　　贷：实收资本　　300 000

（3）①将设备转为在建工程：

借：在建工程	150 000	
累计折旧	100 000	
贷：固定资产——生产经营用固定资产		250 000

②发生工程费用（领用材料的进项税额可以抵扣，不计入工程成本）：

借：在建工程　16 620

　贷：原材料　12 000

　　　银行存款　3 500

　　　应付职工薪酬　1 120

③残料回收：

借：原材料　2 000

　贷：在建工程　2 000

④工程完工交付使用：

借：固定资产——生产经营用固定资产　164 620

　贷：在建工程（150 000+16 620-2 000）　164 620

（4）①购入工程物资：

借：工程物资——专用材料　180 000

　　应交税费——应交增值税（进项税额）　23 400

　贷：银行存款　203 400

②领用工程物资：

借：在建工程　176 000

　贷：工程物资——专用材料　176 000

③领用原材料：

借：在建工程　20 000

　贷：原材料　20 000

④负担工程人员工资：

借：在建工程　3 300

　贷：应付职工薪酬　3 300

⑤分摊辅助生产车间费用：

借：在建工程　4 120

　贷：生产成本——辅助生产成本　4 120

⑥支付费用：

借：在建工程　16 700

　贷：银行存款　16 700

⑦负担借款利息：

借：在建工程　4 530

　贷：长期借款　4 530

⑧工程完工交付使用：

借：固定资产——生产经营用固定资产　224 650

　贷：在建工程　224 650

⑨剩余工程物资转作原材料：

借：原材料　4 000

　贷：工程物资——专用材料（180 000-176 000）　4 000

2.（1）按年限平均法计算：

$$年折旧率=\frac{1-4\%}{8}=12\%$$

$$月折旧率=\frac{12\%}{12}=1\%$$

$$年折旧额=\frac{100\,000\times(1-4\%)}{8}=12\,000（元）$$

或 年折旧额=100 000×12%=12 000（元）

月折旧额=12 000÷12=1 000（元）

或 月折旧额=100 000×1%=1 000（元）

（2）按双倍余额递减法计算：

$$年折旧率=\frac{2}{8}\times100\%=25\%$$

每年折旧额计算见附表1-3。

附表1-3

每年折旧额计算表

金额单位：元

年份	期初账面折余价值	折旧率（%）	折旧额	累计折旧额	期末账面折余价值
1	100 000	25	25 000	25 000	75 000
2	75 000	25	18 750	43 750	56 250
3	56 250	25	14 062.50	57 812.50	42 187.50
4	42 187.50	25	10 546.88	68 359.38	31 640.62
5	31 640.62	25	7 910.16	76 269.54	23 730.46
6	23 730.46	25	5 932.62	82 202.16	17 797.84
7	17 797.84		6 898.92	89 101.08	10 898.92
8	10 898.92		6 898.92	96 000	4 000

（3）按年数总和法计算：

年数总和=1+2+3+4+5+6+7+8=36

或 年数总和=8×（8+1）÷2=36

每年折旧额计算见附表1-4。

附表1-4

每年折旧额计算表

金额单位：元

年　份	应提折旧总额	年折旧率	年折旧额	累计折旧额
1	96 000	8/36	21 333.33	21 333.33
2	96 000	7/36	18 666.67	40 000
3	96 000	6/36	16 000	56 000
4	96 000	5/36	13 333.33	69 333.33
5	96 000	4/36	10 666.67	80 000
6	96 000	3/36	8 000	88 000
7	96 000	2/36	5 333.33	93 333.33
8	96 000	1/36	2 666.67	96 000

3.（1）A设备月折旧额=220 000×（1−4%）÷10÷12=1 760（元）

B设备月折旧额=100 000×（1−4%）÷5÷12=1 600（元）

（2）7月应计提折旧额=78 000+1 760=79 760（元）

（3）计提折旧的会计分录：

借：制造费用　55 832

　　管理费用　19 940

　　其他业务成本　3 988

　贷：累计折旧　79 760

4.（1）2022年1月1日：

长期应付款入账价值=3 000万元

固定资产入账价值=1 500×（P/F，6%，1）+900×（P/F，6%，2）+600×（P/F，6%，3）=2 719.86（万元）

未确认融资费用=3 000−2 719.86=280.14（万元）

借：固定资产——生产经营用固定资产　27 198 600

　　未确认融资费用　2 801 400

　贷：长期应付款　30 000 000

（2）2022年12月31日：

未确认融资费用摊销=2 719.86×6%=163.19（万元）

借：财务费用　1 631 900

　贷：未确认融资费用　1 631 900

借：长期应付款　15 000 000

　贷：银行存款　15 000 000

（3）2023年12月31日：

未确认融资费用摊销=［（3 000−1 500）−（280.14−163.19）］×6%=82.98（万元）

借：财务费用　829 800

　贷：未确认融资费用　829 800

借：长期应付款　9 000 000

　贷：银行存款　9 000 000

（4）2024年12月31日：

未确认融资费用摊销=280.14−163.19−82.98=33.97（万元）

借：财务费用　339 700

　贷：未确认融资费用　339 700

借：长期应付款　6 000 000

　贷：银行存款　6 000 000

5.（1）借：资产减值损失　116 180

　　　　贷：固定资产减值准备　116 180

（2）①将C设备转入清理：

借：固定资产清理　137 180

　　累计折旧（116 400+1 940×3）　122 220

　　固定资产减值准备　20 600

贷：固定资产 280 000

②收到价款：

借：银行存款 136 379.70

贷：固定资产清理 120 690

应交税费——应交增值税（销项税额） 15 689.70

③结转清理净损失：

借：资产处置损益 16 490

贷：固定资产清理 16 490

（3）①将D设备转入清理：

借：固定资产清理 69 680

累计折旧（224 640+3 120×6） 243 360

固定资产减值准备 48 960

贷：固定资产 362 000

②支付清理费用：

借：固定资产清理 3 100

贷：银行存款 3 100

③残值变价收入：

借：银行存款 8 000

贷：固定资产清理 8 000

④应收保险赔偿款：

借：其他应收款——应收保险赔偿款 30 000

贷：固定资产清理 30 000

⑤结转清理净损失：

借：营业外支出——非常损失 34 780

贷：固定资产清理 34 780

（4）借：固定资产清理 420 000

累计折旧 80 000

贷：固定资产 500 000

借：长期股权投资 508 500

贷：固定资产清理 450 000

应交税费——应交增值税（销项税额） 58 500

借：固定资产清理 4 200

贷：银行存款 4 200

借：固定资产清理 25 800

贷：资产处置损益 25 800

（5）借：待处理财产损溢——待处理固定资产损溢 30 000

累计折旧 23 000

贷：固定资产 53 000

借：其他应收款——王某　10 000

　　营业外支出——固定资产盘亏　20 000

　贷：待处理财产损溢——待处理固定资产损溢　30 000

（6）A设备：

账面价值=200 000-（22 880+2 080×12）-12 120=140 040（元）

应补提减值准备=140 040-130 000=10 040（元）

借：资产减值损失　10 040

　贷：固定资产减值准备　10 040

B设备：

账面价值=150 000-（32 500 + 1 250×12）-34 500=68 000（元）

可收回金额=93 000元

固定资产计提的减值准备不得转回，无需进行会计处理。

6.（1）2021年12月10日购入设备：

借：固定资产　640 000

　　应交税费——应交增值税（进项税额）　83 200

　贷：银行存款　723 200

（2）2022—2023年按月计提折旧：

借：管理费用　5 000

　贷：累计折旧　5 000

（3）2023年12月10日转为持有待售固定资产：

2023年12月10日账面价值=64-24×0.5=52（万元）

公允价值减去出售费用后的差额=43-3=40（万元）

资产减值损失=52-40=12（万元）

借：资产减值损失　120 000

　贷：持有待售资产减值准备　120 000

（4）2024年1月后不再计提折旧。

（5）2024年6月30日计价：

资产减值损失=账面价值-新净残值=40-（38-2）=4（万元）

借：资产减值损失　40 000

　贷：持有待售资产减值准备　40 000

账面价值=36万元

（6）2024年9月20日停止待售：

2024年9月20日可收回金额=30万元

计算假设没有划分为待售的账面价值：

2024年6月30日账面价值=64-30×0.5=49（万元）

2024年6月30日减值准备=49-36=13（万元）

2024年6月30日减值后月折旧额=36÷90（7年半）=0.4（万元）

2024年9月20日账面价值=36-3×0.4=34.8（万元）

按账面价值（34.8万元）和可收回金额（30万元）二者中的较低者30万元计价，

即确认减值损失：

资产减值损失=账面价值（36）-较低者（30）=6（万元）

借：资产减值损失　60 000

　贷：持有待售资产减值准备　60 000

第7章　练习题参考答案

一、名词解释

1. 无形资产是指企业拥有或者控制的没有实物形态的可辨认非货币性资产。

2. 专利权是指国家专利主管机关依法授予发明创造专利申请人，对其发明创造在法定期限内所享有的专有权利，包括发明专利权、实用新型专利权和外观设计专利权。

3. 商标权是指企业专门在某类指定的商品或产品上使用特定的名称或图案的权利。

4. 无形资产减值是指无形资产由于技术进步或其他经济原因导致其可收回金额低于账面摊余价值的差额。

5. 长期待摊费用是指企业已经支出，但摊销期在1年以上（不含1年）的各项费用。

6. 开发阶段是指已完成研究阶段的工作，在很大程度上具备了形成一项新产品或新技术的基本条件的阶段。比如，生产前或使用前的原型和模型的设计、建造和测试，不具有商业性生产经济规模的试生产设施的设计、建造和运营等，均属于开发活动。

二、单项选择题

1.D　2.A　3.A　4.A　5.C　6.B　7.D　8.C　9.A

三、多项选择题

1.AD　2.BD　3.ABE　4.ABE　5.ABC　6.AB　7.AC

四、判断题

1.√　2.√　3.×　4.√　5.√　6.×　7.×　8.√　9.√　10.×　11.×　12.×　13.×　14.×

五、技能题

1.（1）借：无形资产——专利权　312 000

　　　　应交税费——应交增值税（进项税额）　18 000

　　　贷：银行存款　330 000

（2）借：无形资产——商标权　150 000

　　贷：实收资本　150 000

（3）①借：研发支出——资本化支出　150 000

　　　贷：原材料　50 000

　　　　应付职工薪酬　30 000

　　　　银行存款　70 000

②借：无形资产——专利权　150 000

　贷：研发支出——资本化支出　150 000

（4）①应交增值税=40 000÷（1+6%）×6%=37 736×6%=2 264（元）

借：银行存款　40 000

　贷：其他业务收入　37 736

　　应交税费——应交增值税（销项税额）　2 264

②借：其他业务成本　10 000

　贷：银行存款　10 000

（5）借：无形资产——专利权　172 000

　　坏账准备　5 000

　贷：应收账款——H公司　160 000

　　银行存款　17 000

2.（1）借：管理费用——无形资产摊销　6 400

　　贷：累计摊销——专利权　2 000

　　　——专有技术　1 200

　　　——商标权　3 200

（2）借：银行存款　560 000

　　累计摊销　140 000

　　无形资产减值准备　40 000

　贷：无形资产——专利权　600 000

　　资产处置损益　140 000

（3）借：营业外支出　78 000

　　累计摊销　60 000

　　无形资产减值准备　12 000

　贷：无形资产——专利权　150 000

（4）借：资产减值损失　96 000

　贷：无形资产减值准备　96 000

第8章　练习题参考答案

一、名词解释

1. 投资性房地产，是指为赚取租金或资本增值，或者两者兼有而持有的房地产。房地产是土地和房屋及其权属的总称。

2. 已出租的土地使用权，是指企业通过出让或转让方式取得并以经营租赁方式出租的土地使用权。

3. 持有并准备增值后转让的土地使用权，是指企业通过出让或转让方式取得并准备增值后转让的土地使用权。

4. 已出租的建筑物，是指企业拥有产权并以经营租赁方式出租的房屋等建筑物，包括自行建造或开发活动完成后用于出租的建筑物。

5. 投资性房地产的公允价值，是指市场参与者在计量日发生的有序交易中，出售该投资性房地产所能收到的金额。

6. 投资性房地产的后续支出，是指已确认为投资性房地产的项目在持有期间发生的与投资性房地产使用效能直接相关的各种支出，如改建、扩建支出，装修、装潢支出，日常维修支出等。

7. 投资性房地产的处置损益，是指取得的处置收入扣除投资性房地产账面价值和相关税费后的金额。投资性房地产的处置损益，应当计入处置当期损益。

二、单项选择题

1.D　2.B　3.A　4.A　5.B　6.D　7.D　8.B　9.C　10.A　11.B　12.B　13.C　14.B　15.D

三、多项选择题

1.ACE　2.ABC　3.AE　4.CDE　5.BDE　6.BDE　7.AE　8.ABD　9.ACD　10.BC

四、判断题

1.√　2.×　3.√　4.√　5.×　6.√　7.×　8.√　9.√　10.√　11.×　12.√

五、技能题

1.（1）2022年1月1日，预收租金：

借：银行存款　180 000

　贷：合同负债　180 000

（2）2022年12月31日，确认租金收入：

借：合同负债　100 000

　贷：其他业务收入　100 000

（3）2023年12月31日，确认租金收入：

借：合同负债　100 000

　贷：其他业务收入　100 000

（4）2024年12月31日，确认租金收入：

借：合同负债　100 000

　贷：其他业务收入　100 000

（5）2025年1月1日，收回房屋和其余租金：

借：银行存款　120 000

　贷：合同负债　120 000

2.（1）2024年3月25日，购入写字楼并出租：

借：投资性房地产——成本　286 000 000

　贷：银行存款　286 000 000

（2）2024年12月31日，确认公允价值变动损益：

①假定公允价值为29 000万元：

借：投资性房地产——公允价值变动　4 000 000

　贷：公允价值变动损益　4 000 000

②假定公允价值为28 000万元：

借：公允价值变动损益　6 000 000

　贷：投资性房地产——公允价值变动　6 000 000

3.（1）2021年12月5日，购入房屋：

借：固定资产　18 000 000

　贷：银行存款　18 000 000

（2）2022年1月1日，将房屋出租：

借：投资性房地产　18 000 000

　贷：固定资产　18 000 000

（3）2022年12月31日，计提折旧：

借：其他业务成本　870 000

　贷：投资性房地产累计折旧　870 000

（4）2023年12月31日，计提折旧：

借：其他业务成本　870 000

　贷：投资性房地产累计折旧　870 000

（5）2023年12月31日，计提减值准备：

应计提减值准备=18 000 000−870 000×2−15 000 000=1 260 000（元）

借：资产减值损失　1 260 000

　贷：投资性房地产减值准备　1 260 000

（6）2024年12月31日，计提折旧：

折旧额=（15 000 000−600 000）÷18=800 000（元）

借：其他业务成本　800 000

　贷：投资性房地产累计折旧　800 000

4.（1）甲公司的会计处理不正确。理由：甲公司将商品房对外出租，则形成投资性房地产，甲公司对出租的商品房采用成本模式进行后续计量，则应计提折旧。2024年应计提的折旧额为165万元（9 000÷50×11÷12）。

（2）甲公司的会计处理不正确。理由：房地产开发企业建造的办公楼属于其固定资产，按规定，土地使用权用于自行开发建造厂房等地上建筑物时，相关的土地使用权账面价值不计入在建工程成本，作为无形资产核算，土地使用权与地上建筑物分别进行摊销和提取折旧。2024年应摊销的金额为100万元（5 000÷50）。

（3）甲公司的会计处理不正确。理由：发生装修支出金额较大，装修后预计租金收入将大幅增加，符合确认投资性房地产的确认条件，应予资本化。2024年12月31日商铺的账面价值为5 700万元（4 500−300+1 500）。

（4）2024年12月31日投资性房地产的列报影响金额为增加14 535万元（9 000−165+4 500−300+1 500）。

第9章　练习题参考答案

一、名词解释

1. 流动负债是指将在1年内（含1年）或者超过1年的一个营业周期内偿还的债务。流动负债主要包括短期借款、应付票据、应付账款、预收账款、应付职工薪酬（含工资、福利费等）、应付股利、应交税费、其他暂收应付款项、应付利息和1年内到期的非流动负债等。

2. 短期借款是指企业向银行或其他金融机构借入的期限在1年以内（含1年）的各种借款。它主要包括临时借款、生产经营周转借款、票据贴现借款、结算借款等。

3. 应付账款是指企业在生产经营过程中因购买材料、商品、物资或接受劳务供应等业务应支付给供应者的款项。这是买卖双方在购销活动中取得物资与支付货款时间上不一致而产生的负债。

4. 应付票据是指企业签发并承兑商业汇票而形成的债务。商业汇票按是否带息分为带息商业汇票和不带息商业汇票两种。

5. 职工薪酬是指企业为获得职工提供的服务或解除劳动关系而给予各种形式的报酬或补偿，包括职工在职期间和离职后提供给职工的全部货币性薪酬和非货币性福利。

6. 计时工资是指按计时工资标准（包括职工工资、奖金、津贴与补贴、社会保险费用、职工福利费、其他薪酬等）和工作时间支付给职工个人的劳动报酬。

7. 计件工资是指对已做工作按照计件单价计算支付的劳动报酬。

8. 进项税额是指企业购进货物、加工修理修配劳务、服务、无形资产或不动产所支付或负担的、准予从销项税额中抵扣的增值税税额。

9. 销项税额是指企业销售货物或提供应税劳务及应税行为，按照应税销售额和规定的税率计算的，向购货方或接受劳务及应税行为方收取的增值税税额。

二、单项选择题

1.D　2.B　3.A　4.A　5.B　6.B　7.A　8.D　9.B　10.B　11.A　12.D　13.D

三、多项选择题

1.ABC　2.ABCDE　3.ABD　4.BDE　5.ACE　6.AB　7.BC　8.ACDE　9.ACDE　10.ABCE　11.AB　12.ABCD　13.ABCDE　14.ABD

四、判断题

1.×　2.×　3.√　4.√　5.√　6.×　7.×　8.×　9.×　10.×　11.×　12.√　13.×　14.×　15.×　16.×　17.×　18.√　19.×　20.√　21.√　22.×　23.×

五、技能题

1.（1）①取得借款时：

借：银行存款　　120 000

　贷：短期借款——临时借款　　120 000

②归还借款时：
借：短期借款——临时借款　120 000
　　财务费用（120 000×4.8%÷12×3）　1 440
　贷：银行存款　121 440
（2）①取得借款时：
借：银行存款　900 000
　贷：短期借款——生产周转借款　900 000
②7月末、8月末分别计提借款利息时：
借：财务费用（900 000×4.8%÷12）　3 600
　贷：应付利息　3 600
③9月30日支付季度利息时：
借：应付利息　7 200
　　财务费用　3 600
　贷：银行存款　10 800
④10月末、11月末分别计提借款利息时：
借：财务费用　3 600
　贷：应付利息　3 600
⑤12月31日支付季度利息、归还借款本金时：
借：财务费用　3 600
　　应付利息　7 200
　　短期借款——生产周转借款　900 000
　贷：银行存款　910 800
2.（1）借：原材料　60 000
　　　　应交税费——应交增值税（进项税额）　7 800
　　　贷：应付账款——B公司　67 800
（2）借：管理费用　5 000
　　贷：其他应付款——应付租金　5 000
（3）借：其他应付款——非资本性存入保证金　3 000
　　贷：银行存款　3 000
（4）借：应付账款——C公司　90 000
　　贷：银行存款　90 000
（5）借：应付账款——B公司　67 800
　　贷：财务费用（60 000×3%）　1 800
　　　　银行存款　66 000
（6）借：生产成本——基本生产成本　8 000
　　　　制造费用　1 000
　　　　管理费用　4 000
　　贷：应付账款　13 000

（7）暂不入账。

（8）借：原材料　36 000
　　贷：应付账款——五丰公司（暂估应付账款）　36 000

（9）借：应付账款　13 000
　　贷：银行存款　13 000

（10）借：应付账款　15 000
　　贷：营业外收入　15 000

3.（1）借：原材料——A 材料　20 000
　　应交税费——应交增值税（进项税额）　2 600
　　贷：应付票据——甲公司　22 600

（2）①借：原材料——B 材料　40 000
　　应交税费——应交增值税（进项税额）　5 200
　　贷：应付票据——乙公司　45 200

②借：财务费用　400
　　贷：银行存款　400

（3）借：财务费用（45 200×6%÷12）　226
　　贷：应付票据——乙公司　226

（4）借：应付票据——甲公司　22 600
　　贷：银行存款　22 600

（5）借：应付票据——乙公司（45 200+226×2）　45 652
　　财务费用　226
　　贷：银行存款　45 878

（6）借：应付票据　36 000
　　贷：应付账款　36 000

4.（1）①日工资=4 200÷21=200（元）

应付职工计时工资=4 200−200×2−200×2×20%=3 720（元）

②日工资=4 200÷30=140（元）

应付职工计时工资=4 200−140×4−140×3×20%=3 556（元）

（2）个人计件工资=（600−10）×7.5+200×3=5 025（元）

（3）集体计件工资=1 200×24=28 800（元）

计件工资计算表见附表1-5。

附表1-5

计件工资计算表

姓名	月标准工资（元）	小时工资率（元/小时）	实际工作时间（小时）	计时工资（元）	分配率	应得计件工资（元）
何平	2 856	17	200	3 400		6 150.60
成新	3 528	21	210	4 410		7 977.69
施同	4 200	25	180	4 500		8 140.50
徐健	3 192	19	190	3 610		6 531.21*
合计	13 776	—	780	15 920	1.809	28 800

*尾数调整。

5.（1）提取现金备发薪酬：

借：库存现金　920 000

　贷：银行存款　920 000

（2）以现金发放薪酬：

借：应付职工薪酬　920 000

　贷：库存现金　920 000

（3）结转代扣款项：

借：应付职工薪酬　39 000

　贷：其他应付款——代垫费用　20 000

　　　　　　　　——代扣费用　19 000

（4）支付代扣费用：

借：其他应付款——代扣费用　19 000

　贷：银行存款　19 000

（5）车间交回逾期未领薪酬：

借：库存现金　7 800

　贷：其他应付款——未领薪酬　7 800

（6）工资分配：

借：生产成本——基本生产成本（一车间）　177 000

　　　　　——基本生产成本（二车间）　456 000

　　　　　——辅助生产成本（机修车间）　93 000

　　制造费用——一车间　24 000

　　　　　——二车间　45 000

　　　　　——机修车间　15 000

　　管理费用　149 000

　贷：应付职工薪酬　959 000

6.（1）经费计算见附表1-6。

附表1-6

经费计算表

2024年7月　　金额单位：元

车间及部门		工资总额	计提比例（%）	工会经费	计提比例（%）	职工教育经费
一车间	生产工人	177 000	2	3 540	8	14 160
	管理人员	24 000	2	480	8	1 920
二车间	生产工人	456 000	2	9 120	8	36 480
	管理人员	45 000	2	900	8	3 600
机修车间	生产工人	93 000	2	1 860	8	7 440
	管理人员	15 000	2	300	8	1 200
企业管理部门		149 000	2	2 980	8	11 920
合　计		959 000	2	19 180	8	76 720

(2) 借：生产成本——基本生产成本（一车间） 3 540
——基本生产成本（二车间） 9 120
生产成本——辅助生产成本（机修车间） 1 860
制造费用——一车间 480
——二车间 900
——机修车间 300
管理费用 2 980
贷：应付职工薪酬——工会经费 19 180
借：应付职工薪酬——工会经费 19 180
贷：银行存款 19 180
借：生产成本——基本生产成本（一车间） 14 160
——基本生产成本（二车间） 36 480
——辅助生产成本（机修车间） 7 440
制造费用——一车间 1 920
——二车间 3 600
——机修车间 1 200
管理费用 11 920
贷：应付职工薪酬——职工教育经费 76 720

7.(1) 借：原材料 523 200
应交税费——应交增值税（进项税额） 66 800
贷：银行存款 590 000
(2) 借：原材料 109 200
应交税费——应交增值税（进项税额） 10 800
贷：其他货币资金——银行汇票 120 000
(3) 借：工程物资 200 000
应交税费——应交增值税（进项税额） 26 000
贷：应付票据 226 000
(4) 借：营业外支出 93 000
贷：库存商品 80 000
应交税费——应交增值税（销项税额）(100 000×13%) 13 000
(5) 借：在建工程 25 000
贷：库存商品 25 000
(6) 借：银行存款 2 712 000
贷：主营业务收入 2 400 000
应交税费——应交增值税（销项税额） 312 000
(7) 借：管理费用 101 700
贷：原材料 90 000
应交税费——应交增值税（进项税额转出） 11 700

（8）借：委托加工物资　10 000
　　应交税费——应交增值税（进项税额）　1 300
　　贷：应付账款　11 300
（9）借：应交税费——应交增值税（已交税金）　100 000
　　贷：银行存款　100 000
（10）本月应交增值税=（13 000+312 000）-（66 800+10 800+26 000+1 300-11 700）
=231 800（元）
本月已交增值税=100 000元
本月未交增值税=231 800-100 000=131 800（元）
借：应交税费——应交增值税（转出未交增值税）　131 800
　　贷：应交税费——未交增值税　131 800

8.（1）自2023年1月1日至2027年12月31日，增值税小规模纳税人适用3%征收率的应税销售收入，减按1%征收率征收增值税，因此：
应交增值税= 151 500÷（1+1%）×1%=1 500（元）
（2）①借：在途物资　67 800
　　贷：银行存款　67 800
②借：委托加工物资　4 520
　　贷：银行存款　4 520
③借：银行存款　100 000
　　应收账款　51 500
　　贷：主营业务收入　150 000
　　　　应交税费——应交增值税　1 500
④借：应交税费——应交增值税　1 500
　　贷：银行存款　1 500

9.（1）借：银行存款　600 000
　　贷：固定资产清理［600 000÷（1+9%）］　550 459
　　　　应交税费——应交增值税（销项税额）　49 541
（2）借：银行存款　200 000
　　累计摊销　50 000
　　贷：无形资产——商标权　200 000
　　　　应交税费——应交增值税（销项税额）［200 000÷（1+6%）×6%］　11 321
　　　　资产处置损益　38 679
（3）①发出材料委托加工时：
借：委托加工物资　60 000
　　贷：原材料　60 000
②支付加工费时：
借：委托加工物资（5 700+7 300×40%）　8 620
　　应交税费——应交增值税（进项税额）　741

借：应交税费——应交消费税（7 300×60%） 4 380
　贷：银行存款 13 741

③收回委托加工材料时：

借：原材料 68 620
　贷：委托加工物资 68 620

（4）借：银行存款 904 000
　　贷：主营业务收入 800 000
　　　　应交税费——应交增值税（销项税额） 104 000

（5）应交消费税=800 000×10%=80 000（元）

借：税金及附加 80 000
　贷：应交税费——应交消费税 80 000

（6）借：应交税费——应交消费税（80 000−4 380） 75 620
　　贷：银行存款 75 620

10.（1）应交车辆购置税=（320 000+10 000）×10%=33 000（元）

借：固定资产（320 000+10 000+33 000） 363 000
　　应交税费——应交增值税（进项税额） 41 600
　贷：银行存款 404 600

（2）借：税金及附加——印花税 12 600
　　贷：银行存款 12 600

（3）借：税金及附加——房产税 3 600
　　贷：应交税费——应交房产税 3 600

（4）借：应交税费——应交房产税 3 600
　　贷：银行存款 3 600

（5）应交城市维护建设税=（600 000+50 000）×7%=45 500（元）

应交教育费附加=（600 000+50 000）×3%=19 500（元）

借：税金及附加 45 500
　贷：应交税费——应交城市维护建设税 45 500

借：税金及附加 19 500
　贷：应交税费——应交教育费附加 19 500

（6）借：应交税费——应交城市维护建设税 45 500
　　　　　　　——应交教育费附加 19 500
　　贷：银行存款 65 000

第10章　练习题参考答案

一、名词解释

1. 非流动负债是指偿还期限在1年或超过1年的一个营业周期以上的负债。它是企业向债权人筹集的，可供长期使用的资金，主要包括长期借款、应付债券和长期应付款等。

2. 借款费用是指企业因借入资金而发生的利息及其他相关成本，具体包括借款的利息、折价或溢价的摊销、辅助费用以及因外币借款而发生的汇兑差额等。

3. 应付债券是指企业为筹集（长期）资金而发行债券的本金和利息。债券是经济主体为筹集资金而发行的，用以记载和反映债权债务关系的有价证券。由企业发行的债券称为企业债券或公司债券。

4. 债券溢价是指以高出债券票面价值的金额为发行价格时，发行价格高于债券面值的差额。

5. 借款费用资本化是指企业发生的借款费用可直接归属于符合资本化条件的资产的购建或者生产的，应当予以资本化，计入相关资产成本。

6. 在租赁期开始日，承租人应当对租赁确认使用权资产和租赁负债，短期租赁和低价值资产租赁除外。租赁负债应当按照租赁期开始日尚未支付的租赁付款额的现值进行初始计量。

二、单项选择题

1.D　2.C　3.C　4.C　5.B　6.D　7.B　8.D　9.C　10.B　11.C

三、多项选择题

1. ABCD　2. ABCDE　3. ABC　4. ABD　5. ABD　6. ABC　7. BC　8. ABCD　9.ABCDE　10.CE

四、判断题

1.√　2.×　3.×　4.×　5.×　6.√　7.√　8.×　9.×　10.×　11.×　12.×　13.×　14.√　15.√

五、技能题

1.（1）取得借款时：

借：银行存款　600 000

　贷：长期借款——中国银行（本金）　600 000

（2）2023年年末计提应付利息时：

借：在建工程——新建生产线　36 000

　贷：应付利息　36 000

（3）2023年年末支付当年利息时：

借：应付利息　36 000

　贷：银行存款　36 000

（4）2024年年末计提应付利息时：

借：在建工程——新建生产线　36 000

　贷：应付利息　36 000

（5）2024年年末支付当年利息时：

借：应付利息　36 000

　贷：银行存款　36 000

（6）2025年年末计提应付利息时：

借：财务费用　36 000

　贷：应付利息　36 000

（7）2025年年末归还本金，支付当年利息时：

借：长期借款——中国银行（本金）　600 000

　　应付利息　36 000

　贷：银行存款　636 000

2.（1）各月累计支出加权平均数计算如下：

1月份累计支出加权平均数=140×30÷30=140（万元）

2月份累计支出加权平均数=140×30÷30+9×20÷30=146（万元）

3月份累计支出加权平均数=140×30÷30+9×30÷30+50×15÷30=174（万元）

（2）第一季度累计支出加权平均数=140×90÷90+9×50÷90+50×15÷90=153.33（万元）

3.（1）收到债券款时：

借：银行存款　1 000 000

　贷：应付债券——面值　1 000 000

（2）第1年年末计息并支付利息时：

借：在建工程（1 000 000×6%）　60 000

　贷：应付利息　60 000

借：应付利息　60 000

　贷：银行存款　60 000

（3）第2年年末计息时：

借：财务费用（1 000 000×6%）　60 000

　贷：应付利息　60 000

（4）第2年年末到期还本并支付最后一期利息时：

借：应付债券——面值　1 000 000

　　应付利息　60 000

　贷：银行存款　1 060 000

4.（1）发行债券收到债券款时：

借：银行存款　8 300 000

　贷：应付债券——面值　8 000 000

　　　　　　——利息调整　300 000

（2）第1年年末计息及分摊溢价时：

应计利息=8 000 000×7%=560 000（元）

应计入固定资产成本的利息=8 300 000×5.5%=456 500（元）

应分摊的溢价=560 000−456 500=103 500（元）

借：在建工程　456 500

　　应付债券——利息调整　103 500

　贷：应付债券——应计利息　560 000

（3）第2年年末计息及分摊溢价时：

应计利息=8 000 000×7%=560 000（元）

应计入财务费用的利息=（8 300 000−103 500）×5.5%=450 808（元）

应分摊的溢价=560 000−450 808=109 192（元）

借：财务费用	450 808	
应付债券——利息调整	109 192	
贷：应付债券——应计利息		560 000

（4）第3年年末计息及分摊溢价时：

应计利息=8 000 000×7%=560 000（元）

应分摊的溢价=300 000−103 500−109 192=87 308（元）

借：财务费用	472 692	
应付债券——利息调整	87 308	
贷：应付债券——应计利息		560 000

（5）债券到期还本付息时：

借：应付债券——面值	8 000 000	
——应计利息	1 680 000	
贷：银行存款		9 680 000

5.（1）2024年1月1日发行债券：

借：银行存款	2 452 400	
应付债券——利息调整	47 600	
贷：应付债券——面值		2 500 000

（2）2024年6月30日计提利息和支付利息：

资本化的利息=2 452 400×4%÷2=49 048（元）

应付利息=2 500 000×3%÷2=37 500（元）

应分摊的折价=49 048−37 500=11 548（元）

借：在建工程——生产线	49 048	
贷：应付利息		37 500
应付债券——利息调整		11 548
借：应付利息	37 500	
贷：银行存款		37 500

（3）2024年12月31日计提利息和支付利息：

利息费用=（2 452 400+11 548）×4%÷2=49 279（元）

应付利息=2 500 000×3%÷2=37 500（元）

应分摊的折价=49 279−37 500=11 779（元）

借：财务费用	49 279	
贷：应付利息		37 500
应付债券——利息调整		11 779

支付利息的分录略。

（4）2025年6月30日计提利息和支付利息：

利息费用=（2 452 400+11 548+11 779）×4%÷2=49 515（元）

应付利息=2 500 000×3%÷2=37 500（元）

应分摊的折价=49 515−37 500=12 015（元）

借：财务费用　　49 515
　贷：应付利息　　37 500
　　　应付债券——利息调整　　12 015

支付利息的分录略。

（5）2025年12月31日计提利息并偿还本金和利息：

应付利息=2 500 000×3%÷2=37 500（元）

尚未摊销的“利息调整”余额=47 600−11 548−11 779−12 015=12 258（元）

借：财务费用　　49 758
　贷：应付利息　　37 500
　　　应付债券——利息调整　　12 258

借：应付债券——面值　　2 500 000
　　应付利息　　37 500
　贷：银行存款　　2 537 500

第11章　练习题参考答案

一、名词解释

1. 收入是指企业在日常活动中形成的、会导致所有者权益增加的、与所有者投入资本无关的经济利益的总流入。收入的特点主要有：①收入是企业在日常活动中形成的经济利益的总流入；②收入能导致企业所有者权益增加；③收入与所有者投入资本无关。

2. 投入法是根据企业履行履约义务的投入确定履约进度的方法，通常可采用投入的材料数量、花费的人工工时或机器工时、发生的成本和时间进度等投入指标确定履约进度。

3. 企业为履行合同可能会发生各种成本，不属于存货、固定资产、无形资产等规范范围的，且同时满足以下条件的，应当作为合同履约成本：①该成本与一份当前或预期取得的合同直接相关；②该成本增加了企业未来用于履行（或持续履行）履约义务的资源；③该成本预期能够收回。

4. 企业为取得合同发生的增量成本预期能够收回的，应当作为合同取得成本。

5. 费用是指企业为销售商品、提供劳务等日常活动所发生的经济利益的总流出。企业在生产经营过程中发生的各项耗费，包括产品生产费用和期间费用。

6. 期间费用是指不能直接或间接归属于某个特定产品成本的费用，主要包括销售费用、管理费用和财务费用。期间费用在发生的当期就全部计入当期损益，而不计入产品成本。

7. 利润是指企业在一定会计期间的经营成果。利润包括收入减去费用后的净额、直接计入当期利润的利得和损失。直接计入当期利润的利得和损失是指应当计入当期损益、会导致所有者权益发生增减变动的、与所有者投入资本或者向所有者分配利润无关的利得或者损失。

8. 产出法是根据已转移给客户的商品对于客户的价值确定履约进度的方法，通常可采用实际测量的完工进度、评估已实现的结果、已达到的里程碑、时间进度、已完工或交付的产品等产出指标确定履约进度。

二、单项选择题

1.A　2.A　3.A　4.D　5.B　6.C　7.A　8.D　9.C　10.A　11.A

三、多项选择题

1.ABC　2.ABCD　3.BCD　4.BCD　5.CD　6.BC　7.ACD　8.ACD　9.ABD　10.ABCD

四、判断题

1.√　2.√　3.×　4.×　5.×　6.√　7.×　8.√　9.×

五、技能题

1.（1）甲公司应编制的会计分录如下：

①2024年4月，发出A商品：

借：发出商品（7 000×100）　　700 000
　贷：库存商品　　700 000

②2024年5月，在乙公司将A商品销售给最终客户、收到乙公司开具的代销清单时确认收入：

借：应收账款　　1 130 000
　贷：主营业务收入（10 000×100）　　1 000 000
　　　应交税费——应交增值税（销项税额）　　130 000

③2024年5月，确认收入的同时结转销售商品成本：

借：主营业务成本　　700 000
　贷：发出商品　　700 000

④2024年5月，确认收入的同时确认应支付的代销手续费：

借：销售费用——代销手续费（1 000 000×10%）　　100 000
　　应交税费——应交增值税（进项税额）　　6 000
　贷：应收账款　　106 000

⑤2024年5月，收到乙支付的货款：

借：银行存款（1 130 000−106 000）　　1 024 000
　贷：应收账款　　1 024 000

（2）乙公司应编制的会计分录如下：

①2024年4月，收到受托代销的A商品：

借：受托代销商品　　1 000 000
　贷：受托代销商品款　　1 000 000

②2024年5月，对外销售A商品：

借：银行存款　　1 130 000

贷：受托代销商品　　1 000 000

应交税费——应交增值税（销项税额）　　130 000

③2024年5月，收到甲公司开具的增值税专用发票：

借：受托代销商品款　　1 000 000

应交税费——应交增值税（进项税额）　　130 000

贷：应付账款　　1 130 000

④2024年5月，向甲公司支付货款并计算代销手续费：

借：应付账款　　1 130 000

贷：银行存款　　1 024 000

其他业务收入　　100 000

应交税费——应交增值税（销项税额）　　6 000

2.（1）发出商品时：

借：银行存款　　135 600

应收账款——B公司　　180 000

贷：主营业务收入　　300 000

应交税费——应交增值税（销项税额）（300 000×40%×13%）　　15 600

借：主营业务成本　　250 000

贷：库存商品　　250 000

（2）在以后的5个月内合同约定的收款日：

借：银行存款　　40 680

贷：应收账款——B公司　　36 000

应交税费——应交增值税（销项税额）　　4 680

3.本期应交的所得税=（1 000 000−120 000）×25%=220 000（元）

本期税后净利=1 000 000−220 000=780 000（元）

本期应提取的法定盈余公积=（780 000−120 000）×10%=66 000（元）

本期应提取的任意盈余公积=（780 000−120 000）×5%=33 000（元）

借：所得税费用　　220 000

贷：应交税费——应交所得税　　220 000

借：本年利润　　220 000

贷：所得税费用　　220 000

借：本年利润　　780 000

贷：利润分配——未分配利润　　780 000

借：利润分配——提取法定盈余公积　　66 000

——提取任意盈余公积　　33 000

贷：盈余公积——法定盈余公积　　66 000

——任意盈余公积　　33 000

借：利润分配——应付现金股利或利润　　200 000

贷：应付股利　　200 000

借：利润分配——未分配利润　299 000
　贷：利润分配——提取法定盈余公积　66 000
　　　　　　——提取任意盈余公积　33 000
　　　　　　——应付现金股利或利润　200 000

4.（1）2023年度应确认的收入=500 000×80%=400 000（元）

2023年度应确认的费用=300 000×80%=240 000（元）

（2）编制会计分录如下：

①预收账款时：

借：银行存款　250 000
　贷：合同负债　250 000

②发生成本时：

借：合同履约成本　270 000
　贷：银行存款　270 000

③确认收入时：

借：合同负债　400 000
　贷：主营业务收入［400 000÷（1+6%）］　377 358.49
　　　应交税费——应交增值税（销项税额）　22 641.51

④确认费用时：

借：主营业务成本　240 000
　贷：合同履约成本　240 000

5.（1）借：应收票据　1 130 000
　　　　贷：主营业务收入　1 000 000
　　　　　　应交税费——应交增值税（销项税额）　130 000

借：税金及附加　50 000
　贷：应交税费——应交消费税　50 000

借：主营业务成本　700 000
　贷：库存商品　700 000

（2）借：银行存款　226 000
　　　贷：其他业务收入　200 000
　　　　　应交税费——应交增值税（销项税额）　26 000

借：其他业务成本　160 000
　贷：原材料　160 000

（3）借：银行存款　100 000
　　　贷：其他业务收入　100 000

借：其他业务成本　1 000
　贷：库存现金　1 000

（4）借：银行存款　3 164 000
　　　贷：主营业务收入　2 800 000

贷：应交税费——应交增值税（销项税额） 364 000

本月实际销售乙产品的成本=（150-10）×14 400=2 016 000（元）

借：主营业务成本 2 016 000

贷：库存商品 2 016 000

6.（1）不满足某一时段内履行履约义务的条件；原因是：第一，因为金禾公司负责建造商品房，商品房在建期间购房人尚未取得相关商品房的法定所有权，购房人并不能够在金禾公司建造商品房的同时即取得并消耗金禾公司建造商品房所带来的经济利益。第二，金禾公司在其自己拥有土地使用权的土地上建造商品房，商品房建造期间购房人尚未取得相关商品房的法定所有权，无法将该在建商品房用于出售或抵押，也无权主导房屋的建设、改变房屋设计或用途，表明购房人不能主导该商品房的使用并从中获得几乎全部的经济利益，因此，购房人不能够控制金禾公司履约过程中在建的相关商品房。第三，合同约定购房人与金禾公司销售的商品房为指定楼栋门牌号的唯一房屋单位，金禾公司不能替换向购房人预售的房屋单位，也不能再与购房人之外的其他方签订该指定商品房的买卖合同，金禾公司将按照合同约定建造房屋并按期交付给购房人，因此，该指定商品房具有不可替代用途。但是，如果购房人单方要求解除合同，仅需向金禾公司支付合同价款的20%作为违约金，表明金禾公司并不能够在整个合同期间内任一时点就累计至今已完成的履约部分收取能够补偿其已发生成本和合理利润的款项。

（2）金禾公司应当在购房人取得该指定商品房控制权时（通常为交付商品房时）确认收入。

第12章 练习题参考答案

一、名词解释

1. 暂时性差异是指资产或负债的账面价值与其计税基础之间的差额。未作为资产和负债确认的项目，按照税法规定可以确定其计税基础的，该计税基础与其账面价值之间的差额也属于暂时性差异。按照对未来期间应纳税所得额的影响，暂时性差异分为应纳税暂时性差异和可抵扣暂时性差异。

2. 应纳税暂时性差异是指在确定未来收回资产或清偿负债期间的应纳税所得额时，将产生应税金额的暂时性差异。该差异在未来期间转回时，会增加转回期间的应纳税所得额，即在未来期间不考虑该事项影响的应纳税所得额的基础上，由于该暂时性差异的转回，会进一步增加转回期间的应纳税所得额和应交所得税金额。在该暂时性差异产生当期，应当确认相关的递延所得税负债。

3. 可抵扣暂时性差异是指在确定未来收回资产或清偿负债期间的应纳税所得额时，将产生可抵扣金额的暂时性差异。该差异在未来期间转回时，会减少转回期间的应纳税所得额，减少未来期间的应交所得税。在该暂时性差异产生当期，应当确认相关的递延所得税资产。

4. 资产负债表债务法以资产负债表为中心，企业的收益根据“资产负债观”来定义，所得税费用是在递延所得税资产和递延所得税负债确认的基础上加以倒挤推算的。

如果资产负债表中资产的账面价值比资产的计税基础高，就是递延所得税负债；反之，则是递延所得税资产。它适用于对所有暂时性差异的处理，是企业会计准则规定的方法。

5. 当期所得税是指企业按照税法规定计算确定的针对当期发生的交易和事项，应交给税务部门的所得税金额，即应交所得税，它以适用的税收法规为基础计算确定。

6. 递延所得税是指按照《企业会计准则第18号——所得税》规定应予确认的递延所得税资产和递延所得税负债在期末应有的金额相对于原已确认金额之间的差额，即递延所得税资产和递延所得税负债当期发生额的综合结果，但不包括计入所有者权益的交易和事项的所得税影响。

二、单项选择题

1.B　2.C　3.A　4.B　5.A　6.D　7.C

三、多项选择题

1.BC　2.CD　3.AB　4.AC　5.AB　6.AC

四、判断题

1.×　2.√　3.×　4.×　5.√　6.×　7.√　8.√

五、技能题

1.（1）计算应纳税所得额：

应纳税所得额=2 700+（255−225）=2 730（万元）

（2）计算当期所得税：

应交所得税=2 730×25%=682.5（万元）

（3）编制会计分录如下：

借：所得税费用　　6 825 000

　贷：应交税费——应交所得税　　6 825 000

2.（1）本年度应交所得税：

应纳税所得额=1 800+90+300−（750−450）×100%+150+45=2 085（万元）

当期所得税=当期应交所得税=2 085×25%=521.25（万元）

（2）本年度递延所得税：

该公司本年资产负债表相关项目账面价值及计税基础见附表1-7。

附表1-7　本年资产负债表相关项目账面价值及计税基础　单位：万元

项目	账面价值	计税基础	差异	
			应纳税暂时性差异	可抵扣暂时性差异
存货	1 200	1 245		45
固定资产：				
固定资产原价	900	900		
减：累计折旧	180	90		
固定资产减值准备	0	0		
固定资产账面价值	720	810		90
其他应付款	150	150		
总计	2 070	2 205		135

递延所得税资产=135×25%=33.75（万元）

（3）利润表中应确认的所得税费用：

所得税费用=521.25-33.75=487.5（万元）

编制会计分录如下：

借：所得税费用　4 875 000

　　递延所得税资产　337 500

　贷：应交税费——应交所得税　5 212 500

3.（1）第1年年末：

递延所得税资产余额=600×25%=150（万元）

借：递延所得税资产　1 500 000

　贷：所得税费用　1 500 000

（2）第2年年末：

递延所得税资产余额=（600-240）×25%=90（万元）

借：所得税费用　600 000

　贷：递延所得税资产　600 000

（3）第3年年末：

递延所得税资产余额=（600-240-210）×25%=37.5（万元）

借：所得税费用　525 000

　贷：递延所得税资产　525 000

（4）第4年年末：

递延所得税资产余额=0

借：所得税费用　600 000

　贷：递延所得税资产　375 000

　　　应交税费——应交所得税　225 000

第13章　练习题参考答案

一、名词解释

1. 所有者权益是指企业资产扣除负债后由所有者享有的剩余权益。公司的所有者权益又称为股东权益。所有者权益来源于所有者投入的资本、直接计入所有者权益的利得和损失、留存收益等。

2. 实收资本是指投资者直接投入的资本，如投入的货币性资产、原材料、固定资产、无形资产等。

3. 资本公积是指企业收到投资者出资额超出其在企业注册资本（或股本）中所占份额的部分，以及直接计入所有者权益的利得和损失等。

4. 其他综合收益是指企业根据其他会计准则规定未在当期损益中确认的各项利得和损失，包括不能重分类进损益的其他综合收益和将重分类进损益的其他综合收益两类。

5. 盈余公积是指企业从税后利润中提取的各种积累，包括法定盈余公积、任意盈余公积等。

6. 未分配利润是指企业净利润分配后的剩余部分，即净利润中尚未指定用途的部分。

7. 由于盈余公积和未分配利润都是由企业在生产经营过程中所实现的利润留存在企业所形成的，因此，盈余公积和未分配利润又被称为留存收益。

二、单项选择题

1.D　2.D　3.A　4.B　5.A　6.C　7.C　8.D　9.C　10.A　11.B

三、多项选择题

1.CE　2.BCD　3.AD　4.ABD　5.ABC　6.BD　7.ABD　8.BCD　9.BCD　10.ABD　11.ABD

四、判断题

1.×　2.×　3.×　4.×　5.√　6.×　7.×　8.√　9.√　10.√

五、技能题

1. 收到股款总额=6 000 000×1.5×（1−2%）=8 820 000（元）

应计入股本的金额=6 000 000×1=6 000 000（元）

应计入资本公积的金额=8 820 000−6 000 000=2 820 000（元）

借：银行存款　8 820 000

　贷：股本　6 000 000

　　资本公积——股本溢价　2 820 000

2.（1）接受捐赠时：

借：原材料　1 800 000

　应交税费——应交增值税（进项税额）　234 000

　贷：营业外收入——捐赠利得　2 034 000

（2）会计期末：

A公司应纳税所得额=1 800+203.4=2 003.4（万元）

A公司应交所得税=2 003.4×25%=500.85（万元）

借：所得税费用　5 008 500

　贷：应交税费——应交所得税　5 008 500

3.（1）应提取的法定盈余公积=500 000×10%=50 000（元）

应提取的任意盈余公积=500 000×5%=25 000（元）

借：利润分配——提取法定盈余公积　50 000

　　　　——提取任意盈余公积　25 000

　贷：盈余公积——法定盈余公积　50 000

　　　　——任意盈余公积　25 000

（2）借：资本公积　300 000

　　盈余公积　200 000

　贷：股本　500 000

第14章 练习题参考答案

一、名词解释

1. 财务报表是指对外提供的反映企业某一特定日期财务状况和某一会计期间经营成果、现金流量的文件。财务报表是会计核算过程中最后提出的结果，也是会计核算工作的阶段性总结。

2. 资产负债表是反映企业在某一特定日期的财务状况的财务报表。它是根据资产、负债和所有者权益之间的相互关系，按照一定的分类标准和一定的顺序，把企业在一定日期的资产、负债、所有者权益各项目予以适当排列并对日常活动中形成的大量数据进行高度浓缩整理后编制而成的。它表明企业在某一特定日期所拥有或控制的经济资源、所承担的现时义务和所有者对净资产的要求权。

3. 利润表是反映企业在一定会计期间的经营成果的财务报表。利润表把一定时期的营业收入与其同一会计期间相关的营业费用进行配比，以计算出企业一定时期的净利润。通过利润表反映的收入、成本和费用等情况，能够反映企业生产经营的收益情况、成本耗费情况，表明企业的生产经营成果。

4. 现金流量表是反映企业一定会计期间内现金和现金等价物的流入和流出的报表，表明企业获得现金和现金等价物的能力。其中，现金是指企业的库存现金、可随时用于支付的存款；现金等价物是指企业持有的期限短、流动性强、易于转换为已知金额现金、价值变动风险很小的投资。现金流量表以现金的流入和流出反映企业在一定会计期间内的经营活动、投资活动和筹资活动的动态情况，反映企业现金流入和流出的全貌。

5. 报表附注是对财务报表中列示项目的文字描述或明细资料，以及对未能在这些报表中列示项目的说明等。报表附注是为了便于财务报表使用者理解报表内容而对财务报表的编制基础、编制依据、编制原则和方法及主要项目等所做的解释和进一步说明。编制和提供报表附注，有利于财务报表使用者全面、正确地理解财务报表。

6. 资产负债表日后事项是指资产负债表日至财务报表批准报出日之间发生的有利或不利的事项。资产负债表日是指会计年度末和会计中期期末。资产负债表日通常指年度资产负债表日。年度资产负债表日是指每年的12月31日结账日；资产负债表日后事项限定在一个特定的期间内，即资产负债表日至财务报告批准报出日之间发生的事项；资产负债表日后事项的发生是对资产负债表日存在状况的一种补充或说明。

7. 调整事项是指由于资产负债表日后获得新的或进一步的证据，有助于对资产负债表日存在状况的有关金额作出重新估计，并据此对资产负债表日所反映的收入、费用、资产、负债以及所有者权益进行调整的事项。

8. 非调整事项是指在资产负债表日以后才发生或存在的不影响资产负债表日存在状况，但如不加以说明将会影响财务报表使用者作出正确的估计和决策的事项。

9. 报表折算是指企业对外币报表进行折算。

10. 正常营业周期，是指企业从购买用于加工的资产起至实现现金或现金等价物的期间。正常营业周期通常短于1年。因生产周期较长等导致正常营业周期长于1年的，尽管相关资产往往超过1年才变现、出售或耗用，仍应当划分为流动资产。正常营业周期不能确定的，应当以1年（12个月）作为正常营业周期。

二、单项选择题

1.C　2.B　3.A　4.D　5.C　6.D　7.C　8.B　9.C　10.A

三、多项选择题

1.ACD　2.ABC　3.BCD　4.BC　5.ABCD　6.AD　7.ABCD　8.ABD

四、判断题

1.×　2.×　3.√　4.×　5.×　6.×　7.×　8.√　9.√

五、技能题

1.（1）属于调整事项的为：坏账损失事项和股东大会决议的利润分配方案。属于非调整事项的为：台风袭击所造成的损失和由于股票市价下跌所造成的损失。

（2）坏账损失事项的调整分录为：

借：以前年度损益调整　1 000 000

　贷：应收账款　1 000 000

借：应交税费——应交所得税　250 000

　贷：以前年度损益调整　250 000

借：利润分配——未分配利润　750 000

　贷：以前年度损益调整　750 000

股东大会决议的利润分配方案的有关计算及调整分录为：

应计提的法定盈余公积=（8 750 000−750 000）×10%=800 000（元）

应计提的任意盈余公积=（8 750 000−750 000）×15%=1 200 000（元）

借：利润分配——提取法定盈余公积　800 000

　　　　　　——提取任意盈余公积　1 200 000

　贷：盈余公积　2 000 000

借：利润分配——应付现金股利或利润　2 100 000

　贷：应付股利　2 100 000

借：利润分配——未分配利润　4 100 000

　贷：利润分配——提取法定盈余公积　800 000

　　　　　　　——提取任意盈余公积　1 200 000

　　　　　　　——应付现金股利或利润　2 100 000

2.经济业务的会计分录为：

（1）借：原材料　300 000

　　　　应交税费——应交增值税（进项税额）　39 000

　　　贷：银行存款　339 000

（2）借：在建工程　122 000

　　　　应交税费——应交增值税（进项税额）　15 780

贷：银行存款　　137 780

（3）借：银行存款　　230 000

贷：交易性金融资产　　200 000

投资收益　　30 000

（4）借：库存现金　　600 000

贷：银行存款　　600 000

（5）借：应付职工薪酬　　600 000

贷：库存现金　　600 000

（6）借：生产成本　　300 000

制造费用　　120 000

管理费用　　100 000

在建工程　　80 000

贷：应付职工薪酬　　600 000

（7）借：生产成本　　6 000

制造费用　　2 400

管理费用　　2 000

在建工程　　1 600

贷：应付职工薪酬　　12 000

（8）借：在建工程　　110 000

贷：长期借款——应计利息　　110 000

（9）借：固定资产清理　　120 000

累计折旧　　160 000

贷：固定资产　　280 000

借：固定资产清理　　1 000

贷：银行存款　　1 000

借：银行存款　　2 000

贷：固定资产清理　　2 000

借：营业外支出——报废固定资产净损失　　119 000

贷：固定资产清理　　119 000

（10）借：银行存款　　500 000

贷：长期借款　　500 000

（11）借：银行存款　　2 034 000

贷：主营业务收入　　1 800 000

应交税费——应交增值税（销项税额）　　234 000

借：主营业务成本　　620 000

贷：库存商品　　620 000

（12）借：应收账款　　203 400

贷：主营业务收入　　180 000

贷：应交税费——应交增值税（销项税额）		23 400
借：主营业务成本	120 000	
贷：库存商品		120 000
（13）借：长期股权投资——损益调整	1 000 000	
贷：投资收益		1 000 000
（14）借：制造费用	200 000	
贷：累计折旧		200 000
（15）借：银行存款	429 400	
贷：其他业务收入		380 000
应交税费——应交增值税（销项税额）		49 400
借：其他业务成本	200 000	
贷：原材料		200 000
（16）借：税金及附加	14 000	
贷：应交税费——应交城市维护建设税		14 000
（17）借：税金及附加	6 000	
贷：应交税费——应交教育费附加		6 000
（18）借：营业外支出	120 000	
贷：银行存款		120 000
（19）借：财务费用	50 000	
贷：应付利息		50 000
（20）借：短期借款	200 000	
应付利息	25 000	
贷：银行存款		225 000
（21）借：管理费用	60 000	
贷：累计摊销		60 000
（22）借：银行存款	200 000	
贷：应收账款		200 000
借：信用减值损失	5 000	
贷：坏账准备		5 000
（23）借：销售费用	10 000	
管理费用	200 000	
贷：银行存款		210 000
（24）借：应交税费——应交增值税（已交税金）	200 000	
——应交教育费附加	6 000	
贷：银行存款		206 000
（25）借：长期借款	1 000 000	
应付账款	390 000	
贷：银行存款		1 390 000

（26）借：本年利润 1 626 000
　　贷：管理费用 362 000
　　　　主营业务成本 740 000
　　　　其他业务成本 200 000
　　　　税金及附加 20 000
　　　　营业外支出 239 000
　　　　财务费用 50 000
　　　　销售费用 10 000
　　　　信用减值损失 5 000
借：主营业务收入 1 980 000
　　投资收益 1 030 000
　　其他业务收入 380 000
　贷：本年利润 3 390 000

（27）利润总额=3 390 000−1 626 000=1 764 000（元）

应交所得税=（1 764 000+20 000+100 000−（1 000 000÷2−1 000 000÷5）−1 000 000+5 000）×25%
=147 250（元）

本年递延所得税资产增加额=5 000×25%=1 250（元）

本年递延所得税负债的增加额=［（1 000 000−200 000×2）−（1 000 000−500 000×2）］×25%
=600 000×25%=150 000（元）

所得税费用=147 250+150 000−1 250= 296 000（元）

净利润=1 764 000−296 000=1 468 000（元）

借：所得税费用 296 000
　　递延所得税资产 1 250
　贷：应交税费——应交所得税 147 250
　　　递延所得税负债 150 000
借：本年利润 296 000
　贷：所得税费用 296 000

（28）借：利润分配——提取法定盈余公积 146 800
　　　　　　　——提取任意盈余公积 146 800
　　贷：盈余公积 293 600

（29）借：利润分配——应付现金股利或利润 400 000
　　贷：应付股利 400 000

（30）借：本年利润 1 468 000
　　贷：利润分配——未分配利润 1 468 000
借：利润分配——未分配利润 693 600
　贷：利润分配——提取法定盈余公积 146 800
　　　　　　——提取任意盈余公积 146 800
　　　　　　——应付现金股利或利润 400 000

该公司的资产负债表、利润表见附表1-8、附表1-9。

附表1-8

资产负债表

会企01表

编制单位：某股份有限公司　　2024年12月31日　　单位：元

资　产	期末余额	上年年末余额	负债和股东权益	期末余额	上年年末余额
流动资产：			流动负债：		
货币资金	754 220	587 600	短期借款	100 000	300 000
交易性金融资产	300 000	500 000	交易性金融负债	0	0
衍生金融资产	0	0	衍生金融负债	0	0
应收票据	0	0	应付票据	0	0
应收账款	412 600	414 200	应付账款	550 000	940 000
应收款项融资	0	0	预收款项	0	0
预付款项	0	0	合同负债	0	0
其他应收款	18 000	18 000	应付职工薪酬	111 000	99 000
存货	1 286 400	1 298 000	应交税费	239 270	26 000
合同资产	0	0	其他应付款	490 000	65 000
持有待售资产	0	0	持有待售负债	0	0
一年内到期的非流动资产	0	0	一年内到期的非流动负债	0	1 000 000
其他流动资产	0	0	其他流动负债	0	0
流动资产合计	2 771 220	2 817 800	流动负债合计	1 490 270	2 430 000
非流动资产：			非流动负债：		
债权投资	0	0	长期借款	1 210 000	600 000
其他债权投资	0	0	应付债券	0	0
长期应收款	0	0	其中：优先股	0	0
长期股权投资	1 600 000	600 000	永续债	0	0
其他权益工具投资	0	0	租赁负债	0	0
其他非流动金融资产	0	0	长期应付款	0	0
投资性房地产	0	0	预计负债	0	0
固定资产	780 000	1 100 000	递延所得税负债	150 000	0
在建工程	2 313 600	2 000 000	其他非流动负债	0	0
生产性生物资产	0	0	非流动负债合计	1 360 000	600 000
油气资产	0	0	负债合计	2 850 270	3 030 000
使用权资产	0	0	股东权益：		
无形资产	740 000	800 000	股本	4 000 000	4 000 000
开发支出	0	0	其他权益工具	0	0
商誉	0	0	其中：优先股	0	0
长期待摊费用	0	0	永续债	0	0
递延所得税资产	1 250	0	资本公积	0	0
其他非流动资产	0	0	减：库存股	0	0
非流动资产合计	5 434 850	4 500 000	其他综合收益	0	0
			专项储备	0	0
			盈余公积	393 600	100 000
			未分配利润	962 200	187 800
			股东权益合计	5 355 800	4 287 800
资产总计	8 206 070	7 317 800	负债和股东权益总计	8 206 070	7 317 800

附表1-9

利润表（简）

会企02表

编制单位：某股份有限公司　　2024年度　　单位：元

项目	本期金额	上期金额
一、营业收入	2 360 000	（略）
减：营业成本	940 000	
税金及附加	20 000	
销售费用	10 000	
管理费用	362 000	
研发费用	0	
财务费用	50 000	
其中：利息费用	0	
利息收入	0	
加：其他收益	0	
投资收益（损失以“-”号填列）	1 030 000	
其中：对联营企业和合营企业的投资收益	0	
以摊余成本计量的金融资产终止确认收益（损失以“-”号填列）		
净敞口套期收益（损失以“-”号填列）	0	
公允价值变动收益（损失以“-”号填列）	0	
信用减值损失（损失以“-”号填列）	-5 000	
资产减值损失（损失以“-”号填列）	0	
资产处置收益（损失以“-”号填列）	0	
二、营业利润（亏损以“-”号填列）	2 003 000	
加：营业外收入	0	
减：营业外支出	239 000	
三、利润总额（亏损总额以“-”号填列）	1 764 000	
减：所得税费用	296 000	
四、净利润（净亏损以“-”号填列）	1 468 000	
五、其他综合收益的税后净额	（略）	
（一）不能重分类进损益的其他综合收益		
（二）将重分类进损益的其他综合收益		
六、综合收益总额		
七、每股收益		
（一）基本每股收益		
（二）稀释每股收益		

第15章　练习题参考答案

一、名词解释

1. 一方控制、共同控制另一方或对另一方施加重大影响，以及两方或两方以上同受一方控制、共同控制或施加重大影响的，构成关联方。

2. 关联方交易是指关联方之间转移资源、劳务或义务的行为，而不论是否收取价款。它的类型通常包括下列各项：①购买或销售商品；②购买或销售商品以外的其他资产；③提供或接受劳务；④担保；⑤提供资金（贷款或股权投资）；⑥租赁；⑦代理；⑧研究与开发项目的转移；⑨许可协议；⑩代表企业或由企业代表另一方进行债务结算；⑪关键管理人员薪酬。

3. 控制是指投资方拥有对被投资方的权利，通过参与被投资方的相关活动而享有可变回报，并且有能力运用对被投资方的权利影响其回报金额。

4. 共同控制是指按照合同约定对某项经济活动所共有的控制，它仅在与该项经济活动相关的重要财务和经营决策需要分享控制权的投资方一致同意时存在。

5. 重大影响是指对一个企业的财务和经营政策有参与决策的权力，但并不能够控制或与其他方一起共同控制这些政策的制定。

6. 合并财务报表是指以母公司和子公司组成的企业集团为一个会计主体，以母公司和子公司单独编制的个别财务报表为基础，由母公司编制的综合反映企业集团财务状况、经营成果及现金流量情况的财务报表。合并财务报表是把整个企业集团看作一个经济实体，而不论其实质上是否是一个法人实体。合并财务报表至少应当包括合并资产负债表、合并利润表、合并现金流量表、合并所有者权益变动表和附注。

7. 合并资产负债表是反映以母公司和子公司组成的企业集团在某一特定日期财务状况的财务报表。它以母公司和子公司的资产负债表为基础，在抵销母公司与子公司、子公司相互之间发生的内部交易对合并资产负债表的影响后，由母公司合并编制。

8. 合并利润表是反映以母公司和子公司组成的企业集团在一定期间生产经营成果的财务报表。它以母公司和子公司的利润表为基础，在抵销母公司与子公司、子公司相互之间发生的内部交易对合并利润表的影响后，由母公司合并编制。

二、单项选择题

1.A　2.B　3.A　4.D　5.A　6.B　7.C

三、多项选择题

1.BC　2.ABCD　3.BC　4.CD　5.AD　6.ACD　7.ABCD　8.ABC

四、判断题

1.×　2.×　3.√　4.√　5.√　6.×　7.×　8.×　9.×　10.×

五、技能题

（1）抵销分录：

①借：实收资本	5 000 000	
资本公积	1 000 000	
盈余公积	3 000 000	
未分配利润——年初	1 000 000	
商誉	120 000	
贷：长期股权投资		6 120 000
少数股东权益		4 000 000
②借：应付债券	2 300 000	
贷：债权投资		2 300 000
借：投资收益	87 500	
贷：财务费用		87 500
③借：应付账款	3 000 000	
贷：应收账款		3 000 000
借：应收账款——坏账准备	14 000	
贷：未分配利润——年初		14 000
借：应收账款——坏账准备	1 000	
贷：信用减值损失		1 000
④借：未分配利润——年初	180 000	
贷：资产处置收益		180 000
借：资产处置收益	50 000	
贷：未分配利润——年初		50 000
借：资产处置收益	60 000	
贷：管理费用		60 000
⑤借：未分配利润——年初	1 000 000	
投资收益	2 700 000	
少数股东损益	1 800 000	
贷：提取盈余公积		1 200 000
对所有者（或股东）的分配		3 300 000
未分配利润——年末		1 000 000
⑥借：未分配利润——年初	1 080 000	
贷：盈余公积		1 080 000
借：提取盈余公积	720 000	
贷：盈余公积		720 000

（2）填制合并工作底稿并计算合并数，见附表1-10。

附表1-10

合并工作底稿

单位：万元

项目	母公司	子公司	合计数	抵销分录		少数股东权益	合并数
				借方	贷方		
（利润表项目）							
营业收入	7 000	3 000	10 000				10 000
营业成本	4 720	2 100	6 820				6 820
税金及附加	200	80	280				280
销售费用	380	120	500				500
管理费用	318	139	457		6		451
财务费用	80	70	150		8.75		141.25
资产减值损失	1	1	2				2
信用减值损失	1	0	1		0.1		0.9
投资收益	340	20	360	8.75+270			81.25
资产处置收益	120	90	210	5+6	18		217
营业利润	1 760	600	2 360	289.75	32.85		2 103.10
营业外支出	160	0	160				160
利润总额	1 600	600	2 200	289.75	32.85		1 943.10
所得税费用	500	150	650				650
少数股东损益						180（借）	180
净利润	1 100	450	1 550	289.75	32.85	180（借）	1 113.10
（所有者权益变动表项目）							
未分配利润——年初	200	100	300	18+108+100	1.4+5		80.40
可供分配利润	1 300	550	1 850	515.75	39.25	180（借）	1 193.50
提取盈余公积	200	120	320	72	120		272
对所有者（或股东）的分配	800	330	1 130		330		800
未分配利润——年末	300	100	400	100 687.75	100 589.25	180（借）	121.50
（资产负债表项目）							
流动资产：							
货币资金	2 528	1 082	3 610				3 610
应收账款	1 600	400	2 000		300		1 700
减：坏账准备	8	2	10	1.4+0.1			8.50
应收账款净额	1 592	398	1 990	1.5	300		1 691.50
存货	880	520	1 400				1 400
非流动资产：							
长期股权投资	700	0	700		612		88
债权投资	300	300	600		230		370
商誉				12			12
固定资产原价	2 100	800	2 900				2 900
减：累计折旧	450	200	650				650
固定资产净值	1 650	600	2 250				2 250
无形资产	350	100	450				450
资产总计	8 000	3 000	11 000	13.5	1 142		9 871.50

续表

项目	母公司	子公司	合计数	抵销分录		少数股东权益	合并数
				借方	贷方		
流动负债：							
应付账款	1 700	600	2 300	300			2 000
其他流动负债	1 300	800	2 100				2 100
非流动负债：							
长期借款	600	0	600				600
应付债券	200	500	700	230			470
其他非流动负债	1 800	100	1 900				1 900
负债合计	5 600	2 000	7 600	530			7 070
所有者权益（或股东权益）：							
实收资本（或股本）	1 000	500	1 500	500			1 000
资本公积	500	100	600	100			500
盈余公积	600	300	900	300	108+72		780
未分配利润	300	100	400	687.75	589.25	180（借）	121.50
所有者权益（或股东权益）合计	2 400	1 000	3 400	1 587.75	769.25	180（借）	2 401.50
少数股东权益						400（贷）	400
负债和所有者权益（或股东权益）总计	8 000	3 000	11 000	2 117.75	769.25	220（贷）	9 871.50

第16章　练习题参考答案

一、名词解释

1. 货币性资产是指企业持有的货币资金和收取固定或可确定金额的货币资金的权利。一般来说，资产负债表所列示的项目中属于货币性资产的项目有货币资金、债权投资、应收票据、应收账款、其他应收款（含应收股利、应收利息）等。

2. 非货币性资产是指货币性资产以外的资产，包括存货、固定资产、无形资产、长期股权投资、投资性房地产、预付款项、在建工程（含工程物资）以及其他债权投资等。

3. 非货币性资产交换是指企业主要以固定资产、无形资产、投资性房地产和长期股权投资等非货币性资产进行的交换。这种交换不涉及或只涉及少量的货币性资产（即补价）。

4. 在非货币性资产交换过程中，有可能在换出非货币性资产的同时，也支付一定金额的货币性资产，或者在换入非货币性资产的同时，也收到一定金额的货币性资产，这里的货币性资产称为补价。

二、单项选择题

1.C　2.B　3.D　4.A　5.D　6.A　7.B

三、多项选择题

1.ACD　2.BCD　3.BE　4.AB　5.ABCD　6.ABC

四、判断题

1.√　2.×　3.×　4.×　5.√　6.×　7.√　8.×

五、技能题

1.（1）甲公司的会计处理如下：

甲公司收到乙公司的补价为20 000元，占换出资产公允价值的比例为2.78%（20 000÷720 000×100%），低于25%，所以，这笔交易属于非货币性资产交换。

换入专有技术的入账价值=换出设备的账面价值-收到补价的公允价值
=（800 000-100 000）-20 000
=680 000（元）

借：固定资产清理　700 000
　　累计折旧　100 000
　贷：固定资产　800 000

借：固定资产清理　93 600
　贷：应交税费——应交增值税（销项税额）　93 600

借：无形资产　680 000
　　银行存款　113 600
　贷：固定资产清理　793 600

（2）乙公司的会计处理如下：

乙公司支付的补价为20 000元，占换入资产公允价值的比例为2.78%（20 000÷720 000×100%），低于25%，所以，这笔交易属于非货币性资产交换。

换入设备的入账价值=换出专有技术的账面价值+支付补价的公允价值
=（800 000-20 000）+20 000
=800 000（元）

借：固定资产　800 000
　　应交税费——应交增值税（进项税额）　93 600
　　累计摊销　20 000
　贷：无形资产　800 000
　　　银行存款　113 600

2.（1）甲公司的会计处理如下：

换入电脑的成本=换出长期股权投资的公允价值-可抵扣的增值税进项税额
=120 000-120 000÷（1+13%）×13%
=106 194.69（元）

计入当期损益的金额=换出长期股权投资的公允价值-换出长期股权投资的账面价值
=120 000-100 000
=20 000（元）

借：固定资产　106 194.69
　　应交税费——应交增值税（进项税额）　13 805.31
　贷：长期股权投资　100 000
　　　投资收益　20 000

（2）乙公司的会计处理如下：

换入长期股权投资的成本=换出电脑的公允价值+增值税销项税额=120 000元

计入当期损益的金额=换出电脑的不含税公允价值-换出电脑的账面价值

=（120 000-13 805.31）-（130 000-20 000）

=-3 805.31（元）

借：固定资产清理　　110 000

　　累计折旧　　20 000

　贷：固定资产　　130 000

借：固定资产清理　　13 805.31

　贷：应交税费——应交增值税（销项税额）　　13 805.31

借：长期股权投资　　120 000

　　资产处置损益　　3 805.31

　贷：固定资产清理　　123 805.31

第17章　练习题参考答案

一、名词解释

1. 或有事项是指过去的交易或事项形成的，其结果须由未来事项的发生或不发生才能决定的不确定事项。

2. 或有资产是指过去的交易或事项形成的潜在资产，其存在须通过未来不确定事项的发生或不发生予以证实。

3. 或有负债是指过去的交易或事项形成的潜在义务，其存在须通过未来不确定事项的发生或不发生予以证实；或过去的交易或事项形成的现时义务，履行该义务不是很可能导致经济利益流出企业或该义务的金额不能可靠计量。

4. 我国企业会计准则规定，与或有事项相关的义务同时符合以下三个条件的，应当确认为预计负债：①该义务是企业承担的现时义务；②履行该义务很可能导致经济利益流出企业；③该义务的金额能够可靠地计量。

二、单项选择题

1.D　2.D　3.A　4.B　5.A　6.C　7.C　8.A　9.D　10.D　11.D　12.A

三、多项选择题

1.ABC　2.CD　3.ABC　4.ABCD　5.CD　6.ACD　7.AC　8.AC

四、判断题

1.×　2.√　3.×　4.×　5.×　6.√　7.×　8.√　9.×

五、技能题

1.（1）甲公司在2024年12月31日应将此未决诉讼确认为一项负债，确认的金额为110万元［（100+120）÷2］。

（2）会计分录如下：

借：营业外支出——诉讼赔款　1 100 000

　贷：预计负债——未决诉讼　1 100 000

2.借：销售费用（500×50 000×1.8%）　450 000

　　贷：预计负债　450 000

借：预计负债　250 000

　贷：应付职工薪酬　100 000

　　　原材料　150 000

第18章　练习题参考答案

一、名词解释

1. 会计政策变更是指企业对相同的交易或事项由原来采用的会计政策改用另一会计政策的行为，也就是说，在不同的会计期间执行不同的会计政策。

2. 会计估计变更是指由于资产和负债的当前状况及预期经济利益和义务发生了变化，从而对资产或负债的账面价值或者资产的定期消耗金额进行调整。

3. 前期差错是指由于没有运用或错误运用以下两类信息而对前期财务报表造成的遗漏或误报：①编报前期财务报表时预期能够取得并加以考虑的可靠信息；②前期财务报表报出时能够取得的可靠信息。

4. 追溯调整法是指对某项交易或事项变更会计政策，视同该项交易或事项初次发生时即采用变更后的会计政策，并以此对财务报表相关项目进行调整的方法，即应当计算会计政策变更的累积影响数，并相应调整变更年度的期初留存收益以及财务报表的相关项目。

5. 追溯重述法是指发现前期差错时，视同该项前期差错从未发生过，从而对财务报表相关项目进行更正的方法。企业应当在重要的前期差错发现当期的财务报表中，调整前期比较数据。

二、单项选择题

1.A　2.D　3.C　4.D　5.A　6.A　7.B　8.A　9.B

三、多项选择题

1.ABC　2.ABCD　3.ABC　4.CDE　5.AD　6.AB　7.ABCD　8.ABCDE　9.ABCD

四、判断题

1.√　2.×　3.√　4.×　5.√　6.×　7.×

五、技能题

（1）此项会计变更事项属于会计政策变更。

（2）由于采用先进先出法对2024年期初存货不能合理进行调整，因此该公司只能对这一会计政策变更事项采用未来适用法。

（3）采用移动加权平均法的销售成本=300 000+3 000 000−260 000=3 040 000（元）

采用先进先出法的销售成本=300 000+3 000 000−500 000=2 800 000（元）

不同方法下销售成本的差额=3 040 000−2 800 000=240 000（元）

当期净利润减少额=240 000×（1−25%）=180 000（元）

附注说明为：

“公司按会计制度的规定从2024年1月1日起变更存货的发出计价方法，由先进先出法改为移动加权平均法。由于此项会计政策变更无法确定其累积影响数，因此采用未来适用法进行会计处理。此项会计政策变更使当期净利润减少了180 000元。”

第19章　练习题参考答案

一、名词解释

1. 债务重组是指在不改变交易对手方的情况下，经债权人和债务人协定或法院裁定，就清偿债务的时间、金额或方式等重新达成协议的交易。

2. 债务重组损益包括债权人的债务重组损益和债务人的债务重组损益，在不同的债务重组方式下是不同的。在以金融资产清偿债务的方式下，债权人的债务重组损益是指收到的金融资产的公允价值与债权的账面价值的差额；而在以非金融资产清偿债务的方式下，则指放弃债权的公允价值与其账面价值的差额。而债务人的债务重组损益是指清偿债务的账面价值与转让资产的账面价值的差额。在将债务转为权益工具方式下，债务人的债务重组损益是指清偿债务的账面价值与权益工具确认金额之间的差额。

3. 公允价值是指市场参与者在计量日发生的有序交易中，出售一项资产所能收到或者转移一项负债所需支付的价格。

二、单项选择题

1.D　2.D　3.D　4.A　5.C　6.A　7.C　8.A　9.D

三、多项选择题

1.ABC　2.AC　3.ACD　4.CD　5.ABCD

四、判断题

1.×　2.×　3.√　4.√　5.√　6.×　7.×　8.×

五、技能题

1.（1）12月15日，债务人乙企业的账务处理如下：

借：固定资产清理	420 000	
累计折旧	180 000	
贷：固定资产		600 000
借：应付账款	500 000	
贷：固定资产清理		420 000
应交税费——应交增值税（销项税额）（320 000×13%）		41 600
其他收益——债务重组收益		38 400

（2）12月15日，债权人甲企业的账务处理如下：

固定资产的成本=435 000−41 600=393 400（元）

借：固定资产　393 400
　　应交税费——应交增值税（进项税额）　41 600
　　坏账准备　50 000
　　投资收益　15 000
　贷：应收账款　500 000

2.（1）6月25日，债务人乙企业的账务处理如下：

普通股确认金额=2×80 000=160 000（元）

债务重组损益=清偿债务账面价值-普通股确认金额

=205 000-2×80 000

=45 000（元）

股本溢价=普通股确认金额-普通股股本

=2×80 000-1×80 000

=80 000（元）

借：应付账款　205 000
　贷：股本　80 000
　　资本公积——股本溢价　80 000
　　投资收益　45 000

（2）6月25日，债权人甲企业的账务处理如下：

长期股权投资的成本=182 500元

债务重组损益=放弃债权的公允价值-放弃债权的账面价值

=182 500-（205 000-15 000）

=-7 500（元）

借：长期股权投资　182 500
　　坏账准备　15 000
　　投资收益　7 500
　贷：应收账款　205 000

3.债务人乙企业的账务处理如下：

（1）2024年1月1日，判断合同条款的修改是否构成实质性修改：

借款的新现金流量现值=800 000×（1+8%）÷（1+7%）=807 476.64（元）

现金流量变化=（807 476.64-800 000）÷800 000×100%=0.93%

因为0.93%<10%，所以，合同条款的修改不构成实质性修改，不终止确认债务。

修改后的重组债务的账面价值=807 476.64元

债务重组损益=债务的原账面价值-修改后的重组债务的账面价值

=1 210 000-807 476.64

=402 523.36（元）

（2）2024年1月1日，编制会计分录：

借：长期借款　1 210 000
　贷：长期借款——本金　807 476.64
　　投资收益　402 523.36

附录二

教材中典型案例参考答案

【典型案例1-1】参考答案

企业在进行会计核算时，对会计信息的质量要求主要有可靠性、相关性、可理解性、可比性、实质重于形式、重要性、谨慎性、及时性，它们之间的区别见主教材正文内容。重要性是指企业提供的会计信息应当反映与企业财务状况、经营成果和现金流量有关的所有重要交易或者事项。

当初安然公司故意虚增利润，然后又以重要性原则为依据拒绝审计调整，而安达信会计师事务所也以重要性原则为借口同意了安然的做法，事后还以此为自己辩护。重要性原则被这些公司利用，成为不当会计处理和推脱责任的“护身符”。

目前，我国部分上市公司也存在滥用重要性原则的问题，典型的如混淆重大会计差错与一般会计差错。会计差错区分为重大会计差错和非重大会计差错。其中，重大会计差错“一般是指金额比较大，通常某项交易或事项的金额占该类交易或事项的金额10%以上，则认为金额比较大”。依据准则规定，并不是发现的所有以前年度的会计差错更正都需进行追溯调整，只有重大会计差错更正才需要追溯调整以前年度损益，非重大会计差错更正则直接计入当期损益。为了使会计差错更正不影响当期损益，一些上市公司便故意将非重大会计差错作为重大会计差错处理，以便利用追溯调整法，这种操纵利润的行为已经引起了中国证监会的注意。

【典型案例2-1】参考答案

小王的做法是错误的，凡是出现账实不符的情况时，必须按照有关规定进行处理：

对有待查明原因的现金短缺或溢余，应通过“待处理财产损溢——待处理流动资产损溢”账户核算，待查明原因后，再根据不同的情况作不同的处理。

（1）现金短缺的账务处理：

① 属于应由责任人赔偿的部分，转入“其他应收款——应收现金短缺（某人）”账户。

② 属于应由保险公司赔偿的部分，转入“其他应收款——应收保险赔款”账户。

③ 属于无法查明的其他原因，根据管理权限，经批准后转入“管理费用——现

金短缺”账户。

（2）现金溢余的账务处理：

① 属于应支付给有关人员或单位的，转入“其他应付款——应付现金溢余（某人或某单位）”账户。

② 属于无法查明原因的现金溢余，经批准转入“营业外收入——现金溢余”账户。

【典型案例2-2】参考答案

编制的银行存款余额调节表见附表2-1。

附表2-1　银行存款余额调节表

2024年4月30日　单位：元

项　目	金　额	项　目	金　额
企业银行存款日记账余额	41 100	银行对账单余额	48 000
加：银行已收，企业未收的托收款项	3 000	加：银行串记金额	1 600
公司误记金额	300		
减：银行已付，企业未付的借款利息	2 000	减：企业已付，银行未付的转账支票	7 200
调整后的存款余额	42 400	调整后的存款余额	42 400

调整后的存款余额就是企业目前银行存款的实有数。但是，企业在调节表上调整的未达账项不是记账，也不能据此作账面调整，要待结算凭证到达后再进行账务处理、登记入账。

【典型案例3-1】参考答案

（1）3月1日：

借：应收票据　20 000

　贷：应收账款　20 000

（2）5月31日：

票据到期值=20 000×（1+10%÷360×180）=21 000（元）

贴现天数=180-（31+30+31-1）=89（天）

贴现息=21 000×12%÷360×89=623（元）

贴现净额=21 000-623=20 377（元）

借：银行存款　20 377

　贷：短期借款　20 000

　　财务费用　377

（3）票据到期，客户K未能支付票款时：

借：短期借款　20 000

　　财务费用　1 000

　贷：银行存款　21 000

借：应收账款 20 000
　贷：应收票据 20 000

【典型案例4-1】参考答案

（1）先进先出法：

A公司甲材料本月发出实际成本=1 000×50+500×55+700×55+300×54+1 200×54
=197 000（元）

期末结存实际成本=50 000+197 200−197 000=50 200（元）

（2）全月一次加权平均法：

加权平均单位成本=（50 000+197 200）÷（1 000+3 600）=53.74（元/千克）

期末结存实际成本=900×53.74=48 366（元）

A公司甲材料本月发出实际成本=50 000+197 200−48 366=198 834（元）

（3）移动加权平均法：

第一次购进材料后的平均单位成本=（50 000+66 000）÷2 200=52.73（元/千克）

第一次发货后结存的材料成本=700×52.73=36 911（元）

第一次发出材料的成本=50 000+66 000−36 911=79 089（元）

第二次购进材料后的平均单位成本=（36 911+86 400）÷2 300=53.61（元/千克）

第二次发货后结存的材料成本=1 300×53.61=69 693（元）

第二次发出材料的成本=36 911+86 400−69 693=53 618（元）

第三次购进材料后的平均单位成本=（69 693+44 800）÷2 100=54.52（元/千克）

第三次发货后结存的材料成本=900×54.52=49 068（元）

第三次发出材料的成本=69 693+44 800−49 068=65 425（元）

本月发出材料实际成本=79 089+53 618+65 425=198 132（元）

期末结存实际成本=49 068元

【典型案例4-2】参考答案

（1）假定计提存货跌价准备前，“存货跌价准备”账户无余额，则：

借：资产减值损失 1 000
　贷：存货跌价准备 1 000

（2）假定计提存货跌价准备前，“存货跌价准备”账户已有贷方余额400元，说明当时可变现净值为10 600元（11 000−400），现在为10 000元，又减少了600元，则：

借：资产减值损失 600
　贷：存货跌价准备 600

（3）假定计提存货跌价准备前，“存货跌价准备”账户已有贷方余额1 200元，说明当时可变现净值为9 800元（11 000−1 200），现在为10 000元，上升200元，需转回：

借：存货跌价准备 200

贷：资产减值损失 200

【典型案例5-1】参考答案

借：长期股权投资——宇通公司 36 180 000

贷：银行存款 36 180 000

【典型案例6-1】参考答案

（1）年限平均法：

固定资产的年折旧率=（1-4%）÷5=19.2%

固定资产的月折旧率=19.2%÷12=1.6%

固定资产的年折旧额=160 000×19.2%=30 720（元）

固定资产的月折旧额=160 000×1.6%=2 560（元）

（2）双倍余额递减法：

固定资产的年折旧率=2÷5×100%=40%

根据双倍余额递减法计算的各年折旧额见附表2-2。

附表2-2 固定资产折旧计算表 金额单位：元

年份	期初账面折余价值	折旧率	折旧额	累计折旧额	期末账面折余价值
1	160 000	40%	64 000	64 000	96 000
2	96 000	40%	38 400	102 400	57 600
3	57 600	40%	23 040	125 440	34 560
4	34 560	50%	14 080	139 520	20 480
5	20 480	50%	14 080	153 600	6 400

（3）年数总和法：

根据各年折旧率和固定资产应提折旧总额153 600元（160 000-6 400）计算的各年折旧额见附表2-3。

附表2-3 固定资产折旧计算表 金额单位：元

年份	应提折旧总额	年折旧率	年折旧额	累计折旧额
1	153 600	5/15	51 200	51 200
2	153 600	4/15	40 960	92 160
3	153 600	3/15	30 720	122 880
4	153 600	2/15	20 480	143 360
5	153 600	1/15	10 240	153 600

【典型案例7-1】参考答案

无形资产出租的会计处理方法：

企业将所拥有的无形资产的使用权让渡给他人，并收取租金，在满足收入准则规定的确认标准的情况下，应确认相关的收入及成本。

出租无形资产时，取得的租金收入记入“其他业务收入”账户；摊销出租无形资产并发生有关费用时，记入“其他业务成本”账户。

（1）2022年计提摊销（假设按年计提，下同）：

借：管理费用——无形资产摊销　　260 000

　贷：累计摊销　　260 000

（2）2023年计提摊销：

借：管理费用——无形资产摊销　　260 000

　贷：累计摊销　　260 000

（3）2023年年末计提减值准备：

借：资产减值损失　　480 000

　贷：无形资产减值准备　　480 000

（4）2024年收取年租金80万元：

借：银行存款　　800 000

　贷：其他业务收入　　800 000

（5）年末结转出租成本时：

（260-26-26-48）÷8=20（万元）

借：其他业务成本　　200 000

　贷：累计摊销　　200 000

企业2024年度因该专利技术形成的营业利润=80-20=60（万元）

【典型案例7-2】参考答案

企业内部的研究开发费用的会计处理方法：

企业应设置“研发支出”账户，核算企业进行研究与开发无形资产过程中发生的各项支出。该账户可按研究开发项目，分“费用化支出”和“资本化支出”进行明细核算。

① 企业自行开发无形资产发生的研发支出，不满足资本化条件的，借记本账户（费用化支出），满足资本化条件的，借记本账户（资本化支出），贷记“原材料”“银行存款”“应付职工薪酬”等账户。

② 研究开发项目达到预定用途形成无形资产的，应按本账户（资本化支出）的余额，借记“无形资产”账户，贷记本账户（资本化支出）。

期（月）末，应按本账户归集的费用化支出金额，借记“管理费用”账户，贷记本账户（费用化支出）。

会计分录：

（1）研究过程：

借：研发支出——费用化支出　3 000 000

　贷：应付职工薪酬　1 000 000

　　　银行存款　2 000 000

（2）期末结转费用化支出：

借：管理费用　3 000 000

　贷：研发支出——费用化支出　3 000 000

（3）开发过程：

借：研发支出——资本化支出　7 100 000

　贷：银行存款　5 100 000

　　　应付职工薪酬　2 000 000

（4）研发结束后结转：

借：无形资产——专利权　7 100 000

　贷：研发支出——资本化支出　7 100 000

【典型案例8-1】参考答案

（1）2024年6月30日，将厂房转入改建工程：

借：投资性房地产——厂房（在建）　20 000 000

　贷：投资性房地产——厂房（成本）　15 000 000

　　　　　　　　　——厂房（公允价值变动）　5 000 000

（2）用银行存款支付改建支出：

借：投资性房地产——厂房（在建）　10 000 000

　贷：银行存款　10 000 000

（3）拆除部分的残料作价出售：

借：银行存款　100 000

　贷：投资性房地产——厂房（在建）　100 000

（4）2025年3月31日，改建工程完工：

借：投资性房地产——厂房（成本）　29 900 000

　贷：投资性房地产——厂房（在建）　29 900 000

（5）2025年3月31日，确认公允价值变动损益：

借：投资性房地产——厂房（公允价值变动）　6 100 000

　贷：公允价值变动损益（36 000 000−29 900 000）　6 100 000

【典型案例8-2】参考答案

（1）假定采用成本模式进行后续计量。

①2022年1月1日，将自用房地产转为投资性房地产：

借：投资性房地产　16 000 000
　　累计折旧　4 680 000
　贷：固定资产　16 000 000
　　　投资性房地产累计折旧　4 680 000

②2022年12月31日，计算房屋年折旧额并计提折旧：

年折旧额=（1 600-468-40）÷21=52（万元）

借：其他业务成本　520 000
　贷：投资性房地产累计折旧　520 000

③2023年1月1日，房屋公允价值为1 560万元，将成本模式转为公允价值模式：

借：投资性房地产——成本　15 600 000
　　投资性房地产累计折旧（4 680 000+520 000）　5 200 000
　贷：投资性房地产　16 000 000
　　　盈余公积［（15 600 000+5 200 000-16 000 000）×10%］　480 000
　　　利润分配——未分配利润［（15 600 000+5 200 000-16 000 000）×90%］　4 320 000

④2023年12月31日，房屋公允价值为1 570万元：

借：投资性房地产——公允价值变动　100 000
　贷：公允价值变动损益　100 000

（2）假定采用公允价值模式进行后续计量。

①2022年1月1日，房屋公允价值为1 500万元，将自用房地产转为投资性房地产：

借：投资性房地产——成本　15 000 000
　　累计折旧　4 680 000
　贷：固定资产　16 000 000
　　　其他综合收益　3 680 000

②2022年12月31日，房屋公允价值为1 490万元：

借：公允价值变动损益　100 000
　贷：投资性房地产——公允价值变动　100 000

③2023年12月31日，房屋公允价值为1 560万元：

借：投资性房地产——公允价值变动　700 000
　贷：公允价值变动损益　700 000

④2024年12月31日，房屋公允价值为1 570万元：

借：投资性房地产——公允价值变动　100 000

贷：公允价值变动损益　　100 000

【典型案例9-1】参考答案

（1）发出材料委托加工：

借：委托加工物资　　170 000

　贷：原材料　　170 000

（2）支付加工费并计算缴纳相关税费：

应交消费税=（170 000+10 000）÷（1−10%）×10%=20 000（元）

借：委托加工物资（20 000+10 000）　　30 000

　　应交税费——应交增值税（进项税额）　　1 300

　贷：银行存款　　31 300

（3）委托加工材料入库：

借：原材料　　200 000

　贷：委托加工物资　　200 000

（4）售出原材料：

借：银行存款　　248 600

　贷：其他业务收入　　220 000

　　　应交税费——应交增值税（销项税额）　　28 600

借：其他业务成本　　200 000

　贷：原材料　　200 000

【典型案例9-2】参考答案

（1）运费支付的进项税额=1 000×9%=90（元）

借：原材料（500 000+1 000）　　501 000

　　应交税费——应交增值税（进项税额）（500 000×13%+90）　　65 090

　贷：银行存款　　566 090

（2）准予抵扣的进项税额=20 000×9%=1 800（元）

借：原材料　　18 200

　　应交税费——应交增值税（进项税额）　　1 800

　贷：银行存款　　20 000

（3）借：长期股权投资　　678 000

　　　贷：其他业务收入　　600 000

　　　　　应交税费——应交增值税（销项税额）　　78 000

借：其他业务成本　　500 000

　贷：原材料　　500 000

（4）借：应收账款　　452 000

贷：主营业务收入　400 000

　　应交税费——应交增值税（销项税额）　52 000

借：主营业务成本　360 000

　贷：库存商品　360 000

【典型案例10-1】参考答案

（1）相关计算结果见附表2-4。

附表2-4　利息调整贷差摊销表（分期付息）　单位：万元

日期	债券期初入账价值	票面利息	实际利息费用	利息调整贷差摊销	账面价值
	（1）	（2）=10 000×4%	（3）=（1）×2.92%	（4）=（2）－（3）	（5）=（1）－（4）
2024年1月1日					10 500
2024年12月31日	10 500	400	306.60	93.40	10 406.60
2025年12月31日	10 406.60	400	303.87	96.13	10 310.47
2026年12月31日	10 310.47	400	301.07	98.93	10 211.54
2027年12月31日	10 211.54	400	298.18	101.82	10 109.72
2028年12月31日	10 109.72	400	290.28②	109.72①	10 000

注：①倒挤调整：500-93.40-96.13-98.93-101.82=109.72（万元）

　②倒挤调整：400-109.72=290.28（万元）

（2）编制的会计分录如下：

①2024年1月1日的账务处理如下：

应付债券的入账金额=（10 000÷100）×110-500=10 500（万元）

借：银行存款　105 000 000

　贷：应付债券——面值　100 000 000

　　　　　　——利息调整　5 000 000

分期付息债券的利息一般在一年以内支付，从性质上看属于企业承担的一项短期债务，应贷记“应付利息”科目。

②2024年12月31日：

计提时：

借：在建工程　3 066 000

　　应付债券——利息调整　934 000

　贷：应付利息　4 000 000

支付利息时：

借：应付利息　4 000 000

　贷：银行存款　4 000 000

③2025年12月31日：

计提时：

借：在建工程　3 038 700
　　应付债券——利息调整　961 300
　贷：应付利息　4 000 000

支付利息时：

借：应付利息　4 000 000
　贷：银行存款　4 000 000

④2026年12月31日：

计提时：

借：在建工程　3 010 700
　　应付债券——利息调整　989 300
　贷：应付利息　4 000 000

支付利息时：

借：应付利息　4 000 000
　贷：银行存款　4 000 000

⑤2027年12月31日：

计提时：

借：在建工程　2 981 800
　　应付债券——利息调整　1 018 200
　贷：应付利息　4 000 000

支付利息时：

借：应付利息　4 000 000
　贷：银行存款　4 000 000

⑥2028年12月31日：

计提时：

借：财务费用　2 902 800
　　应付债券——利息调整　1 097 200
　贷：应付利息　4 000 000

支付利息时：

借：应付利息　4 000 000
　贷：银行存款　4 000 000

⑦2029年1月1日债券到期，以银行存款归还债券的面值。

借：应付债券——面值　100 000 000
　贷：银行存款　100 000 000

【典型案例10-2】参考答案

（1）确定借款利息资本化的期间：

借款利息资本化的期间为2023年4月1日至2024年3月1日以及2024年7月1日

至2024年12月31日。

专门借款利息计算见附表2-5。

附表2-5 利息计算表 单位：万元

日期	每期资产支出金额	资产支出累计金额	闲置专门借款存款的利息	占用了一般借款的资产支出
2023年1月1日	0	0	100×0.03%×3=0.09	0
2023年4月1日	50	50	50×0.03%×6=0.09	0
2023年10月1日	30	80	20×0.03%×3=0.018	0
2024年1月1日	50	130	0	30

（2）编制甲公司2023年6月30日计提利息的会计分录：

专门借款应付利息=100×6%÷12×6=3（万元）

其中：

费用化期间应付利息=100×6%÷12×3=1.5（万元）

资本化期间应付利息=100×6%÷12×3=1.5（万元）

存入银行取得的利息收入=0.09+50×0.03%×3=0.135（万元）

其中：

费用化期间的利息收入=0.09万元

资本化期间的利息收入=50×0.03%×3=0.045（万元）

因此：

费用化的借款利息金额=1.5−0.09=1.41（万元）

资本化的借款利息金额=1.5−0.045=1.455（万元）

借：在建工程 14 550
　　财务费用 14 100
　　应收利息 1 350
　贷：应付利息 30 000

（3）编制甲公司2023年12月31日计提利息的会计分录：

①计算专门借款应付利息：

专门借款应付利息=100×6%÷12×6=3（万元）

存入银行取得的利息收入=50×0.03%×3+20×0.03%×3=0.063（万元）

专门借款资本化金额=3−0.063=2.937（万元）

②一般借款利息（全部费用化）：

一般借款利息=200×7%÷12×6=7（万元）

借：在建工程 29 370
　　财务费用 70 000
　　应收利息 630
　贷：应付利息 100 000

（4）编制甲公司2024年6月30日计提利息的会计分录：

①专门借款应予资本化的利息金额：

应付利息金额=100×6%÷12×6=3（万元）

资本化利息金额=100×6%÷12×2=1（万元）

费用化利息金额=3-1=2（万元）

②一般借款应予资本化的利息金额：

占用一般借款资金的资产支出加权平均数=30÷12×2=5（万元）

一般借款资本化率=7%

一般借款资本化的利息金额=5×7%=0.35（万元）

一般借款应付利息金额=200×7%÷12×6=7（万元）

一般借款利息费用化金额=7-0.35=6.65（万元）

③合计：

资本化的借款利息金额=1+0.35=1.35（万元）

费用化利息金额=2+6.65=8.65（万元）

借：在建工程	13 500	
财务费用	86 500	
贷：应付利息		100 000

（5）编制甲公司2024年12月31日计提利息的会计分录：

①专门借款应予资本化的利息金额（全部资本化）：

应付利息金额=100×6%÷12×6=3（万元）

②一般借款应予资本化的利息金额：

占用一般借款资金的资产支出加权平均数=30÷12×6=15（万元）

一般借款资本化率=7%

一般借款资本化利息金额=15×7%=1.05（万元）

一般借款应付利息金额=200×7%÷12×6=7（万元）

一般借款利息费用化金额=7-1.05=5.95（万元）

③合计：

资本化的借款利息金额=3+1.05=4.05（万元）

费用化利息金额=5.95万元

借：在建工程	40 500	
财务费用	59 500	
贷：应付利息		100 000

【典型案例11-1】参考答案

（1）结转各个收益类账户余额，编制会计分录如下：

借：主营业务收入	60 000 000	
其他业务收入	15 000 000	
投资收益	18 000 000	
营业外收入	3 000 000	
贷：本年利润		96 000 000

结转各成本费用类账户余额，编制会计分录如下：

借：本年利润　85 200 000
　贷：主营业务成本　40 000 000
　　税金及附加　2 000 000
　　销售费用　9 500 000
　　管理费用　6 500 000
　　财务费用　3 000 000
　　其他业务成本　10 000 000
　　营业外支出　9 000 000
　　所得税费用　5 200 000

（2）结转净利润：
借：本年利润　10 800 000
　贷：利润分配——未分配利润　10 800 000

（3）提取法定盈余公积：
借：利润分配——提取法定盈余公积　1 080 000
　贷：盈余公积——提取法定盈余公积　1 080 000

（4）向投资者分配现金股利：
借：利润分配——应付现金股利或利润　3 000 000
　贷：应付股利（或应付利润）　3 000 000

（5）结转“利润分配”各明细账户：
借：利润分配——未分配利润　4 080 000
　贷：利润分配——提取法定盈余公积　1 080 000
　　　　——应付现金股利或利润　3 000 000

【典型案例11-2】参考答案

（1）借：银行存款　56 500
　　贷：主营业务收入　50 000
　　　应交税费——应交增值税（销项税额）　6 500
借：主营业务成本　42 000
　贷：库存商品　42 000

（2）借：主营业务收入　10 000
　　应交税费——应交增值税（销项税额）　1 300
　　贷：银行存款　11 300

【典型案例12-1】参考答案

可抵扣暂时性差异=6 000 000−3 600 000=2 400 000（元）

应确认递延所得税资产=2 400 000×25%=600 000（元）

甲公司在编制合并财务报表时，应进行以下抵销处理：

借：营业收入 6 000 000

　贷：营业成本 3 600 000

　　　存货 2 400 000

进行上述抵销后，上述内部交易的存货项目账面价值为3 600 000元，其在所属纳税主体（乙公司）的计税基础为6 000 000元，应当在合并财务报表中确认相关的所得税影响：

借：递延所得税资产 600 000

　贷：所得税费用 600 000

【典型案例12-2】参考答案

2024年12月31日：

该项固定资产的账面价值=5 000 000-500 000-700 000=3 800 000（元）

该项固定资产的计税基础=5 000 000-5 000 000×20%=4 000 000（元）

该项固定资产账面价值3 800 000元与其计税基础4 000 000元之间的200 000元差额，代表着将于未来期间减少企业应纳税所得额的金额，使未来期间应交所得税减少。

递延所得税资产=200 000×25%=50 000（元）

【典型案例13-1】参考答案

（1）甲公司接受A公司投资的会计分录：

借：固定资产 1 200 000

　贷：实收资本 1 200 000

（2）甲公司接受B公司投资的会计分录：

借：银行存款（125 000×6.50） 812 500

　贷：实收资本 800 000

　　　资本公积 12 500

（3）A公司确认投资收益相关的会计分录：

借：应收股利（100 000×60%） 60 000

　贷：投资收益 60 000

【典型案例14-1】参考答案

编制2024年12月31日的资产负债表，见附表2-6。

附表2-6

资产负债表

会企01表

编制单位：甲企业　2024年12月31日　单位：元

资产	期末余额	上年年末余额	负债和所有者权益（或股东权益）	期末余额	上年年末余额
流动资产：		（略）	流动负债：		（略）
货币资金	67 000		短期借款	8 000	
交易性金融资产	0		交易性金融负债	0	
衍生金融资产	0		衍生金融负债	0	
应收票据	60 000		应付票据	0	
应收账款	75 000		应付账款	150 000	
应收款项融资	0		预收款项	0	
预付款项	50 000		合同负债	10 000	
其他应收款	0		应付职工薪酬	-4 000	
存货	215 000		应交税费	13 000	
合同资产	0		其他应付款	0	
持有待售资产	0		持有待售负债	0	
一年内到期的非流动资产	0		一年内到期的非流动负债	30 000	
其他流动资产	0		其他流动负债	0	
流动资产合计	467 000		流动负债合计	207 000	
非流动资产：			非流动负债：		
债权投资	0		长期借款	50 000	
其他债权投资	0		应付债券	0	
长期应收款	0		其中：优先股	0	
长期股权投资	0		永续债	0	
其他权益工具投资	0		租赁负债	0	
其他非流动金融资产	0		长期应付款	0	
投资性房地产	0		预计负债	0	
固定资产	500 000		递延收益	0	
在建工程	40 000		递延所得税负债	0	
生产性生物资产	0		其他非流动负债	0	
油气资产	0		非流动负债合计	50 000	
使用权资产	0		负债合计	257 000	
无形资产	150 000		所有者权益（或股东权益）：		
开发支出	0		实收资本（或股本）	500 000	
商誉	0		其他权益工具	0	
长期待摊费用	0		其中：优先股	0	
递延所得税资产	0		永续债	0	
其他非流动资产	0		资本公积	0	
非流动资产合计	690 000		减：库存股	0	
			其他综合收益	0	
			专项储备	0	
			盈余公积	200 000	
			未分配利润	200 000	
			所有者权益（或股东权益）合计	900 000	
资产总计	1 157 000		负债和所有者权益（或股东权益）总计	1 157 000	

其中：

货币资金=10 000+57 000=67 000（元）

应收账款=80 000−5000= 75 000（元）（“应收账款”项目由“应收账款”明细科目借方余额扣除与应收账款有关的“坏账准备”科目余额后填列）

预付款项=20 000+30 000=50 000（元）（“预付款项”项目由“预付账款”明细科目借方余额和“应付账款”明细科目借方余额合并填列）

存货=70 000+10 000+90 000−55 000+ 100 000= 215 000（元）

应付账款= 100 000+50 000= 150 000（元）（“应付账款”项目由“应付账款”明细科目贷方余额和“预付账款”明细科目贷方余额合并填列）

一年内到期的非流动负债=30 000元［从资料（3）分析，①属于一年内到期的非流动负债］

长期借款=80 000−30 000=50 000（元）（扣除一年内到期的非流动负债）

【典型案例15-1】参考答案

（1）2022年度该设备相关的合并抵销分录（数字已取整，下同）：

借：营业收入	1 699 115	
贷：营业成本		1 440 000
固定资产——原价		259 115
借：固定资产——累计折旧	32 389	
贷：管理费用（259 115÷4×6÷12）		32 389

（2）2023年度该设备相关的合并抵销分录：

借：未分配利润——年初	259 115	
贷：固定资产——原价		259 115
借：固定资产——累计折旧	32 389	
贷：未分配利润——年初		32 389
借：累计折旧	64 779	
贷：管理费用（259 115÷4）		64 779

（3）2024年度该设备相关的抵销分录：

借：未分配利润——年初	259 115	
贷：营业外收入		259 115
借：营业外收入	97 168	
贷：未分配利润——年初（32 389+ 64 779）		97 168
借：营业外收入	43 186	
贷：管理费用（259 115÷4×8÷12 ）		43 186

【典型案例16-1】参考答案

（1）借：固定资产	4 000 000	
应交税费——应交增值税（进项税额）	520 000	

贷：实收资本 3 200 000

资本公积 1 320 000

（2）借：原材料 2 060 000

应交税费——应交增值税（进项税额） 260 000

贷：银行存款 2 320 000

（3）2023年12月31日，计提存货跌价准备：

A产品的可变现净值=2 250 000−70 000=2 180 000（元）

由于丙材料的价格下降，A产品的可变现净值2 180 000元低于其成本2 500 000元（1 600 000+900 000），丙材料应当按其可变现净值与成本孰低原则计量。

丙材料的可变现净值=2 250 000−900 000−70 000=1 280 000（元）

丙材料的可变现净值1 280 000元低于其成本1 600 000元，应计提存货跌价准备320 000元（1 600 000−1 280 000）。

借：资产减值损失 320 000

贷：存货跌价准备 320 000

（4）2023年12月31日，计提固定资产减值准备：

2023年折旧额=（4 000 000−4 000 000×4%）÷5×7÷12=448 000（元）

计提折旧后，固定资产账面净值为3 552 000元（4 000 000−448 000），因可收回金额为3 000 000元，需计提552 000元的固定资产减值准备。

借：资产减值损失 552 000

贷：固定资产减值准备 552 000

计提减值准备后固定资产的账面价值为3 000 000元（4 000 000−448 000−552 000）。

（5）2024年5月1日，出售原材料：

借：银行存款 791 000

贷：其他业务收入 700 000

应交税费——应交增值税（销项税额） 91 000

借：其他业务成本 640 000

存货跌价准备 160 000

贷：原材料 800 000

（6）2024年9月1日，用一设备换入另一设备：

2024年1至9月计提的折旧额=（3 000 000−120 000）÷4×9÷12=540 000（元）

换出设备的账面价值=3 000 000−540 000=2 460 000（元）

M公司换入设备的成本=换出设备公允价值+应支付的相关税费+支付补价的公允价值

=2 500 000+0+100 000

=2 600 000（元）

借：固定资产清理 2 460 000

累计折旧 988 000

固定资产减值准备 552 000

贷：固定资产 4 000 000

借：固定资产　2 600 000
　应交税费——应交增值税（进项税额）　338 000
　贷：固定资产清理　2 500 000
　　应交税费——应交增值税（销项税额）　325 000
　　银行存款　113 000

借：固定资产清理　40 000
　贷：资产处置损益　40 000

【典型案例17-1】参考答案

（1）或有事项涉及多个项目时，最佳估计数按各种可能发生额及其发生的概率计算确定。

甲公司2024年应计提的产品质量保修费用=（10 000×80+20 000×50）×［10%×（2%+8%）÷2＋1%×（10%+15%）÷2］

=11 250（元）

借：销售费用——产品质量保证　11 250
　贷：预计负债——产品质量保证　11 250

（2）甲公司2024年年末资产负债表中“预计负债”项目金额为26 250元（30 000+11 250−15 000）。

【典型案例18-1】参考答案

（1）借：周转材料——低值易耗品　29 000
　　贷：固定资产　29 000

借：累计折旧　2 900
　贷：管理费用　2 900

（2）借：管理费用　18 000
　　贷：累计折旧　18 000

（3）借：管理费用　2 400
　　贷：累计折旧　2 400

（4）借：管理费用　5 000
　　贷：应付职工薪酬　5 000

（5）借：制造费用　12 000
　　贷：管理费用　12 000

【典型案例19-1】参考答案

（1）C　（2）B　（3）C　（4）A